农户分化背景下
新型农业经营主体培育机制研究

汪艳涛◎著

STUDY ON THE MECHANISM OF
THE NEW AGRICULTURAL SUBJECT CULTIVATION UNDER THE BACKGROUND OF
THE RURAL HOUSEHOLD DIFFERENTIATION

经济管理出版社
ECONOMY & MANAGEMENT PUBLISHING HOUSE

图书在版编目（CIP）数据

农户分化背景下新型农业经营主体培育机制研究/汪艳涛著．—北京：经济管理出版社，2018.9

ISBN 978-7-5096-5568-9

Ⅰ.①农…　Ⅱ.①汪…　Ⅲ.①农业经营—研究—中国　Ⅳ.①F324

中国版本图书馆 CIP 数据核字(2018)第 192778 号

组稿编辑：胡　茜
责任编辑：任爱清
责任印制：黄章平
责任校对：张晓燕

出版发行：经济管理出版社
（北京市海淀区北蜂窝 8 号中雅大厦 A 座 11 层　100038）
网　　址：www. E-mp. com. cn
电　　话：(010) 51915602
印　　刷：北京玺诚印务有限公司
经　　销：新华书店
开　　本：720mm×1000mm/16
印　　张：13. 75
字　　数：246 千字
版　　次：2018 年 9 月第 1 版　　2018 年 9 月第 1 次印刷
书　　号：ISBN 978-7-5096-5568-9
定　　价：49. 00 元

前 言

农业是国民经济的基础，农业的稳定关系到整个国家经济的稳定。虽然要确保农业的基础地位不能变，按照稳粮增收、提质增效、创新驱动的总要求，继续全面深化农村改革，推进新型工业化、信息化、城镇化和农业现代化协同发展。但是，随着我国工业化和城镇化的发展，我国农户分化进程加快，大量农村劳动力外流，农民兼业化严重，出现了农村生产的老龄化和空心化问题，造成农业生产效率低下，这与我国农业现代化发展要求相矛盾；再加上近年来我国自然灾害频发，农业市场风险和自然风险呈恶性化趋势，我国农业经营主体仍以经营规模小、自给半自给的家庭经营为主，这种经营模式很难抵御市场风险和自然风险。因此，必须创新农业经营主体，培育具有一定规模化、专业化、组织化和社会化的新型农业经营主体，加快新型农业经营主体培育，从而改变现有的农业生产方式，提高农业生产效率。

鉴于以上原因，按照新型农业经营主体培育的时间顺序，对本书进行了结构安排。第一，培育前准备阶段研究内容：对新型农业经营主体的内涵进行界定，并且分析其主要特征，从而找出研究需要的相关理论；通过对我国新型农业经营主体产生的历程进行梳理，从其演变轨迹中找出其产生的动因和趋势；并从生产要素视角探寻培育过程中的影响因素。第二，培育过程阶段研究内容：构建新型农业经营主体形成机理模型，并对机理模型进行流程分解，从而加强每一流程的控制性；在过程模型和流程分解的基础上，对政府、农户、社会组织等的权责进行社会分工，构建它们之间的协调合作机制。第三，培育后运行反馈阶段研究内容：对新型农业经营主体培育后的运行模式进行了探讨，比较了各种运行模式的优劣；构建了新型经营主体培育绩效评价体系；并借鉴国内外先进经验，提出了新型农业经营主体培育的路径选择。本书结论主要包括以下七个方面：

（1）要清晰界定新型农业经营主体的相关概念。从目前的研究现状来看，虽然学者们都对新型农业经营主体的概念、特点进行了相关说明和研究，但是学术界仍没有达成一个权威或一致的定义。模糊的定义很容易造成对政策的错误解读，尤其是地方政府在实际执行时，很容易由于概念错误解读而产生不当的行为。因此，需要完善概念的制定、修订工作，从而对新型农业经营主体和家庭农场、种养大户、农民合作社和农业龙头企业概念进行清晰的界定。

（2）新型农业经营主体的产生是经济发展的必然，是内部动因和外部动因共同作用的结果。通过对新型农业经营主体产生历程的梳理，我们发现，新型农业经营主体的产生经历了新中国成立前的原子化经营、计划经济的合作经营和市场经济的社会化经营等几个阶段，从其发展趋势来看，农业经营主体逐渐走向规模化、组织化、集约化和社会化，新型农业经营主体的出现是内部凝聚力和外部环境共同作用的结果，可见，培育新型农业经营主体是现代农业发展的必然要求。

（3）新型农业经营主体培育需要生产要素的支持，但是在要素配置中要根据经营主体的差异性提供差异化的要素支持。新型农业经营主体培育需要农村金融、人力、土地、技术和制度等各种要素的支持。利用山东省调研数据，采用多元 Logit 模型各要素支持效果进行了实证检验，结果显示，各个生产要素对新型农业经营主体支持的效果不同，并且相同要素对不同类型的主体支持效果也不同，这就决定了在培育过程中，要发挥各要素的不同作用，同时要注意针对不同类型的新型农业经营主体提供差异化的要素支持政策。

（4）新型农业经营主体培育是一个复杂的系统工程，需要对其培育过程进行流程分解。新型农业经营主体培育过程是一个融汇了人力、资金、土地、技术、信息、管理等要素的综合配置，以及在要素配置过程中需要政府、企业、农户、金融机构、农业协会、信息部门、物流部门等多种社会组织共同协调配合，其培育过程是集人流、物流、资金流、信息流于一体的系统工程。要完成这样一个复杂的系统，需要对其进行流程分解，从而将复杂系统分解成有序的、简单的流程并进行管理，有利于加强对每一流程的控制和考评。

（5）新型农业经营主体要想长效发展，必须创新其运作模式，建立运作过程中各主体之间的利益联结机制。新型农业经营主体培育不是简单地促使其产生，更要注重其产生后的长效运作模式。长效运作模式必须以农业产业化经营为基础，建立各主体之间的利益联结机制。传统的“农户＋企业”运作模式已经不能适应当前新型农业经营主体发展的需求，必须创新运作模式。在坚持实用、有效和可持续原则的基础上，推行“公司＋中介组织＋农户”和股份合作制运作模式，同时加强买断式、合同式、合作式、企业化和股份式利益联结机制。

（6）新型农业经营主体培育效果的好坏，关系到绩效指标体系的评价。新型农业经营主体培育后，为了实行反馈控制，需要对其培育效果进行合理评价，所以，必须构建有效的绩效评价指标体系。由于新型农业经营主体培育是一个系统工程，所以绩效评价指标体系的构建不仅要考虑到财务指标，也要重视培育过程中的流程、市场、成员、技术和社会等非财务指标的设计，从而更全面地考察每一指标内新型农业经营主体培育效果，加强其培育流程的管理，通过指标评价反馈，找出控制的重点。

（7）我国新型农业经营主体培育路径选择要借鉴国外先进经验。由于我国新型农业经营主体培育发展得较晚，与国外发达国家相比存在较大的差距，需要借鉴国外先进的经验为我所用，但考虑到国外政策、文化、经济、地理等要素的差异性，在借鉴时要根据我国现阶段的国情，有选择地进行借鉴，从宏观和微观视角提出加强农业经营主体自身管理水平和生产技术、加快土地要素流转体制创新、推进农村金融体制改革、加强农业技术创新和推广机制、改革农业补贴和税收制度等措施，构建适应农业生产力发展的新型农业经营主体培育机制。

目 录

第一章 绪论

本章是论文的起首篇，主要论述了以下四点内容：首先，提出了本书的研究背景及研究意义；其次，梳理了国内外相关研究的现状和发展趋势，找准研究问题的突破口；再次，介绍了本书的研究思路和主要运用的方法；最后，提出本书的主要研究内容、技术路线、章节安排与创新之处。

第一节 研究背景与意义

一、研究背景

2012 年中共十八大报告提出，要建立新型农业经营体系；2013～2015 年中央一号文件进一步明确了培育新型农业经营主体的重要性，大力发展适应当前农业生产力的新型农业经营主体，利用现代化的科学技术和管理方式，促进集约化农业生产，提高农业生产率，解决传统粗放式经营问题，从而培育规模化、集约化、组织化和社会化的新型农业经营主体。可见，培育新型农业经营主体已经成为当前乃至今后我国农业现代化建设的重要发展战略。

改革开放以来，我国建立了家庭联产承包责任制，农户拥有了土地使用权，能够自主地进行农业生产，提高了农户生产的积极性，促进了当时农业生产发展。但是，随着工业化和城镇化的发展，我国农业生产方式发生了一定的转变，农业生产面临着如下三个问题：

（1）“谁来种地”问题日益凸显。随着我国整体经济的发展，农村产生了大量剩余劳动力，特别是随着产业结构由农业产业为主逐渐演变为了以工业和服务业为主的产业结构，农业处于产业的最低端，不能分享到社会平均利润，而且农产品与工业品价格之间存在“剪刀差”，这时农村剩余劳动力为了追求更高的利润，逐步向非农部门转移，农业副业化、农村空心化、农民老龄化的“三化”问题日益凸显，致使农村经济发展滞后、农业产业日渐式微、农民社会阶层日益分化，农民兼业行为严重，青壮劳动力大多外出打工，农村仅剩老年人、妇女和儿童留守，造成农村劳动力老龄化趋势加强，农业生产经营形势严峻。

（2）“如何种地”问题尤为关键。在传统农业生产方式下，农民仍旧是以家庭为单位，依靠传统经验种地，造成农业劳动生产率和土地产出率都较低，分散细碎的“小农业”造成了“高成本—低收益”的局面。随着市场化的发展，现代农业需要进一步改造成适应市场变化的新型农业经营主体，不仅要求农业经营者具备较高的经营管理水平和先进的物质技术装备，同时还要追求规模经济，但不能盲目追求规模化，必须兼顾规模经济和土地产出率并重的目标，即实现适度规模经营。

（3）“如何组织”问题甚为迫切。当前，我国农业经营仍然呈现家庭经营规模小、自给半自给家庭经营为主的特点，农业抵御自然和市场风险的能力较弱。随着农村市场化进程的加深和近年来极端气候天气频发，农业自然风险和市场风险呈恶化趋势。传统农业经营方式在抵御风险和购销过程中讨价还价能力有限，难以适应现代农业发展的客观要求，传统小农户为了自身的利益必须选择“兼农”“离农”“弃农”，传统农业的农业经营主体逐渐减少，在这样的严峻形势下，需要加大农业服务的支持，创新现有的农业经营体制和机制，促进新型农业经营主体的培育发展。

从我国目前的经济发展情况来看，由于我国经济水平和技术水平已经处于国际领先地位，然而与国外发达国家相比，我国农业经济发展还相对落后，所以，要利用当前整个经济发展良好态势，积极改善农业生产方式，培育适应当前农业生产力发展的新型农业经营主体。随着农业制度的完善、农业技术的创新推广、农村土地流转的加速，农业规模经营比例明显上升，这些发展现状表明，我国已经具备了发展和培育新型农业经营主体的条件。因此，在这样的背景下，我国政府提出加快构建新型农业经营主体，使农业生产关系更加适应农业生产力的发展，充分发挥和挖掘各类农业生产经营主体的潜力。

二、研究意义

（一）理论意义

第一，促进我国农业产业化生产理论的发展。我国传统农业发展都是自给自足的小农生产，小农生产随着经济的发展满足不了现阶段的规模化和组织化生产，需要发展现代农业。现代农业的基本特征就是商品化，如何让农户生产的产品商品化，以及在商品化过程中农户如何保护自己的利益，这些都是现代农业产业户理论所要扩展的内容。农业作为第一产业，是第二和第三产业发展的基础，但是，现代农业发展已经突破了第一、第二、第三产业的局限性，农业生产也不再是传统小农的纯农业生产，只进行简单的农业耕作，而是在农业中渗透着农产品加工和服务这样的第二和第三产业，从而实现了农业产业中的混合产业。这样农户和企业就会为了各自的利益进行决策，从而进行有选择的生产，在生产中，农户为了自身的利益会与别的农户进行联合，这样就涉及农业组织的理论，另外，农户为了追求第二产业和第三产业的利润，会对农产品进行加工和相关的服务，从而延长了农产品供应链，增加了农产品附加值，在供应链构建过程中，都要涉及农业产业理论，所以通过本书的研究，可以丰富我国农业产业化理论的发展。

第二，丰富我国农村合作经济理论的进一步扩展。合作理论是西方经济学理论研究的重要内容，我国有关这方面的研究起步较晚。20 世纪 80 年代，我国才开始研究合作经济理论，农民经济合作方面的研究刚刚起步。而农民合作社作为新型农业经营主体的主要类型，更需要探究其内部的生产治理，以及农户在合作过程中如何达到利益的协调，从而提高合作的水平，增强农民合作社的御灾能力，促进农民的收入增长。合作经济在发展中要协调好农户之间，以及农户与政府之间的关系。农户之间合作的愿望要进一步加强，同时也要处理好农户与政府的关系，使得政府的政策向农户利益倾斜，另外政府要给予合作经济一定的资金投入，但是资金如何支持这方面仍需要进一步的研究，防止出现治标不治本的弊端。因此，本研究可以在上述弊端的基础上，设计一些更好的机制，从而激励农户向新型农业经营主体转变。

第三，加快新型农业经营主体相关理论的发展。农业现代化要求新型农业经营主体培育，必须改变粗放模式，新型农业经营主体已经不再是传统农户这样的单一个体，其组织形式可以多样化，可以以公司、企业的形式出现，也可以以家庭的形式出现，所以我们现在研究新型农业经营主体，都是要以组织的观点去研究。另外，研究的内容要内涵化，不要停留在表面现象的分析，现有大多数研究都是对新型农业经营主体产生的原因、产生的必要性和可行性及其产生的效果进行定性分析，较少对新型农业经营主体的形成机理进行深入研究。更为重要的是，目前还没有对新型农业经营主体培育流程进行系统的阐述，对其培育的环境、培育部门角色分工、培育流程及机理、培育后运作模式等方面的研究目前仍处于初级阶段，研究得不够深入和透彻。因此，通过本研究，对进一步促进我国农业经营主体的变革以及农业经济理论发展提供一定的参考价值。

（二）现实意义

第一，有利于促进农民长效增收。传统小农户经营大部分是自给自足经营，生产的农产品大部分是用于家用，较少进行市场流通；另外，他们的劳动大多是进行小规模独立经营，为了满足自身家庭生活和消费而进行农业生产。而当前社会是一个开放的、流动的、分工的市场化社会，农业的发展也要顺应市场需求，根据市场的需求提供相应的农产品供给，从而实现农产品的商品化，加快农产品进入市场的效率，从而实现农业经营主体农产品向货币形式转化的进程，提高农民收入。这一过程需要从两个层面来考察：一是社会对初级农产品消费的需要，即生产出的农产品直接销售；二是社会对初级农产品进行加工后形成高级农产品的需要，这一部分在社会中占到较大的比重。通过培育新型农业经营主体，可以实现农业产业化经营，从而实现农产品的市场化，同时也可以从事农产品加工等生产，延长了农产品的产业链，提高了农产品附加值，有利于农民增收。

第二，有利于保障国家粮食安全。传统农业经营主体是以家庭为单位进行生产，无论是在农业生产还是在市场交易中，都存在较多的弊端，不仅市场交易成本较高，市场谈判地位处于劣势，而且抵御市场风险能力也低下，造成了传统农业在整个大市场中不能分享加工、流通环节的利润，从而使得传统家庭小农户不能获得平均社会收益率，引起农村人口向城市流动，造成农村劳动力低下，土地产出率不高，长久发展下去，不利于国家粮食安全保障。因此，培育新型农业经营主体，加大农业经营主体自身管理水平和业务水平建设，有利于农业在生产过程中技术的采用，从而进行大规模的作业，发挥农业生产的规模经济，降低单位面积的生产成本。同时，建立农户、合作社、生产基地、农业企业之间的长期合作机制，保障农业生产中的合作机制正常运行，保障粮食安全。

第三，有利于延长和巩固农业产业链。农业作为国民经济的基础，其为工业和服务业提供了基本的物质基础，为了获得社会平均利润，农业也逐渐向工业和服务业融合，如农业加工业和农业服务业现在日益发展，农业产业链逐渐地延长，不再是初级农产品直接销售，而是对初级农产品进行加工、运输、包装等一系列的增值活动，进而获取更高的利润。尤其在经济全球化的今天，农业面对的市场不仅是国内市场，还有国际化市场，需要形成国家化的农产品竞争优势，就要提高农产品的市场竞争力，不仅要提高农业管理部门的管理水平，也要提高农产品的市场竞争力，增强我国农业的国际品牌建设，必须创新培育多元化新型农业经营主体。通过市场需求的变化，及时调整农业产业结构，形成农业产前、产中和产后一体化的经营方式，从而可以建立一个农产品供应链，农户在供应链中可以获得更多的利润空间。通过农产品供应链的延长，不仅扩展了利润的空间，更重要的是提高了农产品的市场竞争力，创建了农产品的品牌效应，从而巩固了供应链的发展。

第二节　国内外文献综述

一、国外文献动态

国外学者对农业发展研究较早，形成了比较著名的小农经济理论。另外，他们也对农业生产中的合作经济和企业化生产产生原因进行了探讨，而且对家庭农场、合作社和农业企业等主体的运行效率和发展路径进行了研究。

（一）传统小农户经济理论研究

小农经济是世界各国都有的一种形式，其在农业建设中曾经占主导地位，发挥了一定的优势。小农经济在各国盛行时，学者们在微观上从农户家庭结构和生产组织情况入手，形成了“组织与生产学派”。其中，代表人物就是著名的经济学家恰亚诺夫（A. V. Chayanov，1996），他认为小农家庭农场中的土地、劳动和资本等要素组合方式制约着农业经济活动，并且对小农经济的主要特点进行了概述，认为小农家庭生产主要是自给自足的生产，农产品主要是用于家庭消费，而不是用于市场交换，更不是为了追求市场利润，并且形成了著名的“劳动—消费均衡”理论，并利用这一理论区别了家庭劳动经济与雇佣劳动经济。

20 世纪 60 年代，学者们开始对小农经济下的农民行为进行研究，大多数学者认为小农是愚昧的、不理性的。但是有的学者提出了反对意见，认为小农在生产中能够主动地去进行决策，是理性化的。其中著名的代表人物是舒尔茨（Theodore W. Schultz）和赛谬尔·波普金（S. Popkin）。舒尔茨（2003）认为小农经济是高效率的，提出了“贫穷而又有效率”的假设，认为农民是理性的，并不是愚昧无知的，他们为追求利润而创新，认为农民有能力在适宜的条件下继续经营家庭农场，完成传统农业经营的创新。波普金（S. Popkin，1979）提出了农民是理性的假设，认为小农可以按照自己的偏好做出最优选择，并且小农可以在选择中追求利润的最大化生产，从而改变了传统的小农理论假设，丰富了小农经济理论的研究。

美国学者黄宗智在中国农村调查的基础上，对中国20世纪30~70年代的小农行为进行了研究，通过研究发现中国小农不仅受到了家庭劳动结构的限制，而且受到市场经济的冲击，致使中国的小农处于社会的底层。他还发现中国的小农存在着劳动力过剩的问题，这些过剩的劳动力在农村不能找到合适的工作，只能以极低的劳动力价格雇佣于其他农业生产者，这就形成了著名的“劳动过密化”理论，这种理论解释了农村存在大量劳动力的原因，并且造成了农村经济发展的缓慢，从而又提出了“反过密化”的政策建议。

有些学者从农户风险决策视角研究农户经营行为，他们对农户不同的风险规避行为进行研究，构建了一些农户决策行为分析模型。如詹姆斯·斯科特和麦克尔·利普顿运用风险与不确定条件下的决策理论对农户经济行为进行研究。斯科特（1976）认为，农户具有理性，他们能够主动地规避风险，并且他们在生产中具有道德感，能够相互尊重，实现一定的合作关系。利普顿（1968）也认为小农生存的需要是规避风险，他们从事农业生产的行为很大程度上取决于规避风险的考虑，虽然有些行为看起来不合理，但是这种行为也是他们的理性生存法则。贝克尔（1965）创建了新的农户经济学模型，他认为小农户家庭是有效率的生产单位，家庭中每个人都按照自己的比较优势确立了分工，并且农户在收入、生产函数和时间的约束下，追求其效用最大化。巴纳姆和斯奎尔（1979）扩展了恰亚诺夫农户模型中的假设，认为农户模型中应该存在劳动力市场，他们建立了一个既包括生产者又包括消费者的农户模型。Pitt等进一步将农户模型扩展，把价格、健康和利润等变量引入模型中，构建了农户的健康生产函数模型。

还有一些学者从博弈论的视角研究农户经济行为，分析在资源约束下，各个生产要素对家庭决策行为的影响。如Marilyn Manner和Murray Brown用博弈方法分析了家庭内部决策，将博弈论作为分析农户效用的一种方法。McElroy和Horney采用纳什均衡模型讨论了家庭决策过程的需求行为。Robert A. Pollak也采用博弈论方法分析了家庭决策行为，认为性别在家庭分工中起着重要的决定作用，家庭成员根据文化和社会风俗习惯对家庭角色进行分工，每个人都要在既定的资源条件下做出最优的决策，并且他通过建立合作模型，讨论了在婚姻内的家庭成员的决策行为，同时也构建非合作博弈模型来分析家庭成员的不同决策行为。博弈论在分析合作和非合作的问题上尤其重要，但是博弈论也有其使用范围，它不能对一些可观测的数据进行检验实证分析。针对这一问题，Chiappori（1992）提出了集体模型，Chiapporn（2002）又进一步将集体模型进行了扩展，将性别、分配因素加入到模型中，分析这些因素对集体行为的影响。这样就可以分析一些难以用数据来验证的现实问题，丰富了理论研究的方法。

（二）新型农业经营主体产生根源研究

新型农业经营主体产生机理，可以追溯到组织和企业产生的机理。而组织和企业产生的原因，不同学者从不同的视角进行了解释。概括来可以归纳为古典经济学的解释、新古典经济学的解释以及新制度经济学的解释。

古典经济学的解释认为组织和企业的形成主要归功于专业化的分工。专业化的分工提高了生产效率，组织内部的协作使得劳动生产效率高于社会市场的劳动生产率，从而形成组织或者企业。其中最为著名的代表人物就是英国经济学者威廉·配第，他在《政治算术》一书中指出分工能够降低成本；亚当·斯密（Smith，1776）认为，分工是劳动生产力发展的主要动力，企业的本质是一个专业化分工的组织，并且企业的分工会随着市场范围的扩大而逐渐地细化。马克思（Marx，1867）提出了分工理论，其主要贡献是把分工和组织结合在一起考察，揭示了企业内部存在劳动分工；另外进一步指出，分工使得社会生产由简单的协作向手工工业和机器大工业发展过渡，并且区分企业内部分工和外部分工来解释企业组织相对于市场组织的优势所在，得出社会分工与协作是企业产生的根本，企业是社会分工的产物。

新古典经济学的解释并未真正研究组织问题，对企业存在的原因也是沿着斯密等的分工理论开展研究，但是他们把核心放在了企业资源配置上，并且运用成本收益模型研究企业资源的需求与稀缺性之间的关系。马歇尔（Marshall，1890）认为经济组织基本上被视为一种协调分工的功能，并不能把其看成一个社会实体。其最大的贡献是建立了以“边际效用”和“均衡价格”为核心的新古典经济理论体系，而对于组织本身的性质和结构研究得并不是太深入。杨格（Youny，1928）在《报酬递增与经济进步》中分析了分工、报酬递增与经济增长之间的关系，分工可以形成迂回生产方式，会造成原材料与最终产品之间产生众多的中间产品企业，这些中间企业促进了市场规模的扩大，市场规模的扩大又推进了专业化分工，逐渐形成了一个循环过程，进而促进了企业的产生和发展。新古典经济学环境下的组织企业理论知识是一种研究要素最优组合的生产理论，而不能称之为企业理论，是在给定企业存在时关于企业生产决策的理论。

新制度经济学的解释是真正对企业产生的原因进行深入探讨的学派。其代表人物是科斯、诺斯、威廉姆斯、阿尔钦和德姆塞茨等经济学家。科斯（Coase，1937）认为，企业产生的根源在于节约交易成本，他通过交易费用把组织或企业和费用联系起来，他是第一个认识到市场交易是需要费用的，并丰富了新古典经济学的研究不足，从交易费用的角度研究了企业产生和存在的原因，他认为企业产生和存在的原因是因为企业的交易成本低于市场的交易成本，从而有利于企业的生存。威廉姆森（Willimson，1996）的研究推进了科斯的交易费用理论。他认为组织经济活动而不计交易费用显然是不合理的，因为一种组织形式较之另外一种组织形式的任何优势，都会因为不计算成本的契约活动而消失殆尽。另外，威廉姆森还提出，在企业和市场之外还存在第三种经济组织形式，即“中间型组织”的概念，使得对经济组织的划分由传统的二分法转变为了“三分法”。阿尔钦（A. Alchian）和德姆塞茨（H. Demsetz）认为，企业内部不存在雇主的权威关系，认为企业是不同要素投入与契约代理人之间的一种契约。张五常（Cheung，1983）认为，交易费用是决定企业制度安排的主要约束条件，企业本质是一种或一组契约。杨小凯和黄有光（Yang，Ng，1993，1994）将交易费用同分工结合起来研究，建立了企业一般均衡契约模式。阿罗（Arrow，1989）对企业存在的理由从信息成本视角分析，认为企业组织内部的信息系统可以借鉴市场上的信息系统。

上述研究分析了合作经济农业企业产生的原因与机理，在研究的过程中，学者们从不同的研究视角对其进行了综合阐述，是对新型农业经营主体进行研究的重要参考资料，指导我们以后针对新型农业经营主体的研究。但由于我国国情与国外国情不同，因此，在实践上要有区别性地进行借鉴和采纳。

（三）国外农业经营主体研究

纵观国外研究文献，发现国外学者大多把农业经营主体分为企业化的农场、兼业农户和合作社三种不同的种类。其中，企业化的农场又可以分为两类：家庭农场和公司型大农场。这两种农场的作业方式不同，家庭农场主要是以家庭为组织模式进行家庭经营，而公司型大农场的规模要大于家庭农场，并且其组织模式是企业，实行严格的企业化管理。

国外学者对农业经营主体的生产要素进行了研究，如 Thompson（1921）认为，农场经营必须具备的要素主要有土地、劳动力、资本和管理要素等，并对这些要素的优化配置进行了论述。由于传统农业本身具有一定的弱质性，受自然条件和市场风险的影响较大，决定了其生产要素的特点是投资报酬率较低，因此，大部分的农户开始转向了非农生产，造成了农村劳动力的流失，不利于先进技术的采纳和引用，因此，要改变传统农业中的人力资本低下的问题，必须进行人力资本的投入和建设（舒尔茨，1964）。加大人力资本要素的投入是解决农业发展低效率的根本。

除了对经营主体的生产要素进行研究之外，学者们针对农户经营自身的缺点，提出了构建农民合作社的思想，于是，加大了对农民合作社的研究。Batemna（1979）、Sexton（1986）认为，农户自身规模小，很难在市场中获得交易的平等地位，因此，合作社是实现农业生产要素最大化的一种组织模式，合作社可以让合作社组织获得更大的消费者剩余和生产者剩余，从而有利于社员的福利增加。Jensen（1979）、Fama（1983）认为，合作社在运行过程中要加强其治理，特别是要对合作社中的"搭便车"现象进行防范，认为合作社制度是一种高组织成本，要对合作社中的资产进行优化组合，提高合作社成员合作积极性和意识，激励成员主动地优化各种资源，从而实现合作社的高效率运行。Demsetz（1999）认为，合作社在管理过程中更容易产生投机行为，因为合作社对内是不以盈利为目的的，其管理者在管理过程中不能获得管理收益，合作社管理水平的提高会让合作社组织获益，但是，这种做法并不能给管理者个人带来收益，这样就很容易让管理者个人在管理过程中产生投机行为，尤其是随着组织规模的扩大，就要控制这种投机行为的产生，加大合作社组织的运行成本。Stefanson（1996）、Boehkje 等（2004）从制度变迁的视角对比了传统合作社和现代合作社的不同特征，认为现代合作社比传统合作社更能增加产品的附加值，在增加社员收入方面更具有优势。

国外学者除了对合作社进行研究之外，还对农业产业化经营进行了相关研究，目前国外学者都认为农业产业化经营是农业经营可持续发展的必要路径，应该建立农业企业与农户之间的一种产业链联系，实现农业生产的产业化经营。另外，他们认为在产业化经营中可以有纵向产业化和横向产业化，从而通过产业化发展带动农业的发展，日本著名经济学家速水佑次郎（2003）认为，农业产业化要顺利发展，需要认清农业产业化的基本特点，他认为农业产业化在农业生产中具有以下三个优势：首先，农业产业化增加了农产品加工环节，带动了农民就业和农民收入增长；其次，农业产业化有利于加深农业企业与农户的联系，节约一定的交易费用；最后，农业产业化有利于农产品结构的调整，从而优化资源的配置，能够根据市场进行产品结构和市场结构的调整，从而更有利于资源配置。

综上所述，虽然国外对农业经营主体的研究对我国有一定的借鉴意义，但是鉴于国家的性质、国家的经济发展水平、国家的资源禀赋和国家的文化都存在一定的差异，因此，我国要有选择性地进行借鉴，不能全盘照搬使用，要培育具有中国特色的新型农业经营主体。

二、国内文献动态

国内学者针对中国农业现状，提出了要改造传统农业经济主体的研究，对农业经营主体的行为、构成、转变、重建和创新等方面的内容进行了研究，丰富了我国农业经营主体研究，对新型农业经营主体的培育提供了一定的参考价值。

（一）有关新型农业经营主体的构成研究

新型农业经营主体打破了过去小农经济的单一生产主体，而呈现出多元化的异质性主体趋势，其包括许多的类型，国内学者对其进行了相关研究，有的学者针对单一主体建设进行研究，我们称之为单主体研究；有的学者推崇多主体协调发展，我们称之为多主体研究。其中，单主体研究主要针对新型农业经营主体中的单一主体进行研究，主要包括种养大户、农民合作社和农业企业等研究，提倡培育某一种主体；而多主体研究不同于单主体研究，主要是针对多种主体进行综合评价分析，提倡共同发展、协调发展。

第一，专业大户主体研究。虽然大多数研究认为专业大户是适应农业生产力发展的新生力量，但是目前发展受到了资金等要素方面的制约。林开峰等（1984）提倡大力扶持专业大户的发展，专业大户可以收到“投一获百”的功效，是实现现代农业的重要支柱。温铁军（1996）认为，随着市场经济的发展，传统小农户经营必然会向专业大户经营集中。胡必亮等（2003）认为，我国应在稳定小农经营的基础上，发展商业性大农，建立小农经济与大农经济紧密结合、并行发展的“双轨并行”的制度。刘德骥（2004）认为，大户经济是农村生产力发展的方向。杨国玉等（2004）也支持培育专业大户，认为专业大户可以提高农业生产力，带动小农户致富，是实现农业第二次飞跃的新动力。纪永茂等（2007）认为，专业大户是推进现代农业建设最为实际和可行的路径；张晓山（2007）认为，专业大户是适应当前生产力发展要求的，代表着中国农业新的生命力，下一步培育的重点是以市场需求为导向进行商品化生产，同时能采用一定的技术，提高农业生产力。贺雪峰（2012）认为，农业发展要大力培育一些进行适度规模经营的新中农，这种方法比推动资本下乡的做法更可靠。孙晋刚（2014）从金融视角分析了专业大户的发展状况，认为专业大户存在着融资需求满足率低、授信额度不高的困境，应加快相关的金融创新和保险制度建设。

第二，家庭农场主体研究。家庭农场比传统农户具有一定的规模效应，能适应当前生产力发展的要求，是农业经营主体发展的重要方向。张雨林等（1983）认为，新型家庭经济的产生和存在是生产关系与生产力相适应的规律决定的，现代农民家庭经济是农业发展的基础。张晓丽（2001）认为，家庭农场推进了农业的市场化和农村的经济发展，是农业战略发展的重要载体。罗必良（2004）、朱学新（2006）等认为，家庭农场是农业发展的必然趋势，是现代农业发展的必然选择。黄宗智（2010）认为，在农业结构调整过程中，应该以农户家庭为单位建立适度规模家庭农场。高强等（2013）认为，家庭农场是现代农业重要的微观经济组织，将会成为中国现代农业重要的经营模式。岳正华等（2013）分析了我国家庭农场发展的现状，指出家庭农场存在着经营主体缺失、资金短缺等严峻的挑战。王建华等（2013）认为，虽然家庭农场是促进农业生产规模化、专业化和集约化的有效形式，但是也面临着融资困难、支农政策不平衡、农业保险制度欠缺等一系列困境。朱启臻（2014）对家庭农场的优势、条件和规模进行了论述，认为虽然家庭农场实现了农业生产与家庭特点的高度契合，但因过于分散和小规模造成农业长期“内卷化”，家庭农场规模的下限是满足家庭生计需要，上限是在现有技术条件下所能经营的最大面积。王春来（2014）在论述家庭农场内涵的基础上，讨论了家庭农场与其他主体之间的关系，认为家庭农场等规模化经营主体与小农户在一段时间内将长期共存，不能“拔苗助长”。包乌兰托亚（2015）认为，家庭农场发展的动力主要集中在土地流转、农村剩余劳动力转移、新型职业农民培育、农村社会化服务体系的建立以及政策的扶持上面，应加大这些因素的发展，促进家庭农场培育。

第三，农民合作组织研究。单纯的家庭农户经营很难实现规模效益，通过合作组织，可以把单个家庭为单位的农户联结在一起，形成具有一定规模经济的生产组织，这样做不仅节约了单位生产成本，而且增强了抵御自然灾害和社会风险的能力。张晓山（1990）对国家立法和合作组织发展进行了研究，认为有必要制定我国的合作社法，通过法令修正及政策调整来完善合作制度，进而促进合作组织的发展。张金芳（1996）认为，农村股份合作制是适应中国国情的企业财产组织形式和经营方式。张晓山（2004）认为，只有农民专业合作社才是真正扶持农业和农民最好的形式，是解决“三农”问题的一项治本之策。徐旭初（2005）率先采用制度经济学对农民专业合作社的产权制度进行了系统分析。黄祖辉、徐旭初（2006）通过构建合作社成员异质性治理结构的理论框架，指出合作社的实际控制者是那些掌握环境合用性，特别是市场合用性要素的所有者。国鲁来

(2006)、苑鹏等(2007)认为，我国应该学习西方合作经济组织建设的经验和理论政策，从而有利于我国合作经济组织的建设。林坚、黄胜忠(2007)则进一步从能力、要素贡献和选择视角，分析论证了合作社核心成员是拥有合作社主要剩余控制权的人。王曙光(2008)讨论了全要素合作在农村经济发展中的作用，认为只有实现全要素合作、合作社合作以及增强农民合作社的自生能力才是建设合作组织的关键。孙迪亮(2010)认为，农民合作社是中国农业现代化道路的重要选择，是推进我国农业产业化的重要载体。李尚勇(2011)认为，农民在合作社运行中效率较低，缺乏与工商企业竞争的能力，需要政府和社会等外部经济力量的支持。黄祖辉(2011)认为，农民专业合作社规模、企业家才能以及成员素质是影响合作社效率的关键因素。陈锡文(2012)明确家庭主体的重要性，也大力支持农民合作组织的发展。黄胜忠(2014)构建了农民专业合作社的盈余分配模型，为制订农民合作社盈余分配方案提供了理论依据。徐宏潇(2015)分析了农民在专业合作社发展中的制约因素，提出了通过完善法律法规、理清政府职能等途径来推动合作社发展。

第四，农业龙头企业主体研究。李炳坤(2006)认为，农业企业是适应当前瞬息万变的市场环境的，但是要处理好农业企业与农户之间的利益联结机制。刘晓敏等(2010)对农业龙头企业竞争优势进行了研究，认为农业龙头企业主要通过资源战略管理的实施过程增强农业龙头企业竞争优势。陈灿、罗必良(2011)对农业企业与农户之间的关系进行了研究，认为关系治理对合作绩效具有正向作用，并且其作用超过了正式治理的影响。王亚新(2012)认为，建立农业龙头企业技术创新战略联盟是提高农业技术创新能力的有效途径；并提出通过契约约定联盟组织中的关键问题，同时发挥政府政策的引导和支持作用，实现“风险共担、利益共享”，提高农业技术创新水平。贾伟、秦富(2013)利用国家级农业产业化龙头企业数据，对农业龙头企业绩效的影响因素进行了实证分析，得出随着企业规模的扩大，董事长和总经理两个职位应分离的结论。徐雪高、张照新(2014)提出完善我国农业企业的社会责任建设体制，构建披露农业企业的社会责任指标体系。王鑫(2014)基于委托代理理论，讨论了政府对农业龙头企业的激励策略，政府在制定政策考虑外部环境的同时，降低信息不对称程度，从而提高农业龙头企业的激励强度。谭丽平(2015)认为，现代农业需要龙头企业来引领，更应注重发展多元融资渠道，加快土地流转以及创建品牌建设，扩宽销售渠道，加快农业企业健康发展。

第五，多主体综合研究。大部分学者认为，现代农业需要新型农业经营主体的支持。杨斌（2006）认为，我国农户在市场经济中处于弱势地位，必须通过提升农产品附加值，增强农产品的市场竞争力，才能改变其弱势地位。李成贵（2010）也认为，现代农业需要实行适度规模经营，提高农业生产效率，创新和发展现代农业经营主体。黄祖辉、俞宁（2010）在分析新型农业经营主体优势的情况下，提出了其在人力资本、土地、融资等生产要素方面仍存在一定的局限性。张红宇（2012）也提出了改变农业面临的问题，需要对其进行体制创新的见解。孙中华（2012）认为，现代农业需要新型农业经营主体的出现，提出了加快新型农业经营主体培育的相关建议。于亢亢等（2012）发现，在新型农业经营主体发展过程中受到多方面因素的影响，其中主要因素是自然禀赋、经济水平和土地流转。楼栋、孔祥智（2013）认为，新型农业经营主体培育是现代农业的必然选择。张照新、赵海（2013）、宿爱梅（2013）认为，新型农业经营主体是先进生产力的代表，同时也是实现农业转型升级的主导力量。孔祥智（2013）、张海鹏（2014）、江维国（2014）从土地流转视角探讨了新型农业经营主体培育问题；郭庆海（2013）、王国敏（2014）从制度与实践视角对新型农业经营主体的逻辑变迁进行了辨识；王慧敏等（2014）、汪艳涛等（2014）从农村金融视角对新型农业经营主体的融资需求进行了实证检验；李明贤等（2014）、张扬（2014）从资源配置视角分析了新型农业经营主体的培育过程；王国敏等（2014）从农业生产经营方式和农民生活方式协同视角论述了新型农业经营主体的培育；陈晓华（2014）、张红宇（2015）从组织属性视角讨论了不同类别新型农业经营主体的功能定位与发展趋势；秦晓娟、孔祥利（2015）从劳动力转移视角研究了新型农业经营主体发展的问题。

（二）有关新型农业经营主体经营方式转变研究

新型农业经营主体培育的过程其实也是生产方式转变的过程。李建中等（2006）认为，当前我国家庭小农经济不能适应大市场的需求发展。而邓俊锋（2008）认为，现代农业经营方式在生产、市场、社会、管理、信息、政府等各个方面都不同于传统农业经营方式。邵明伟（2009）面对当前农业发展的机遇和挑战，提出了农业从生产方式到经营方式的转变战略思想。曾福生（2011）认为，农业经营形式的变化属于制度变迁的内容，而农业经营方式转变则是技术进步的范畴。高煦照（2012）认为，农业经营方式需要创新，然而这种创新要和农业生产力发展相适应。刘镭（2014）认为，农业经营方式选择行动要以理解社会结构为前提，现代农业经营方式的选择实际上就是对未来农村社会形态的选择。崔淑芬（2015）在电子商务的背景下，讨论了新型农业经营如何在电子化时代发展的对策。

部分学者对农业经营方式的发展趋势进行了预判。方志权（2010）认为，新型农业经营主体需要建立在家庭联产承包责任制的基础上，这样才能有效地解决当前农业经营方式规模小、组织化程度低、经营分散等问题。同时，要在转变农业经营方式时，设计出与当前生产力相适应的新的农业经营方式。李俊超（2007）、巴特尔（2012）认为，农业经营主体逐渐向合作化、公司化的形式转变。可见，国内学者对农业生产方式进行了有益探索，虽然学者们对农业生产方式的探索进行了相关研究，但研究的内容较少，研究视野也较为狭窄。而有关创新农业经营方式以及如何转变农业经营方式、相关的制度、管理方法等研究还没有实质性的进展。

（三）新型农业经营组织构建的研究

关于农业经营组织产生、变迁和演进的研究。一些学者分析了农业经营组织产生的原因、变迁和演进历程。王礼力、赵晓锋等（2002）认为，各组织形式间收益—成本的比较是农业经营组织形式变迁的主要因素之一。当农户认为加入农业组织后，如果收益大于成本，其会愿意加入，否则，他们就会放弃加入组织。因此，新型农业经营组织的培育要以农户的经济利益为主要考虑因素，进而设计新型农业经营组织的动力激励机制。袁迎珍（2004）从制度经济的角度，分析了我国农业经营组织制度变迁的动因，认为我国农业经营组织制度发生变迁的关键因素在于高昂的交易费用，小规模经营在传统组织下无力承担高昂的交易费用。因此，需要发展农村合作经济组织，建立有效的制度安排，以此来降低交易费用，然而在制度变迁的过程中，还应该谨慎地选择制度变迁的路径和模式，这关系到农业经营组织发展的成败。罗必良（2004）则认为，政府制定的目标和宏观政策是决定农业经营组织变迁路径的主要因素。丛正、周颖（2005）认为，不仅要加大国内农业需求，加大农业生产，还需要制定配套的制度政策来加以引导。而当前新型农业组织的发展思路，是符合产生的原因的，是在家庭联产承包责任制的基础上，对合作经济和原有组织的创新。

还有部分学者对农业经营组织形式进行了分析。周立群等（2001）认为，“龙头企业 + 农户”组织形式存在有限的契约约束力，龙头企业和农户之间不能形成有效的契约约束力，必须加入中介组织才能进行解决，提倡“龙头企业 + 中介组织 + 农户”的农业生产模式。新的组织模式在一定程度上弥补了原有制度的缺陷，促进了农业产业化组织形态的形成。张义珍等（2002）认为，不同地区的经济、文化、地理资源等方面的差异决定了农业组织形式的差异。同时，不同产业的农业经营组织也呈现一定的差异性。因此，在推动农业经营组织化的进程中，要充分发挥供销社的作用，做到领导重视、典型示范、因地制宜，积极培育新型农业经营组织。张晓山（2006）鼓励建立农户之间的有效利益联结机制，发展农民专业合作社。赵晓飞、李崇光（2007）认为，“农户 + 龙头企业”的农业组织形式是解决我国目前“小农户”与“大市场”矛盾的重要渠道，同时，也是我国农产品营销渠道的主流模式，应进一步优化其运行模式，完善运行过程中的契约执行能力。黄胜忠、徐旭初（2009）认为，农业组织形式不应该仅仅局限于农业协会，而是要向符合时代发展要求的专业合作社形式转变。

（四）新型农业经营体制创新研究

农业经营体制创新是培育新型农业经营主体的重要支撑力量。张仁寿等（2003）认为，我国农业合作组织的出现和发展是传统农业向现代农业转变的必然要求，标志着我国农业经营体制创新进程的加快，提出政府应鼓励农民合作组织的发展，促进现代农业进程的加快。张红宇（2014）认为，农业经营体制机制的创新关系到新型农业经营主体培育效果的理想程度，关系到现代农业发展的成败，关系到农民增收的重任，关系到我国现代农业的顺利开展。

另外，也有学者对新型农业经营方式创新进行了研究。邵峰（2003）认为，“公司 + 农户”的农业经营方式存在着很大的局限性，必须进行农业经营体制的创新。不仅要创新农业生产主体，也要在市场、服务、管理方面创新，建立“行业协会 + 龙头企业 + 专业合作社 + 专业大户”的组织经营机制。阮文彪（2004）认为，农业经营体制创新是一个长期的发展战略目标，在维持农业家庭经营的基础上，发展多种形式的农业生产经营模式，提高农业家庭经营制度效率，从而降低农户参与市场的交易成本。颜华等（2005）认为，“公司 + 农户”的农业经营形式，会导致农民难以分享到农产品产后环节的利益。因此，提出发展壮大农村合作经济组织，使得农民成为市场的真正主体，分享农产品产业链的附加值。刘晓萍（2014）在分析我国农业经营体制创新困境的基础上，提出了完善土地承包经营权，提升农业综合生产能力，促进培育新型农业经营主体和农业社会化服务主体的对策建议。尹成杰（2015）认为，加快推进农业经营体制创新可以通过政策扶持，引导培育专业大户、农民合作社、家庭农场和农业龙头企业等途径来实现，尤其是通过做大做强农业龙头企业。

还有学者对农业经营体制创新开展了综合性研究。李树超等（2006）认为，在农业经营体制创新的过程中，要注意协调好利益、服务、科技等要素的合理配置，特别是要注重土地流转体制和机制的创新，促进土地顺利流转，培育适度规模的农业经营主体。陈晓华（2012）提出了加强农村集体“三资”管理，构建新型农业社会化服务体系的建议。包宗顺（2012）对江苏1086个农户进行了实地调研，结果显示样本地区农户分散程度高，并且劳动力高龄化和低文化的现象严重，提出必须进行农业经营体制创新，引导培育农户中有文化、懂技术的新型职业农民，提高农业生产的组织化和专业化程度。肖良（2015）分析了现代农业经营主体在创新农业经营体制机制中的意义，提出了通过改善农业环境、加快农业产业化进程等途径来实现。

通过以上分析发现，学者们已经对新型农业经营主体培育方面进行了大量研究，提供了很多有建设性的对策建议，从不同视角和不同方法对新型农业经营主体的构建和创新方面进行了研究和论证，为新型农业经营主体培育机制研究提供了一定的参考价值和意义。由于中国提出进行新型农业经营主体培育较晚，研究难免会有一些片面和不足之处，但对后续的研究起到了一定的借鉴意义。

三、研究文献述评

国内外学者对新型农业经营主体的研究取得了阶段性成果，为后续研究积累了大量的文献参考，有利于农业经济理论的发展。国内外文献表明，农户经营行为的好坏在很大程度上取决于外部环境的好坏。尤其是伴随着市场经济的快速发展，各项制度越来越完善，合作经济越来越频繁，农业产业化是现代农业发展的必然趋势，要实现农业产业化经营，就必须构建农业产业化中各利益者之间的利益联结机制，制定一套高效的、可行的新型农业经营主体培育机制。但是，我们也不能完全照搬西方国家的理论和实践，要不断扩展和修正西方理论，目前我国正处于转型加速期，传统农户正逐步向新型农业经营主体转变，要结合我国实际国情，制定适合我国特色的新型农业经营主体理论。通过对国内外文献的梳理，有利于学习和综合国内外学者们的思想和方法，对我国新型农业经营主体的培育具有一定的借鉴意义。但是，现有文献研究成果相对来说还是较为零散。总体来看，现有文献缺乏系统性地对新型农业经营主体培育机制进行研究，目前国内外还没有系统地分析新型农业经营主体培育的过程机理的研究，大部分文献都是对我国农业发展的现状和问题进行分析，或者对其影响因素进行实证检验，并没有对新型农业经营主体培育过程机理，以及在培育过程中要素配置、流程机理、角色分工、合作机制、利益协调和绩效评价等内容进行深入探究，目前研究仍停留在现象的分析，缺乏实质性研究，必须从以下三个方面继续深化研究：

（1）进一步深化基础理论研究。党中央提出新型农业经营主体建设是顺应时代潮流、适应当前生产力发展的重要课题和战略任务。作为时代的新产物，如何界定“新型农业经营主体”的科学内涵，目前相关文献都存在一定的分歧，新型农业经营主体各类型之间存在怎样的差异性；新型农业经营主体产生历程的特征和趋势如何，很少有人对其进行系统的研究。尤其是对新型农业经营主体培育的过程机制没有系统的论证，这些问题都是目前文献没有系统探讨的地方，需要学者进行微观、宏观层面研究，进一步丰富当前理论发展。

（2）加强实施微观层面研究。新型农业经营主体培育涉及农户微观组织，因此研究的基础就是微观层面研究。第一，加强新型农业经营主体培育要素的调查研究。现有文献大多是针对宏观层面的理论研究，很少有文献针对农户培育意愿和在培育过程中的影响因素进行研究。第二，在新型农业经营主体中的专业大户、家庭农场、农民合作社、农业产业化龙头企业等，他们之间存在怎样的相互转化，以及对已经培育好的主体，是否可以向身边的传统农业主体进行扩散，加大培育范围的推广？第三，在培育新型农业经营主体过程中，政府、农户、金融机构、农业企业、农业协会、水利机构等社会其他组织的角色分工，目前还没有文献进行深入的阐述。第四，新型农业经营主体的培育流程、资源配置、部门分工、冲突协调、绩效评价等如何设计，培育过程中的关键任务是什么，该如何完成，也没有深入研究。因此，需要进行微观层面的实际调研研究和理论分析探讨。

（3）探讨创新宏观层面研究。对于新型农业经营主体的宏观架构，现有研究大多数涉及了农业经营方式转变、体制机制的创新等内容，很少对农业经营模式进行探讨，更缺乏对新型农业经营主体发展的长效机制研究。对新型农业经营主体运行模式的选择，以及在运行模式中各主体之间的利益联结机制的研究还比较欠缺。新型农业经营主体培育的长效机制如何构建，农村土地流转、农村人力资本开发、农村资金汇集、农村制度建设和农业技术创新等宏观问题都是在新型农业经营主体培育过程中要涉及的问题。对于在新型农业经营主体运行过程中遇到利益冲突后如何解决、新型农业经营主体演变趋势和动因分析等问题均缺乏系统分析；新型农业经营主体的培育需要宏观架构指导和离不开微观基础支持，宏观和微观之间是如何联系的，两者又是如何协同发展的，这是下一步研究的重点。

第三节 研究思路与研究方法

一、研究思路

培育新型农业经营主体需要诸多部门参与，涵盖多个处置流程，其培育机制的构建是复杂性、系统性工程。本研究在农户分化的背景下，采用调查分析、流程分析、制度分析、实证分析及系统重构等方法，通过分析在新型农业经营主体培育过程中要素需求构成、部门角色分工、组织结构设计、作用流程机理、运行环境优化以及运作模式重构等内容，构建新型农业经营主体的培育机制及运作模式，并构建培育效果和运行功能评价指标体系，对其培育效果和运行功能进行评价，并结合国外新型农业经营主体培育成功经验，提出适合我国国情的新型农业经营主体培育路径。本研究按照时间先后顺序，分两阶段进行构思，如图 1 -1 所示。

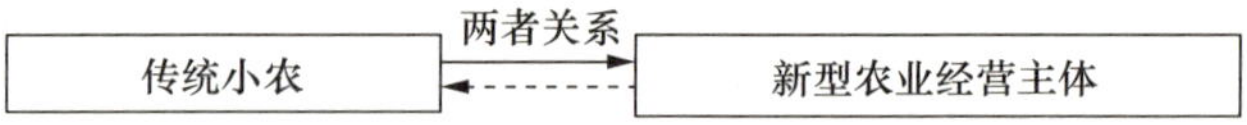

图 1 -1　新型农业经营主体与传统小农的关系

（一）第一个阶段：新型农业经营主体的出现

随着工业化、城镇化、信息化的发展，传统农业经营主体由于其规模性较小、效率性较低、组织性较差，已阻碍了现代农业发展的步伐，因此，需要培育新型农业经营主体来满足现代农业高效率的发展。随着经济的发展，传统农业经营主体分化，出现了新型农业经营主体，如何界定新型农业经营主体的内涵？新型农业经营主体与传统农业经营主体之间以及不同类型新型农业经营主体之间有何不同特征？要培育这些新型农业经营主体涉及哪些经济理论基础？另外，新型农业经营主体从无到有经历了怎样的一个历程？传统农业经营主体为新型农业经营主体的出现创造了哪些机遇，同时又带来了哪些挑战？新型农业经营主体的成长是否加速了农户分化？传统经营主体与新型经营主体之间存在怎样的转化关系？从演变历程中，可以进一步总结我国农业经营主体发展的趋势，从而为培育目标和方法提供一定的认识基础。因此，本研究设计了第一章：绪论；第二章：新型农业经营主体的内涵、特征与相关理论基础；第三章：新型农业经营主体产生历程、动因与发展趋势。

（二）第二个阶段：新型农业经营主体出现后的培育及运行

当新型农业经营主体出现后，是否具有培育价值？即论证其培育的必要性和可行性。如不具有培育性，则按照传统家庭农户生产；如果具备培育价值，则要对其培育环境进行分析，即分析在培育过程中哪些因素会影响其培育效果？其中，要考虑各地区人力资源、资金要素、土地要素、制度安排、农民收入、农技水平、经济发展等方面的差异性，分类进行讨论，具体分解出哪些是动力因素，哪些是阻力因素？找出在培育过程中的脆弱性环节，为下一步培育流程机理和培育部门角色分工做准备。因此，本研究设计了第三章：新型农业经营主体产生历程、动因与发展趋势；第四章：新型农业经营主体培育影响要素分析。如图 1－2 所示：

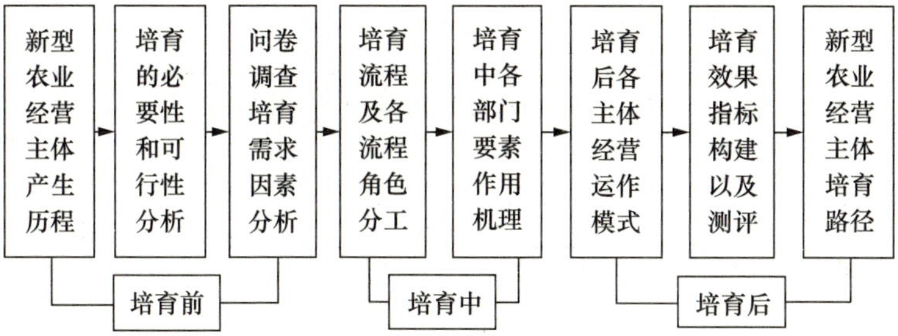

图 1－2　新型农业经营主体培育过程

新型农业经营主体的培育过程是一个复杂的、系统的工程，其培育涉及政府部门、农业企业、农户、金融机构、农业技术部门、农机站、农业协会以及其他社会组织等多个领域部门。如何合理安排其培育过程？培育过程可以分为几个流程？每一流程都需要哪些部门和要素资源的参与？每一流程中各部门之间如何协调配合，其角色如何分工，资源如何优化配置？在培育过程中各流程机理及作用机制如何设计？以及在培育过程中的关键环节如何控制？因此，要构建新型农业经营主体培育的系统架构及实施流程机理，必须科学、系统地设计培育流程机制，以及设计各部门角色分工和协调机制，为培育工作高效率运行做准备。因此，本研究设计了第五章：新型农业经营主体形成机理及流程管理机制。

新型农业经营主体培育完成后，要面临三个问题。其一，如何保障培育后新型农业经营主体健康、持续地经营？其应该选择何种运作模式？传统的“公司＋农户”模式是否适用于当前新型农业经营主体？并且，运作经营中各主体之间的利益如何分配？出现利益冲突后如何协调？其二，如何评价新型农业经营主体培育效果及运行功能？其评价指标体系如何构建？各指标的大小如何衡量？并分类别地对各培育效果进行评估。其三，新型农业经营主体培育过程如何优化？每种经营主体的培育路径如何选择？由于存在地区差异、收入差异、分化差异、技术差异、制度差异等因素，决定了培育路径的多样化和差异化。按地区、按农户、按禀赋对不同新型农业经营主体的培育路径分类讨论，为政府决策提供一定的参考。因此，本研究设计了第六章：新型农业经营主体产业化运作模式与利益联结机制；第七章：新型农业经营主体培育绩效评价体系的构建；第八章：新型农业经营主体培育的路径选择；第九章，研究结论与展望。对本书主要结论进行总结，并对下一步的工作进行展望。

二、技术路线

本研究的技术路线如图 1－3 所示。

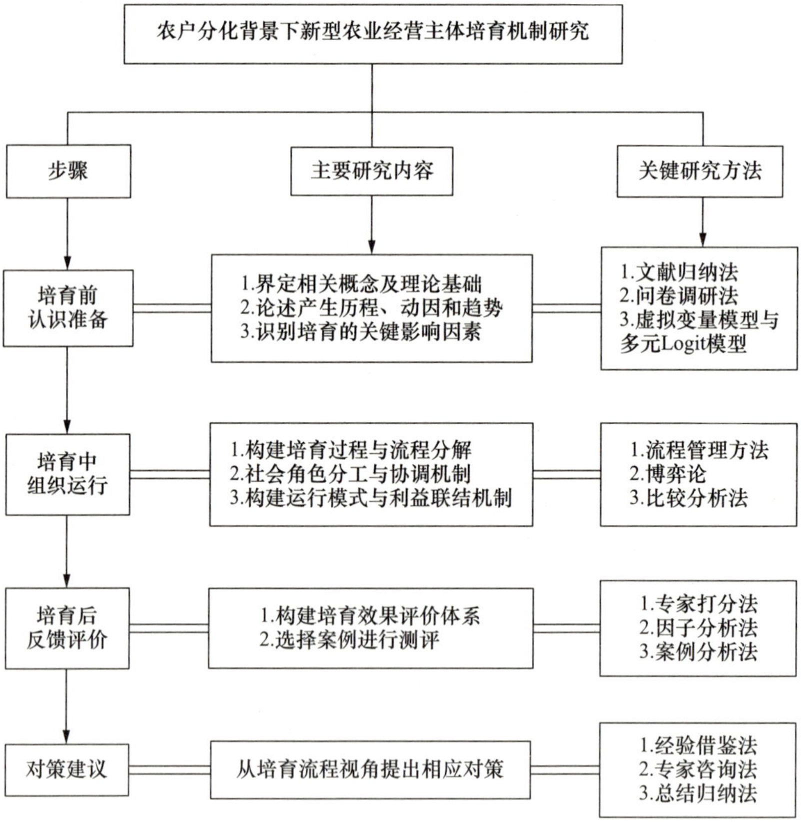

图 1－3　技术路线

三、研究方法

（1）系统分析法。新型农业经营主体的培育是一个复杂的系统过程，包括部门各自的角色分工、部门之间的相互协调，以及各部门之间的组织结构、生产要素的安排。因此，要根据系统理论，积极发挥新型农业经营主体培育中各部门之间的协调配合，以及在培育过程中各个要素资源的优化配置。

（2）文献研究法。创新性研究都是建立在前人研究基础之上的。文献检索和阅读是获取创新灵感的必要途径。通过阅读大量的文献，可以为我们找出目前研究的前沿，找出文章的突破口。本书研究思路的设计就是在阅读大量文献的基础上形成的，本书除了查阅大量的文献之外，还对文献进行了比较，从而借鉴文献中的先进方法和思想，为我所用，从而使本书研究更具有科学性和依据性。

（3）案例研究法。通过调研选取重点案例进行分析，进而研究不同经济水平、不同分化程度、不同生产规模、不同地理区域的多个典型特点作为调查研究基地，对影响新型农业经营主体培育的驱动因素和阻力因素进行深入调研。一方面，通过案例分析，可以对新型农业经营主体培育要素的影响进行实证分析，找出重点培育要素；另一方面，通过典型案例分析，可以分析其先进的培育经验，为其他农户提供一定的经验和模式，从而有利于新型农业经营主体培育。

（4）模型分析法。运用多元 Logit 模型、流程分解法、博弈论等手段，评价新型农业经营主体培育绩效，并通过因子分析法、专家打分法对评价指标体系的构建效果进行测评，从而对新型农业经营主体培育机制和转化模式进行有效的控制和创新。

（5）比较分析法。国外对家庭农场、合作社和农业企业的研究较为成熟，因此，需要借鉴国外经验对比各个国家的培育模式和方法，同时对比不同分化程度、不同规模、不同收入水平的传统农户向新型农业经营主体培育过程中的机制，以寻求培育机制的灵活性、全面性和有效性。

第四节　主要研究内容和创新之处

一、主要研究内容

第一章为绪论。本章主要是对全书进行通篇概述，旨在介绍相关的研究背景和意义、国内外研究现状，从而为研究做好基础，并且介绍本书的研究技术路线和主要研究内容，最后对本书的研究方法和创新点进行阐述。

第二章为新型农业经营主体的内涵、特征及相关理论基础。具体包括农户决策理论、农户分化理论、农业组织理论、农业制度理论和农业扶持理论。其中，农户决策理论包括农户效用理论、风险规避理论、农户投资理论等；农户分化理论包括农村人口流动理论、农村土地流转理论和农业规模经济理论；农业组织理论包括农业组织权变理论、农业组织行为理论和农业组织激励理论；农业制度理论包括土地产权理论、农业信息理论和农产品交易成本理论；农业扶持理论包括农业补贴理论、农产品价格保护理论和农业保险理论。

第三章为新型农业经营主体产生历程、动因与发展趋势。首先，介绍新型农业经营主体内涵、类型及特征；其次，讨论了新型农业经营主体的产生历程及发展趋势；再次，探讨了新型农业经营主体培育的必要性及可行性，从现代农业发展需求、资源约束、农业可持续发展、城乡收入差距等视角论述其必要性和可行性；最后，论证农户分化与新型农业经营主体产生之间的关系。

第四章为新型农业经营主体培育影响要素分析。首先，对新型农业经营主体培育需求要素进行了问卷调查，其中包括问卷的设计、调研、整理和分析；其次，运用 Logit 模型对其影响培育的因子进行分类检验，具体类别按照地理区域、资源禀赋、生产规模、收入水平、技术差异、制度差异和经济发展水平等，目的是获得更科学的影响因子；最后，根据检验结果，得出影响新型农业经营主体培育的主要因素。

第五章为新型农业经营主体形成机理与流程管理机制。首先，明确了新型农业经营主体培育的原则和目标；其次，从计划准备、组织实施、领导控制和评价反馈四个阶段分析了新型农业经营主体培育流程划分；最后，对培育各流程之间的作用机理和关键环节作了综合论述。新型农业经营主体培育部门角色分工及协调联动机制。新型农业经营主体的培育涉及政府部门、农业企业、农户、金融机构、农业技术部门、农机站、农业协会以及其他社会组织等不同领域部门。并利用系统重构的方法，探析各种新型农业经营主体培育部门的构成、不同部门的角色分工及权责分配、不同部门间的协作联动机制，构建一个分工合作、协调运作的培育管理体系。

第六章为新型农业经营主体产业化运作模式与利益联结机制。首先，介绍了新型农业经营主体运作经营模式的类型，讨论了“公司 + 农户”经营模式的弊端，并对各种模式的结构进行了优劣对比；其次，讨论各种模式运作经营过程中各部门之间的利益博弈；最后，从契约视角讨论了解决利益冲突的协调机制，并对契约实施过程中的监管机制做了讨论。

第七章为新型农业经营主体培育绩效评价体系的构建。首先，构建了新型农业经营主体培育效果及运行功能的评价指标体系；其次，结合调研数据，采用因子分析法和专家打分法，从定量分析和定性分析结合的角度验证培育指标体系构建的合理性和科学性；最后，根据测评结果，分析培育过程中的不足之处及改进意见，为培育提供政策指导。

第八章为新型农业经营主体培育的路径选择。本章是全书的最后章节，结合国外先进经验和前文分析，从宏观和微观层面，按照培育要素的视角，同时考虑地理差异、经济差异、文化差异、技术差异等因素，探讨新型农业经营主体培育路径选择，为下一步培育提供政策指导。

第九章为研究结论与展望。对本研究得出的主要结论进行进一步概括，并对本书的不足之处做出说明，对未来需要进一步研究的方向做出自己的判断。

二、拟解决的主要问题

（一）探究影响新型农业经营主体培育机制的关键因素

新型农业经营主体培育机制的构建，重点在于辨识并消除培育过程中的脆弱性环节，脆弱性环节是由各环节的关键因素控制的。从农业经营主体培育的时间角度来看，新型农业经营主体培育流程可以分为计划准备阶段、组织实施阶段、领导控制阶段、效果评价反馈四个阶段，每阶段都有其特有的关键因素，通过问卷调查、实证分析、论证得出每阶段的关键影响因素，为构建新型农业经营主体培育机制做好准备工作。

（二）构建新型农业经营主体培育机制的理论模型

高效的新型农业经营主体培育机制能够有效协调各方力量、迅速实施培育行动，以及优化培育环境的一个系统。该系统涉及多部门之间的合作以及资源、信息的共享和交流。首先，要弄清楚农户、政府、企业、市场、社会其他组织在各流程中的角色分工；其次，分析每个环节在人、财、物、信息、技术和时间方面的配备；最后，设计出新型农业经营主体培育的机理模型。

（三）设计新型农业经营主体运行模式及利益协调机制

新型农业经营主体培育后，要保证其有效运行，必须选择合适的运行模式。不同经营主体由于其在生产规模、发展类型、组织结构等方面存在差异，要结合交易费用理论、市场理论、权变理论分析出各类经营主体适应的运行模式。在运行过程中，各个部门之间存在利益博弈，根据契约理论制定各部门之间的利益协调机制。

（四）构建新型农业经营主体培育效果评价指标体系

新型农业经营主体培育效果及运行功能的好坏需要一个综合的评价指标体系来测度和衡量。一套完整、严密、系统的评价指标体系可以帮助决策者从繁杂因素中提炼关键信息，从而提高信息传递效率和决策反应速度。新型农业经营主体的培育涉及经济、社会、资源、生态等多个层面，因此，设计时要考虑整体性和综合性、区域性和可比性、实用性和可操作性、目标性与前瞻性的融合，从而分离出主要影响因素，并根据主要影响因素的权重进行测评，从而检验评价指标体系设计的效果。

（五）提出培育新型农业经营主体的路径选择

利用农户问卷调查、实证计量分析、作用机理模型及培育效果测评，探究传统农业经营主体向新型农业经营主体转变路径的差异性，并对各类新型农业经营主体实现路径的差异性、适用性及政策启示进行比较分析。通过综合分析，系统总结农户分化背景下新型农业经营主体在不同环境下培育主体的分工、培育对象的选择以及培育环境的优化，为我国更有效地培养新型农业经营主体提供一定理论参考价值和决策指导。

三、创新之处

（一）建立了新型农业经营主体培育过程模型和流程管理机制

从国内外现有文献来看，其大多是对新型农业经营主体培育条件和环境进行定性或定量分析，缺乏对新型农业经营主体培育过程和流程的系统研究。新型农业经营主体培育是集合各种生产要素的一个复杂系统，面对如此复杂的系统，如何保障实施有条不紊，只有对其进行流程分解，把复杂系统分解成简单的流程，从各流程中实施控制，才能提高培育的效率和效果，但是现有文献在这方面仍属于空白。在培育新型农业经营主体过程中，政府、金融机构、农业企业、农业协会、水利机构及社会其他组织如何进行职责分工，并且如何保证分工后它们利用资源的合作共享机制，目前还没有文献进行深入阐述。因此，本书针对以上不足，建立了新型农业经营主体培育流程模型，并分析了培育过程中参与主体的分工和合作机制。

（二）设计了新型农业经营主体运作模式及利益联结机制

现有文献大多是对新型农业经营主体培育前和培育中的内容进行分析，较少涉及培育后的运行机制。现有的机制主要还是停留在“公司+农户”的运行模式上，缺乏一定的创新性。新型农业经营主体培育过程，不仅包括其从无到有的过程，更重要的是其产生以后如何建立长效发展机制，如何选择合理的运行模式，形成产供销一体化的发展，而目前文献针对这方面的研究较少。因此，为了保证新型农业经营主体培育后长效运行，必须以产业化发展为依托，建立适应当前新型农业经营主体的运行模式。不同经营主体由于其在生产规模、发展类型、组织结构等方面存在差异，要结合交易费用理论、市场理论、权变理论分析出各类经营主体适应的运行模式。更为重要的是，要保证运行机理正常运转，必须建立农业产业化过程中参与主体利益联结机制，从而保证新型农业经营主体运行的长效发展。

（三）构建了新型农业经营主体培育绩效评价指标体系

从国内外现有文献中可以看出，很少有文献对新型农业经营主体培育的效果进行指标的构建，大部分的文献主要集中在培育过程中的研究，缺乏对其培育后的评价体系研究。因此，为了验证指标体系的科学性，本书采用定性分析和定量分析相结合的方式对其进行了测评，保证了指标体系设计的科学性和合理性。

第二章　新型农业经营主体的内涵、特征及相关理论基础

本章主要论述了新型农业经营主体的内涵、特征及相关理论基础。首先，为了把握好研究内容范畴，对新型农业经营主体的内涵进行了界定；其次，对新型农业经营主体包括的类型和特征进行了分析，从而更好地理解新型农业经营主体与传统农业经营主体的不同之处；最后，在内涵界定和特征对比的基础上，找出新型农业经营主体研究的相关理论基础，总体来说，新型农业经营主体的理论可以归纳为：分工与协作理论、规模经济理论、产业组织理论和新制度经济学理论等。通过对相关理论的梳理，为新型农业经营主体培育过程中的形成机理和运行模式做好理论依据。

第一节　新型农业经营主体的内涵

一、农业经营主体的内涵

有效地界定农业经营主体的概念，有利于我们界定新型农业经营主体的范围，从总体上来说，新型农业经营主体属于农业经营主体的范畴。学者们在不同的背景条件下对农业经营主体提出了不同的定义。张义珍（1998）指出，农业经营主体是指直接或间接从事农产品生产、加工、销售和服务的社会团体和个人。并且认为直接经营主体主要包括农户、企业、一体化，而间接经营主体主要包括社区性服务组织、行业性服务组织以及农民自愿组成的合作经济组织。而贺宏善（1998）区分了农业经营主体与农业生产主体的差异，他认为农业生产主体并不全都是农业经营主体，农业经营主体则更侧重能够承担农业经营任务的当事者，

农业经营主体必须满足三个条件：一是自身具有一定的经营知识、经验和能力；二是拥有一定规模的土地、资金、劳动力、设备等生产要素；三是能自主经营、自负盈亏、独立承担相关法律责任。匡远配等（2005）对农业经营主体进行了定义，他认为农业经营主体是从事农业生产活动，或者是进行农业生产活动，并且能够提供相关的农业服务的团体，农业经营主体是在农业活动中的认识者和实践者，同时也是静态实体组织与动态经济活动的统一。农业经营主体可以从宏观、中观和微观层面进行划分，宏观农业经营主体主要是政府部门，微观农业经营主体主要是农户家庭，而中观农业经营主体则是链接宏观经营主体和微观经营主体的桥梁，主要是一些集体组织，如农业企业、科技园、合作组织和农业产业化组织等。

二、新型农业经营主体的内涵

新型农业经营主体是为了区别传统农业经营主体概念而提出的，新型农业经营主体的形成与家庭联产承包责任制是相伴而生的，也是在农业生产过程中不断专业化分工的产物，是实现现代农业和农村改革的重要推动力量。黄祖辉等（2010）认为，农业经营主体是随着经济发展和制度变迁而发生演变的，改革开放以前，我国农业经营主体主要表现为同质性的小农家庭作业，随着农村改革的发展，同质性的小农家庭经营逐步向异质性的规模化经营演变，出现了多元化的农业经营主体。特别是近期出现了以家庭农场、种养大户、农民合作社和农业企业为代表的新型农业经营主体，并且它们表现出较强的生命力和广阔的市场潜力。

新型农业经营主体正式出现是在 2012 年，在 2013～2015 年的中央一号政策文件中，连续强调了培育新型农业经营主体的战略要求，新型农业经营主体关系着我国农业现代化的重大战略，关系着我国农民的就业和收入增长，关系着国家粮食安全战略的实施。因此，为了响应党中央号召，各地纷纷将培育新型农业经营主体作为现代农业建设的重要战略目标，加大了对新型农业经营主体的宣传，出台了具体方针政策，并提供相应的财政补贴支持，激励新型农业经营主体的培育发展。张照新等（2013）认为，新型农业经营主体是相对传统小规模和半自给农户而言，它们是“新型”的，新型农业经营主体具有较大的规模性、较规范的管理制度，因此，他认为所谓新型农业经营主体，是指以农业产业为职业，从事较大规模农业经营，拥有先进的技术和物质装备、先进的经营管理方法，最大限度地提高土地产出率和农业生产效率，这是我国农业现代化的必然要求。新型农业经营主体是以市场化、商品化为主要目标，呈现出适度规模、专业化、集约化和市场化的特征。

总之，目前对新型农业经营主体概念的界定仍没有统一的说法，纵观相关文献研究，虽然学者们从不同视角对这一概念进行了不同的观点表达，但是他们在一定程度上对新型农业经营主体的概念内涵也达成了一定的共识，即他们都认为新型农业经营主体以农业现代化为经营目标，具备规模化经营的特点，而且具有完善的生产技术和管理水平，进行组织化和集约化生产，并为社会提供相关的农产品服务。但是在新型农业经营主体范畴的边界划分、规模的量化标准等方面仍有较大分歧。本书认为我国农业经济发展区域差异性很大，很难用一个统一的标准来界定新型农业经营主体的内涵，如果强硬拿标准来限定其范畴的话，本身就具有局限性，不利于其设立发展。因此，本书在比较现有定义的基础上，认为新型农业经营主体是区别于传统小农经济的生产组织方式，它是在家庭联产承包责任制的基础上，丰富现有农业经营主体，和现有小农户经营是互补的，并不是对立矛盾的，其组织形式根据地区差异、经济差异和文化差异可以呈现多样性，其生产目的是实现农产品的商品化和产业化，在生产过程中采用先进的技术和物质装备，以科学管理的理念提高现有农业劳动生产率、资源利用率和土地产出率，加快新型农业经营主体培育进程。

第二节　新型农业经营主体的类型

新型农业经营主体的定义，其生产目的是实现农产品的商品化和产业化，即新型农业经营主体的作业环节不仅包含生产经营活动，也包括农产品产中环节的加工、服务等经营活动。各活动的主要区别在于活动的分工和作用不同，在农业生产活动环节，其主要作业主体是家庭农场和专业种养大户，从事农产品的生产；而在农产品加工和流通环节，主要作业主体是农民合作社和农业产业化龙头企业，从事农产品加工和其他服务增值活动。因此，从各个环节的经营主体来看，新型农业经营主体的类型主要可以分为：专业种养大户、家庭农场、农民合作社和农业龙头企业。

一、专业种养大户

农业专业种养大户实质上也是家庭农户，但是规模较一般农户要大，因此，有时也简称为专业大户或者种养大户，是我国在农业生产发展进程中必然出现的一种生产组织形式。种养大户相对小农户的主要特征是自筹资金能力较强、采用较新的农业经营方式、有适度的经营规模、产品定位符合市场需求、能带领其他农民增收致富、生产的产品科技含量较高，以及销售市场较为稳定，我们把这类主体称为专业大户或种养大户（陈家骥等，2007）。种养大户是推进现代农业发展的先进经营主体，不仅起到优化农业产业结构作用，而且在吸收离散土地、加快农村土地流转方面具有积极的作用。种养大户是具有企业家精神的现代农民，从事面向市场的商品化、规模化、专业化农产品生产，是中国农业先进生产力的典型代表（张晓山，2013）。

目前，学术界对种养大户在种植、养殖规模上的界定仍没有达成统一标准。原因在于各地区之间生产力发展水平差异较大，收入水平和思想观念存在一定的异质性，自然气候条件也不尽相同。因此，种养大户的规模标准应实行因地制宜、因产业类型制宜。平原地区耕地面积较广，种养大户土地规模的认定标准可能要达到上百亩，而一些土地资源分散的山区，其土地规模认定只要达到十几亩即可。因此，制定全国统一的规模认定标准难度很大，但考虑到其实际意义，也没有必要统一规模标准，只需划定“大户”标准的幅度，使其可以在一定范围内根据实际情况自由选择，让各地、各部门去灵活掌握，有利于弹性原则的实施。辨别“大户”的标准，主要看它是否具有示范、组织和带动的作用。

二、家庭农场

2013 年“家庭农场”首次在中央一号文件中出现，党中央提出了大力培育家庭农场的战略发展号召。虽然家庭农场概念在我国出现得较晚，但是在西方国家，家庭农场早已被广泛应用于农业生产，并且取得了较好的效果。家庭农场可以将闲散的土地集中经营，更有利于机械化操作，同时，他们专心进行农产品生产，从心底里努力提高作业技术和耕作水平，从而相比兼业农户来说，更有利于农产品的集约化生产（黄延廷，2013）。家庭农场在农业技术采纳、成本节约、良种播种、机械装备、抵御风险等方面都要优于传统农户生产，大大增强了农产品市场竞争力，提高了农户的经济效益（杨建利，2014）。然而，由于我国历史原因和生产力条件的限制，家庭农场的发展目前还处于初级阶段。发展家庭农场需要满足两个基本条件：一是土地集中经营；二是机械化作业。目前我国还具备了两个基本条件：一是城镇化发展，吸收了大量农村剩余劳动力，为土地集中经营创造了条件；二是土地集中实现了规模化，有利于作业水平的提高，并且国家制定了一系列的农机补贴制度，从而有利于农业机械化操作。

家庭农场目前并没有明确的概念和严格的界定，家庭农场与种养大户之间的概念有时候也存在交叉，家庭农场大多是由种养大户演变而来，种养大户与家庭农场在本质上并没有太大的区别，主要的区别在于家庭农场需要注册，可以享受到家庭农场应得的一些税收和补贴优惠政策。有些学者认为，家庭农场的规模要达到一定的程度才能称之为家庭农场，如认为一年两熟制的地区土地经营面积达到3.33公顷；或一年一熟制的地区土地经营面积达到6.67公顷以上（刘爽等，2014）；另外，家庭农场的规模标准也要因地制宜、合理把握、弹性管理。目前我国普遍认同家庭农场的内涵是家庭农场的劳动力主要来自家庭，其从事的农业生产必须有一定的规模，收入的来源主要来自农业，而且其耕作方式是集约化、组织化和商品化，并且以市场为导向，以经济利益为中心，在工商部门进行登记注册的一种农业经营主体，都可以称为家庭农场。

三、农民合作社

农民合作社又可以简称为合作社，也可称为“农民专业合作社”，但是随着“农民股份合作社”的出现，把“农民专业合作社”和“农民股份合作社”都统称为“农民合作社”。国际上广泛使用的“农民合作社”，与我国通常所说的“农民合作社”基本上是同一个概念。国际合作社联盟（International Cooperative Alliance，ICA）对其的定义为：“人们通过自愿联合、共同所有和民主管理等方式，来满足经济、社会和文化需求的一种自治组织”。

我国目前采用较广的概念为：农民合作社是建立在家庭联产承包责任制基础上的，以农民自愿参加为原则，以农户合作经营为原则，相关农户以增加成员收入为目的，实行的是一种自愿联合、共同所有、民主管理的互助经济组织（许振华，2008）。农民合作社是优化资源配置的一种有效组织方式，并且在抵御市场风险和自然风险方面具有一定的优势。农民合作社的服务对象主要是合作社内部的社员，主要从事的服务项目不仅包括购买农业生产资料，对农产品进行运输、加工、储藏、包装、销售等环节，也包括在农业生产过程中的技术咨询和信息等服务。对合作社概念的准确把握，目的主要有两个方面：一方面强调合作社是农民自主建立、自主经营，是一种组织；另一方面强调合作社活动主要是以从事农业生产、加工和以销售为目的的市场经济活动。

四、农业龙头企业

所谓“龙头”，是一个形象的比喻，公司、专业协会、专业合作社、专业市场等都可以作为龙头企业。牛若峰等（2002）和郑少红（2013）都曾对农业龙头企业进行了定义，他们认为农业龙头企业主要是以从事农产品加工和流通为主要业务，通过农产品加工和流通，与农户之间建立了密切的联系，带动农户进入农产品市场，有利于农产品的商品化，实现农产品的产业化经营，并且农业企业需要在规模和经营指标上达到相关标准，并经工商部门认定的企业。本书认为农业龙头企业具有现代一般企业的特征，即以商品交易活动为主，以盈利为主要目的，具有法人资格。因此，农业龙头企业可以解释为在农业产业化中，具有现代企业制度，与农户通过契约或股份等形式结成利益联结机制，依托农副产品生产基地建立的、规模较大的、辐射带动作用较强、资金力量相对雄厚的涉农企业。

农业龙头企业在竞争日益激烈的农产品市场上显现出巨大的优势，能够适应当前多变的市场。作为农业产业化过程的重要主体，其能够为农产品生产、加工、运输和销售等各个环节提供相应的服务，能够建立与农户间的利益联结机制，是农户走向市场的桥梁。个体小农户一般都是以家庭为单位进行分散经营，并且生产的农产品大多数为自家所用，剩余农产品才通过销售流入市场。初级农产品直接销售进入市场不利于农户的收入增长，因为农产品价格与工业品价格之间存在“剪刀差”，传统农户大部分都是直接销售自己的农产品，这样就降低了自己的收入水平；这时可以借助农业企业的带动，促进产品进入加工、包装或者运输行业，增加农产品的附加值，从而提高了加工后的农产品价格，农民从中获得了更高的利润。另外，小农家庭经营规模较小，抵御市场风险的能力也较差，农产品市场竞争力不高，很难让农户家庭获得较高收入；而农业龙头企业可以利用自身的优势，采用先进的技术和管理水平，对市场信息进行搜集和预测，从而能更好地判断市场的趋势，降低市场风险，可以把分散的小农经营转化为相对集约的经营，引导农户从事加工作业和销售，通过加工环节增加农产品的附加值，最后通过销售环节实现价值的转化，小农户也在附加值提高的同时获得了更高的收入水平。农业龙头企业销售的增加会带动农户对农产品的生产需求，可以让他们从事专业化生产，而且在专业化的过程中可以实现规模化和机械化操作，提高了农产品的生产效率。另外，通过农业龙头企业的带动，可以解决农产品难卖的问题，农业企业与农户建立了订单合同工，化解了销售风险，更有利于农户的农产品生产。更为重要的是，通过农业龙头企业的加工环节，提高了资源利用率，形成了农产品生产—加工—销售的良性循环模式。可见，农业龙头企业不仅可以带动农户家庭就业，还能够促进农产品延长产业链，从而形成一个产业化的农产品生产大产业、大基地和大市场。同时，农业企业在农业产业化经营中还承担着技术领导者的任务，扮演着运营中心、信息中心和服务中心的角色，担负着农业技术创新的使命，推动着农业产业向现代化农业的转变。因此，需要大力培育农业龙头企业，构建农户与市场联系的桥梁，从而实现农业产业化快速发展，促进农产品产业链升级，增加农民就业和农民收入。

第三节　新型农业经营主体的特征

一、新型农业经营主体的总体特征

新型农业经营主体的总体特征主要是和传统小农特征进行对比，从而找出其具备的一些特点。总体而言，新型农业经营主体的特征可以简化为“四化”，即集约化、专业化、组织化和社会化。另外，新型农业经营主体在发展条件、基本结构、产生原因和主要意义方面也不同于传统小农经济。两者之间的区别如表 2－1 所示。

表 2－1　新型农业经营主体和小农经济的主要区别

	小农经济	新型农业经营主体
类型	自给自足或自耕农	专业种养大户、家庭农场、农民合作社、农业产业化龙头企业
特点	1. 以家庭为生产、生活的基本单位，精耕细作 2. 农业和家庭手工业相结合 3. 生产出来的产品用来自己消费或缴纳赋税，是一种自给自足的自然经济	1. 集约化：在较小面积的土地上获得较高产量和收入的一种集经济效益、生态效益、社会效益于一体的农业经营方式 2. 专业化：相对兼业化而言，是农村社会分工深化和经济联系加强的结果 3. 组织化：通过把分散的小农组织起来，建立有规模、有组织、有科学管理的合作形态，加强对信息的搜集和辨识，以应对日渐激烈的国内外市场竞争 4. 社会化：一是农业生产过程的社会化；二是产品的社会化，即农产品通过交换供应整个社会，而不是自给自足

续表

	小农经济	新型农业经营主体
发展条件	1. 具有较多自由 2. 小农经济下的农民，拥有一定的土地、农具或耕畜	遵循家庭经营为基础、统分结合的双层经营体制，规模化经营、运用先进的生产工具和技术，机械化耕作，先进的管理方式，多种运作模式
基本结构	1. 主要耕作方式：铁犁牛耕 2. 主要组织方式：男耕女织（以家庭为单位从事生产劳动） 3. 主要生产特点：精耕细作	以机械化耕作、家庭经营或雇工经营为主，采用现代生产技术、信息技术等进行集约化、规模化生产
产生原因	耕作方式进步、土地制度、重农抑商	农业生产方式转变、科学技术进步、农业劳动力人口结构变化、商品化生产方式的需求
主要意义	小农经济不仅为广大农民提供了生存保障，也使农村的剩余劳动力低成本进入城市成为可能	适应农业生产发展的客观规律，促进农业生产关系适应农业生产力发展的需求

二、新型农业经营主体各类型特征

上一段介绍了新型农业经营主体的总体特征，由于新型农业经营主体是由多元化主体组成的，因此，他们之间也存在各自的特征和差异。为了说明他们之间的相互区别，我们以家庭农场为核心，比较家庭农场与种养大户、农民合作社与农业企业之间的特征差异。

首先，家庭农场与专业大户之间的差异。从农业经营方式来看，虽然家庭农场和专业大户都是以家庭为单位从事农业生产，但是他们之间也有一些差别。家庭农场大多要经过注册成立，一般具有独立的法人资格，具备一定的生产规模，而且土地承包关系较为稳定，有较高的经营管理水平，从事集约化和商品化生产，但其成员一般为家庭成员，较少存在常年雇工经营。而专业大户主要是围绕单一的农产品进行专业化生产，其生产规模相比传统小农户和一般农户来说呈现较大的规模，专业大户经常需要雇佣家庭成员以外的劳动力从事农业生产，其不具有法人资格。总之，两者之间还没有明确的概念界定，一般情况是条件成熟后，专业大户大都逐渐向家庭农场的组织形态转变。

其次，家庭农场与农民合作社之间的差异。两者之间最大的差异是组织方式不同，家庭农场是以单户家庭为组织单位形成的新型农业经营主体，而专业合作社是以多个农户自愿联合的形式，并且实行民主管理的新型农业经营主体。多个家庭农场可以在发起人的带领下，以产业为纽带，形成农民合作社。农民合作社的服务对象主要是社内成员，也可以是成员同意且不影响成员利益的条件下，向周边非成员农户提供服务。在组织构成上，合作社的经济主体是农民，农民至少占成员总人数的80%，可见，合作社作为农户的合作经营组织，对内具有公益性，对内部成员来说是不以营利为主要目的的，对外维护内部成员的利益，从而对合作社组织进行农产品的销售、加工等环节，其所有制结构也是坚持以家庭联产承包责任制为基础，实现劳资结合的制度；并且实行利润返还的方式，采取民主选举和民主决策的管理体制。

最后，家庭农场与农业企业之间的特征差异。两者之间的最大区别在于农业企业的组织性。农业企业是需要注册登记的正式组织，具有一定的法人资格，它是由企业所有者和员工通过契约、合同、股份等形式组合而成的一种开放的组织，从事农产品的加工行业，延长了农产品的价值链，是农业产业化经营的核心力量。农业企业也是一种商品经济组织，生产的产品主要是流向市场，但农业企业又不同于以农村个体户为典型的小商品经济组织，它是以获取利润为直接目的，追求资本增值和利润最大化。另外，农业企业在法律和经济上具有独立性，它不仅拥有独立的产权，而且具备完全的经济行为能力，经营中实行独立的经济核算。可见，农业龙头企业相比家庭农场无论是设立程序还是运行制度都更健全。为了更好地区分，归纳了各类型的特征，如表2－2所示。

表2－2　新型农业经营主体各类型的特征比较

比较内容	小农经济	专业大户	家庭农场	农民合作社	农业企业
生产目的是否满足自身需求	√	×	×	×	×
生产的产品是否主要商品化	×	√	√	√	√
是否具有法人资格	×	×	√	√	√
是否以家庭为单位组织生产	√	√	√	√	×
是否需要注册登记	×	×	√	√	√
财务是否独立核算	×	—	—	√	√

注：√代表“是”；×代表“否”；—代表两种情况“都有”，没有严格要求。

第四节 本书相关理论基础

一、分工与协作理论

新型农业经营主体培育是共同参与的一个工程，需要分工与合作理论的支持。新型农业经营主体中的专业大户、家庭农场、农民合作社和农业龙头企业要想适度规模经营，必须合理地处理分工与合作问题。亚当·斯密（1776）在其著名代表作《国富论》一书中明确指出，劳动生产力的提高在很大程度上要归因于分工的结果。并且他在书中进行了案例描述："通过分工，一人一日可制4800枚针，如果他们不实行分工，一天也就制成20枚针，也许连一枚针也制造不出来……"可见，分工大大提高了劳动的熟练程度，节约了劳动交换时间，提高了劳动生产率。并且亚当·斯密认为交换能力的大小决定了分工的程度，而市场的大小又决定了交换能力的大小，因此，如果市场过小，那么交换能力就较小，这时就不会形成大规模的分工。

分工提高了劳动生产率，能够使生产者有更多的剩余劳动生产物。人类的祖先很早就认识到分工的必要性和重要性。阿瑟·刘易斯（1979）在《经济增长理论》一书中指出，专业化分工是知识积累和资本增长的主要源泉，随着交易市场的扩大，专业化分工也会越来越频繁，在某种意义上可以说，交易规模的扩大刺激了专业化分工，专业化分工又扩大了组织规模，组织规模的扩大进一步扩大了市场规模，从而形成了一个循环发展过程。随着专业化分工的发展、组织规模的扩大，像新型农业经营主体中的合作社经济、家庭农场等都要有相应的分工和协作，才能进行有效的规模经营。但是规模并不是越大越好，要掌握适度的原则。

专业化分工与协作生产有利于促进农业经济的发展，专业化分工一方面提高了作业的熟练程度，从而大大节约了劳动的作业时间；另一方面专业化分工可以实现技术上的创新，从而更有利于组织技术创新，而且可以实行岗位的设置和人员的配备等管理模式的创新，可见，专业化分工其实是管理的技术之一。另外，在分工的同时，要协调好各部门之间的合作，分工与合作只有同时协调好，才能发挥其作用，只有分工，没有协作，作业流程肯定不能很好地完成。因此，要把握好它们之间的关系。新型农业经营主体的形成从某种程度上来说是专业化分工与协作的结果。虽然传统的农户经营具有适合农业生产的积极一面，但与现在需要专业化、规模化、组织化和社会化的需求来看，也有局限性的一面，主要表现在小规模生产与大市场之间的矛盾上。因此，要创新小农户经营模式，逐步向有适度规模的新型农业经营主体培育发展。尽管农业生产是自然再生产和经济再生产的综合体，但是农业在经济生产过程中，如在加工、包装、运输、仓储和销售环节上都可以从农业中分离出来，形成独立的产业，从而实现农业产业化经营。可见，新型农业经营主体培育就是在农业产业化的基础上，通过加强外部经济再生产的经济环节，形成农业龙头企业或农民合作社等组织，促进内部自然生产过程的顺利进行，从而实现农业规模化生产，形成家庭农场和农民合作社等组织。从而实现内外和谐发展，进一步促进新型农业经营主体的培育。另外，在农业产业化进程中，农业的外部再生产环节，即农业产前、产中、产后的分工与协作具有更大的空间，因此，现代农业生产过程中的专业化分工与协作不应仅仅局限在自然生产环节，还应扩展到农业外部的经济再生产环节，以农业龙头企业作为领军组织，带动合作社、家庭农场和专业大户的形成发展。

二、规模经济理论

（一）古典经济学的规模经济理论

规模经济理论最早可以追溯到古典经济学中对规模报酬的研究。当前经济学界一般认为规模经济理论的创始人是亚当·斯密。亚当·斯密（1776）在探讨分工理论的同时，对市场规模与分工的关系进行了讨论，认为市场规模越大越需要专业化分工，从而能够提高生产效率。约翰·穆勒（1848）认为，大规模作业是建立在分工基础上的，大规模作业可以有效地节约劳动生产成本；阿瑟·杨格（1928）讨论了组织生产规模与分工之间的关系，认为它们之间是存在相互影响和相互促进的机制的。后来出现了研究土地规模报酬方面的学者，如威廉·配第（William Petty）提出了著名的“报酬递减”模型；马尔萨斯、杜尔哥和安特生都提出了土地报酬递减规律的思想，这些研究都对规模经济的发展做出了重要的贡献。

从经济学的发展史来看，在第二次科技革命之前，规模经济研究还是比较零散的。真正系统阐释规模经济效应的应该是马歇尔（Alfred Marshall），马歇尔在经典著作《经济学原理》一书中对规模经济进行了系统论述，认为规模经济经历了规模报酬递增、不变和递减三个阶段，并且对各阶段组织的发展特征进行了描述。另外，马歇尔对内部规模经济与外部规模经济进行了区分，认为内部规模经济主要是通过组织运行的高效率来实现的，而外部规模经济主要是靠地理布局引起的；他还发现了组织大规模的发展会形成垄断，从而由垄断带来有关大市场的讨论，这就是著名的“马歇尔冲突”。后来张伯伦、琼·罗宾逊和乔·贝恩等学者进一步发展了马歇尔的理论，提出了“不完全竞争”的思想和理论，改变了一贯完全竞争市场的思想，发展了“马歇尔冲突”理论；同时，皮埃罗·斯拉法（1926）把规模报酬递增的原因归结为技术进步和知识的积累，把规模报酬递减的原因归结为土地获得的有限性方面。马克西和希尔伯斯通（1959）提出了著名的“马克西—希尔伯斯通曲线”，对最佳经济规模提出了自己的观点，认为组织不能无限制地扩大，应保持在适度规模范围内。

（二）马克思主义的规模经济理论

马克思主义的规模经济理论可以从资本集中谈起。他认为资本家为了实现节约成本会选择基本集中的方式进行生产。认为资本集中的内在动力在于人们追求剩余价值，外部动力是市场之间的竞争。出于对剩余价值的“贪婪”，资本家会不断地积累资本，从而竞争也会让资本家越来越把更多的资本集中在一起，从而实现资本积累，形成了规模化经营。马克思还认为生产规模的扩大，实现了产、供、销的联合与资本的扩张，降低生产成本。这与马歇尔的“内在经济”与“外在经济”的思想相类似。除此之外，马克思进一步研究了资本集中的方式，通过股份公司制度和信用制度，便捷了资本流动和重组，为企业规模化经营准备了条件。尤其是股份公司，可以通过股份集中资本，从而使生产规模迅速扩大，形成了规模较大的企业，信用制度又起到小规模企业向大规模的股份公司转变的作用。

（三）规模经济理论的新发展

现代规模经济理论的代表是哈维·莱宾斯坦（Harvey Leeibenstein）的X—效率理论、罗纳德·科斯（Ronald H. Coase）的交易成本思想以及迈克尔·波特（Michael E. Porter）的竞争优势理论。哈维·莱宾斯坦在1996年的《效率配置与X效率》一书中，分析了制约企业规模经济发展的内在机制，发现影响企业规模的主要是X—非效率（X - inefficiency Theory），即“大企业病”，企业规模扩大造成企业机构庞杂，使得管理幅度和管理层级增加，从而导致信息传递过慢，影响了组织部门之间的协调，从而使企业资源配置效率下降，效率降低的直接后果就是影响利润最大化目标的实现。科斯（1937）则从交易成本的角度，分析了企业规模经济的成因。他区分了两种类型交易成本：一种是通过市场进行交易产生的交易成本；另一种是企业内部交易产生的交易成本，企业和市场两种资源配置方式是可以相互替代的。企业主要是通过“权威”的方式安排生产，降低了市场交易成本，而市场是以价格机制配置市场，会产生市场交易成本。科斯认为企业产生的根源在于降低市场交易成本。但是，企业规模也不会任意地扩大，当企业规模扩大的同时，企业内部交易量增加，导致企业内部交易成本增加，当企业内部交易成本等于市场交易成本时，企业规模就会停止扩张。迈克尔·波特（Michael E. Porter，1990）从竞争优势理论的角度，研究了企业追求规模经济的原因。他认为企业的竞争力主要表现在高效率地获取资源和市场的能力上，而高效率地获取资源和市场的能力又主要来自规模经济。因此，提出规模经济让多种驱动因素促使企业竞争优势的形成，只有企业形成了较强的竞争优势后，企业的综合竞争力才能变得更加强大和持久。

三、产业组织理论

产业组织理论属于西方经济学的一个分支，该理论主要是通过分析企业微观组织来研究企业间垄断与竞争、企业与政府之间的关系。马歇尔可以说是最早研究产业组织的经济学家，他在1890年发表的《经济学原理》一书中，提出了把组织当作生产的第四要素的观点，同时首次提及工业组织的概念，并且对不完全竞争的因素进行了分析，认为产品差别、生产条件、报酬递增和广告费是主要因素。张伯伦和罗宾逊等（1933）对传统完全市场假定提出了质疑，认为市场应该是不完全竞争的，并且会存在一些垄断竞争等。20世纪50年代，麦森和贝恩通过对市场结构进行研究分析，提出了著名的“市场结构→企业行为→运行绩效”的分析框架，标志着产业组织理论的正式开始。

20世纪70年代，产业组织理论得到了进一步的发展，形成了结构主义和行为主义学派。其中，结构主义学派仍采用“市场结构→企业行为→运行绩效”的分析方式，后来，他们扩展了这种模式，形成了双向的“市场结构⟷企业行为⟷运行绩效”的分析框架，他们认为，在SCP分析框架中，集中度和利润率是研究的核心，因为集中度可以代表市场结构指标，而利润率可以代表市场绩效指标，从而利用相关的统计数据就可以分析两者的因果关系，结果表明，两者之间存在着正向相关关系，并且市场结构是市场绩效的原因。因此，结构主义学派主张企业进行组织分割，从而恢复有效的市场竞争秩序，禁止用兼并的形式直接作用于公共政策。而行为主义学派的代表人物是芝加哥学派的斯蒂格勒，他出版的《产业组织》一书，标志着行为主义学派的成熟。该学派的重要观点认为市场是有效的，国家不需要过多地干预市场，市场会逐渐地达成平衡，从而实现资源的配置。这种理论在一定程度上促进了市场经济的发展，但是，完全放任的市场也是不科学的，应该把市场经济和宏观调控结合在一起，共同完成资源的配置。

四、新制度经济学理论

（一）制度安排与主体行为理论

早期制度经济学家的代表人物是康芒斯，他认为制度是组织在运行过程中，为了集体利益而对个人行为进行约束的法律规范。而诺思认为制度是一种游戏规则。制度是为约束人们行为而设定的一些规定。从制度形式上来看，制度又可以分为正式规则（制度和合同）和非正式规则（规范和习惯）。制度的主要作用是减少交易中的不确定因素，从而降低交易成本。另外，制度的设定要考虑到经济利益，制度和经济利益两者是相互联系的，制度的制定都要以经济利益为主要考虑因素，从而通过利益手段来实现制度制定的合理性。我们所制定的制度主要是对其进行合理的安排，制度安排就是对不同规则的组合，组合的结果或层次我们称之为“制度结构”。

由于不同的结构具有不同的功能，制度的组合方式也会对个体产生不同的激励行为，所以，要根据组织的目标合理地安排制度。制度经济学一般认为人是有限理性的，这主要是由于信息的搜集和获取有限，所用的资源也是有限的，所以造成了人的行为也是有限理性的。这种有限理性就造成了个体的行为不同，并且人都是具有机会主义倾向的，很容易造成虽然做了承诺，签了协议，但是真正做出的实践却是不可预知的。这里所说的“人”，指的是行为主体，可以是个体或组织。不同的组织其行为特征不同，而且组织内部个体行为特征也不同，存在着个体行为差异。组织与制度两者之间的关系可以解释为，组织是制度的载体，制度是组织行为的规则。新型农业经营主体作为一个组织而言，其制度安排也是约束新型农业经营主体成员的个体行为，从而有利于组织的发展。新型农业经营主体内部成员也都是“有限理性的经济人”，如果他们的行为能够带动新型农业经营主体更好地发展，有利于组织和个体自身利益的发展，就会刺激组织成员行为的产生，甚至会产生投机主义行为。而制度的产生可以对新型农业经营主体的有限理性和机会主义倾向进行约束。通过合理的制度安排，加强人们的行为准则，减少环境的不确定性，提高信息获取能力，获取的信息越多，越有利于做出合理的决策。因此，在新型农业经营主体培育过程中要设计好制度安排，从而规范新型农业经营主体内部成员的行为，使得组织运行有效率，在进行交易时，不仅降低了交易成本，加强了信息交流，而且降低了市场风险，也有利于新型农业经营主体培育。

（二）组织形态与主体利益联结理论

古典经济学重点研究在物资生产活动中的专业化分工与效率问题，认为通过专业化分工可以提高组织的效率，节约组织的资源消耗（生产成本）。但是，他们忽略了市场的运行成本，即在市场运行中产生的信息成本、检查监督成本等。新古典经济学理论也只看到了企业处在一个“无摩擦”的世界，并没有考虑到企业内部结构安排，缺少了制度方面的考虑。因此，他们对当时的经济发展现象——即经济发展的趋势向纵向一体化发展，而不是横向专业化分工的现象难以解释，从而使古典经济学陷入了“困境”。

科斯（1937）从“交易费用”的视角解释了企业存在的原因，他认为市场在运行过程中是需要产生交易费用的，但是，企业的存在可以降低这种市场交易费用。1960 年他提出了著名的“科斯定律”，认为在制度安排上可以优化权利配置，从而优化资源的配置。企业规模的大小也是由交易费用和边际费用两者的大小决定的，当企业内部交易的边际费用等于市场交易的边际费用时，企业规模就会停止扩大。这为新型农业经营主体培育提供了较好的理论参考。新型农业经营主体作为一个组织而言，其形成的主要原因也是由于降低市场风险和交易费用，同时，新型农业经营主体的规模大小也可以用科斯的理论来解释，当新型农业经营主体内部交易边际成本等于市场交易边际成本时，新型农业经营主体的规模就停止扩张，也就达到了适度规模经济。当个体主体认为市场交易成本较低时，可以选择不参加新型农业经营主体，当个体主体认为市场交易成本高于组织内部交易成本时，可以选择加入新型农业经营主体。

威廉姆森认为，内部组织与市场是有区别的：企业内部组织具有较强的应变力，可以节约交易成本；而市场可以降低管理成本。他还认为组织存在着“组织间协调”的第三种组织活动，并且认为交易发生的频率、不确定性和资产专用性是影响市场运行效率的根源。哈特认为，如果两项资产之间的关系是独立的，那么资产所有者关系就是合同关系；如果两项资产的关系是互补的，那么资产所有者关系就是企业内部关系，这样组织就形成了不同的规制结构，包括市场规制、三方规制、双边规制和统一规制等。杨小凯（1999）又进一步把交易费用划分为两种，一种是外生交易费用，另一种是内生交易费用，并且这两种交易费用具有一定的替代性。当内生交易费用趋于无穷小时，这时的组织形式就可以看成是典型的市场；而当外生交易费用趋于无穷小时，这时的经济组织就可以看成是典型的企业。阿尔钦和德姆塞茨从微观角度对企业制度进行了研究。1972 年，他们提出了“团队生产”的假设，对企业内部产权结构的效率进行了论述，解释了企业制度的存在和意义。

（三）制度变迁与创新理论

制度作为一种权力安排，不仅约束人们的行为，更重要的是降低不确定因素，从而更能约束个人行为向集体行为转变，起到激励作用。因此，组织的发展离不开制度的安排，制度的不断创新能够促进组织有序的发展。制度变迁理论可以分为两类：一类是诱致性制度变迁理论；另一类是强制性制度变迁理论。诱致性制度变迁理论强调市场的作用；而强制性制度变迁理论强调政府的作用。这两种理论都有各自的优缺点。

诱致性制度变迁可以利用市场的作用，诱发人们去追求经济利益，从而使其行为发生；而强制性制度变迁是国家通过法律制度强制人们的行为发展改变。诱致性制度变迁存在着“搭便车”的现象，从而导致制度供给不足；而强制性制度变迁在实施过程中又容易出现“寻租”行为，导致制度运行效率低下。因此，诱致性制度变迁与强制性制度变迁是相互对应、相互补充的关系。在新型农业经营主体培育过程中也要合理地运行这两种制度变迁理论，在新型农业经营主体培育中要含有诱致性制度变迁，又要含有强制性制度变迁。例如，国家对新型农业经营主体进行相应的补贴和税收优惠措施，这些都有助于传统农户向新型农业经营主体培育转变。但一些补贴政策必须要由国家来制定，做到防止“搭便车”现象的发生，国家制定的补贴政策要按照主体进行分类补贴，不同主体可以设置不同的补贴政策，这样就可以做到有效地刺激传统农户向新型农业经营主体转变。另外，在新型农业经营主体培育过程中，要谨慎地使用强制性制度变迁，预防被他们抵消，要根据新型农业经营主体的需求，制定符合他们行为规范的制度。另外，也要重视非正式制度安排，新型农业经营主体是由传统小农转变过来的，一些农村固有的风俗文化也是约束主体行为的规范，这些非正式制度安排是强制性制度变迁成功与否的关键。

因此，在新型农业经营主体培育过程中应以诱致性制度变迁为主导，通过国家的政策引导来培育新型农业经营主体。除此之外，还应注重非正式制度变迁的作用。这样就可以综合利用市场和国家力量，一方面，让传统农户和现有农业经营主体看到新型农业经营主体培育的重要性和前景，从经济利益驱动、诱致性制度变迁进行激励；另一方面，强制性制度变迁要制定新型农业经营主体的合法地位，从而规范市场秩序。所以，依靠市场力量和国家力量的新型农业经营主体培育就会更好地发展。

（四）产权理论

产权和所有权是制度经济学讨论的核心问题。在奈特之前，产权和所有权的概念是不加区别的，两者的概念在法律上也未分开。奈特对产权和所有权的概念进行了区分，并提出了产权影响资源配置效率的观点。科斯对产权进行了解释，认为产权不一定必须通过拥有财产而取得。阿尔钦、德姆塞茨、张五常等也是产权理论的主要代表人物。阿尔钦认为产权是社会强制实施选用一种经济品的权利。德姆塞茨则认为产权是自己或他人受益或受损的权利。在西方产权理论中，产权就是产权主体对财产的拥有权利，而所有权是产权当中最重要的权利。财产是这些权利的载体，可以派生出一系列的权利，例如，占有权、分配权、收益权、使用权等。因此，产权的概念要比所有权的概念广泛。如在新型农业经营主体培育过程中的土地流转情况，虽然某一农户拥有土地的所有权，但是当他把土地流转给另外一个人时，这时候他就是用了土地的使用权、收益权和转让权，而失去了产权，转给的那个农户就得到了产权，尽管他没有土地的所有权。由此可见，产权比所有权更具有实质的内容，经济学更要从产权上进行研究。

虽然西方产权理论是建立在私有制基础上的，他们强调产权主体对财产的权利，但是忽视了财产所反映的人与人之间的关系。阿尔钦和卡塞尔（1962）对此进行了论述，认为产权是选择财产使用的权利；詹森和梅克林（1976）认为产权是一种社会工具；而诺思则认为产权是一种排他行为，可以减少不确定性因素。另外，交易费用理论为产权的研究提供了理论支持。产权制度是否有效，可以通过交易费用来界定，即有效的产权制度一定是交易费用较低的制度。新型农业经营主体的培育过程其实也是一个组织与组织制度建设的过程，在培育过程中，要明确各个要素的产权，尤其是土地要素的产权问题，关系到土地流转问题，关系到种养大户、家庭农场、农民合作社和农业企业规模化发展的问题，因此，要考虑到组织内部和组织外部的交易成本，从而合理安排组织制度，约束个体的行为，规范组织的行为，从制度层面节约交易费用，降低风险，建立产业化的利益联结机制，促进新型农业经营主体培育的顺利开展。

第五节　本章小结

本章主要对新型农业经营主体的内涵、特征及相关理论基础进行了论述。目前学者们对新型农业经营主体的内涵的界定有一定的分歧，但是较多的是存在共同的认知，即新型农业经营主体具有专业化、集约化、组织化、社会化的特征。另外，对新型农业经营主体的类型进行了论述，特别是对每一类型的概念界定进行了讨论；同时也对新型农业与传统小农经济的区别以及新型农业概念经营主体各类型之间特征的差异性进行了讨论。最后，根据新型农业经营主体的概念和特征，提出了培育其发展需要掌握一些理论基础，为下文研究做好理论铺垫。

第三章　新型农业经营主体产生历程、动因与发展趋势

为了能更好地对新型农业经营主体进行培育，培育前需要对其产生历程进行梳理，进而从中探究其产生的动因和趋势，为其培育做好前期准备工作。总体来看，新型农业经营主体的产生历程其实就是农业经营主体的变迁历程。经过半个多世纪的努力，我国农业经济发生了重大变革，随着农业经营主体时代的发展也逐渐适应了生产力水平的变迁。因此，为了梳理了解我国农业经济发展的历程，认清农业经营主体变迁轨迹，有利于对我国新型农业经营主体的培育发展，从而设计了本章。主要是理清我国农业经营主体变迁的轨迹，分析变迁过程中的动因，把握好农业经营主体变迁的过程和趋势，认识到我国当前大力发展新型农业经营主体的必要性和可行性，为新型农业经营主体培育准备条件。

第一节　新型农业经营主体产生历程

一、新中国成立前的原子化小农经营

中国农业文明历史悠久，社会组织的基本单元是农户，以农户为单元进行组织生产早在春秋时期就已出现，这时候主要是在“井田制”从事着小农生产，这时候的小农生产效率很低，为了提高农业生产效率，各国进行了农业税制改革，如鲁国就采用了“初亩税”等措施，提高了农业作业效率。到了战国时代，商鞅又进行了变法，提出了“废井田、开阡陌”的农业改革措施，在一定程度上促进了农民的生产积极性，让一些无地的农民有耕地作业，保障了小农从土地中获得生活的凭证，小农经营自此不断产生、形成和发展起来。

（一）分散化经营

原子化小农最主要的特点是他们之间是彼此高度分散、互不联系的农户。数千年来，他们甘愿在最小的社会空间单位家庭里度过一生 80% 甚至 90% 的时间，并且他们的活动空间有限，大部分在土地上进行农业生产。正因如此，传统的中国农民小农意识非常强烈，即为满足家庭温饱，在一小块土地上独自耕作，他们处于一种与世隔绝的状态，没有对外交流、没有合作，从而形成了自己行动的意识，缺乏合作意识和团队精神，更重要的是他们缺乏自律行为，家族观念严重。

（二）以满足生存为目标

传统农户是一种自给自足的生产方式，他们生产的目的不是为了交换，而是为了满足自己的生存需求，由于当时耕作条件很艰苦，没有机械化操作，都是从事人力作业，因此，造成农业生产力水平很低，而且当时没有抵御自然灾害的措施，基本上靠天吃饭，这就形成了传统小农经济自给自足的生产方式，他们所用的生活产品大都来源于土地，生产的农产品仅够自己家庭消费，没有剩余用于交换，导致外界的商品很难进入农村区域内，无法满足农户其他的需求。到了 20 世纪，农户除了棉纱、棉布以及火油、火柴等之外，其他城市商品渗入农村的仍十分有限。因此，数千年来简单落后的生产工具以及自给自足的生产生活方式决定了传统农户的首要目标是满足生存需求。家庭内部的劳动分工以及与外界的交流都围绕这一目标展开。“各人自扫门前雪，莫管他人瓦上霜”“新三年，旧三年，缝缝补补又三年”的生活习俗也就形成了。

（三）活动地域有限

传统小农的活动地域主要集中在村庄集镇范围内，活动范围不仅包括社会交往，而且包括生产消费。这是由当时极低的农业生产力水平决定的，为了满足家庭的生存需求，农民必须在土地上耕作生产，又因为当时的工业水平不发达，农民不可能获得农村外部的就业机会，只有局限在农村的地域内进行作业劳动，从而通过农业生产满足家庭的生存需求，因此，造成了他们的活动范围局限在村庄以内。另外，传统农户的社交范围也是局限在村庄范围内，这是由于当时交通不发达以及落后的文化习俗所导致的，传统农户为了生产作业方便，大部分都是让自己的子女离家庭较近的区域内工作，形成了亲属圈都是在附近村庄范围内，这更限制了农户的活动范围。即使有时农户也借助于劳务市场或者家庭手工业补贴家用，但是这种小规模交换很难突破村镇范围。正如费孝通（2006）所说的，农户谋生是黏着在土地上动弹不得的。虽然城里人总是用“土”字笑话乡下人，但是正是乡下的“土”养育了农户，“土”是他们的命根。土地不能搬走，庄稼不能移动，种植庄稼的农民整天埋头在农田，正是因为这样的生产关系，导致了他们的活动区域局限在村庄集镇范围内。

二、计划经济下的合作化经营

虽然中国农业曾经领先于世界各国，但是这种一家一户的农业耕作方式，阻碍了农业生产的发展，难以形成规模化生产。中国几千年以来都是通过以家庭为单位来进行农业生产，一家一户就是一个生产单位，这种分散的农业生产，使得几千年来的农业难以形成大规模的经营，很难形成规模效应。同时，农户处于社会的最底层，尤其是近代农民遭遇了“三座大山”的压迫，农民生活水平极端低下。直到1949年新中国的成立，才开创了农业发展的新时代，但由于当时的小农经济比重较大，又经过长期的战乱，因此农业发展缓慢。为了解放农业生产力，一方面，在新中国成立初期对我国土地进行了改造，掀起了土地革命。土地革命让农村广大的农民获得了土地，同时废除了超重地租。另一方面，国家也制定了一些惠农政策，通过这些改革，激励了农民的积极性，逐渐恢复农业生产力，此时的农民生活水平也得到了提高。

虽然土地改革获得了一定的成功，但是土地改革并没有废除小农制，运用的也是非常传统的生产资料，生产水平没能得到提高。因此，土地改革只改变了土地所有权，并没有改变几千年来的小农家庭生产经营方式。

土地革命以后，我国实行了工业化战略，这与小农经济形成了鲜明的矛盾，截止到1952年，我国完成了土地改造，这时农户有了自己的土地，可以进行土地生产，亿万个分散的农户走上了集体所有制的社会主义道路。为了更好地适应社会发展和解决“三农”问题，需要通过建立一种集体合作的形式来进行农业生产，这种集体合作形式就是集体经营。其主要特点就是“政社合一”“一大二公”和“封闭集中”等。所以，人民公社已超出了单纯的生产组织管理，从功能上看几乎无所不包。此后，虽然人民公社作为中国农村基本经济体制进行了多次调适，但其地位并没有实质性的改变。人民公社时期持续了20多年，这一时期的农户主要具有以下特点：

（一）集体化经营

自从1953年我国开始对农村实行农业合作化之后，传统小农的面貌发生了很大的变化。人民公社体制的设立显然是为了改变小农经营“一盘散沙”的局面，农民除了纳粮之外，与国家之间不存在直接交往，即“王权止于县政”。在人民公社，个体小农成为社员，在军事化、政治化的计划经济下，农民经济活动受到严格限制，虽然从表面上来看实现了集中化和规模化，但是，这时的农民是被人民公社束缚着的，原因在于人民公社实行的是一种军事化管理方式和政经合一的管理体制，因此，这种体制在一定程度上限制了小农的人身自由，使得小农户的活动范围限制在公社范围内，不能自由发展。自此，小农进入了国家行政调控系统，与国家权力之间形成了上下层级关系，各公社之间缺乏直接的相互联系。所谓的农业集体经济不过是农民个体经济的袋装化。人民公社后期经营大量涌现出钱不出力、搭便车等现象，造成农业生产效率极端低下，严重影响了农业生产，这种体制必然会导致被新的体制所替代。

（二）个体价值观转变

民以食为天，传统小农对土地形成了私有化的依赖心理，这使其一开始并不能改变他们的集体意识，还是以自身利益为主。因此，人民公社会不断强化农民的集体意识，改造他们的私有心理，让农户形成一种感恩意识和“向后看”的思维习惯，“农业学大寨、工业学大庆、全国人民学习解放军”，人民公社体制本身也使农民从生产生活中获得新的价值观，因为长期以来中国社会强调人伦秩序和长幼尊卑，而人民公社促进了农民的平等化。

刚刚成立的新中国和轰轰烈烈的土地改革，推翻了旧社会的压迫，实现了人们渴望的人人平等。农业合作社和人民公社从形式上强化了这种平等的趋势，大家在国家面前扮演着无差别的同志角色，相互之间在经济上也是平等的。这种平等的观念有利于实现集体组织，促进大家的合作，同时人民公社为农民获得全新的人生意义提供了载体。在人民公社里，由于农户找到了自己的尊严和地位，并且不再受地主的剥削。所以，人民公社确立了新的目标意义，同时，人民公社频繁的会议和娱乐活动又可以将农民组织起来，在相互交往中彼此接纳和认可，进而获得新的价值意义，这已超越了单纯的经济目标。

（三）活动区域束缚于公社

国家通过人民公社收取小农手中有限的剩余资源来建设还不能反哺农业的现代化工业体系，这对乡村组织管理产生了非常深远的影响。在人民公社成立的初期，公社几乎控制了农民的全部行为，农村社会形成了组织军事化、行动集体化的生产组织模式。另外，人民公社还存在着严格的工农分工和职业世袭制，从而导致了城乡分离，这种制度就是城乡二元结构，并且对城乡户籍制度进行了严格的管控，限制了农民向城市流动，这样就阻碍了城乡生产要素的流动，割裂了城乡市场，在一定程度上限制了经济的发展。另外，政府对经济进行了计划配额管理，甚至农村家庭内部也要进行控制，导致了社会系统的封闭性。

三、市场经济下的社会化经营

人民公社以前所未有的规模强制性改变了中国农民传统的生产生活方式。人民公社时期，在由上而下的政治计划控制下，农村社会较为稳定，同时为我国工业的发展贡献了良好的社会环境，所以这一体制并非一无是处。就农村的发展来说，一方面，人民公社彻底打破了几千年来不公平的农村管理结构，建立了公平的集体组织生产，提高了农民的积极性；另一方面，国家也加大了公共产品的投资力度，农村的公共服务如教育、卫生、水利设施等得到了很大改善。但人民公社是建立在国家政治力量基础上的，有些国家目标与农户目标不一致，导致农民消极怠工现象时有发生，阻碍了生产力的发展。人民公社时期，我国农民收入和消费水平没有得到有效的改善和提高，温饱问题都得不到解决。另外，从全局来看，这一体制造成“三农”问题日益突出，工农业发展严重失衡，就业结构跟不上产业结构的调整，危及了国民经济的发展和社会的稳定，造成了重大的政治问题。

中共十一届三中全会以后，中国实行了一系列有利于农民生活水平提高和农村生产发展的政策措施，使中国社会进入了全新的历史发展阶段。其政策以市场化为导向，以赋权和放活为路径，实行家庭联产承包责任制，建立了与社会主义市场经济相吻合的新农村经济体制。21 世纪以后，中国进入工业化中期阶段，要求工业反哺农业，大力发展农业现代化建设，保障国家的基础稳定，从而更有利于二、三产业的发展。我国以市场经济体制改革为契机，努力建立社会主义新农村，推进城乡一体化建设，取消农业税，实现城乡平等的义务教育、医疗服务以及社会保障制度，实行城乡统一的劳动力市场制度等多项改革举措。经过市场经济体制改革，农户也发生了一系列的变化，其主要变化如图 3-1 所示。

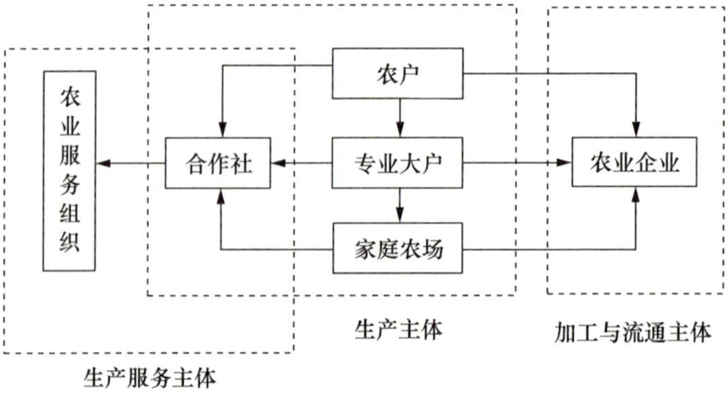

图 3-1　新型农业经营主体产业历程和转化

（一）新型农业经营主体出现

在市场经济的塑造下，传统小农的生活方式、生产方式、交往方式均发生了翻天覆地的变化，农民逐步脱离了以往的经济形态，走向了社会化。在生产方式上，由于市场经济的作用，农户生产的产品除了满足自己生存需求之外，更多的是拿来进行交易，通过销售农产品实现了农产品的商品化，促进了农业市场的发展。在生活方式上，农民可以吃得饱、穿得暖，同时，也享受到了农村医疗等必要的社会福利。在交往方式上，既有的圈子被来自市场的风险和机会不断地冲击着，通过自主学习和判断获得的生活经验似乎比祖辈流传下来的更加富有价值。然而，小农之“小”并没有被社会之“大”所改变。主要是因为没能形成市场所需的合作意识、风险意识、决策意识等，必然会导致小农在激烈的市场中被淘汰，但是小农可以通过知识的学习和生产作业方式的改变，加强市场竞争力，从而提高自身在市场中的优势。随着自身的优势发展，逐步扩大了自己的生产规模，从而形成了专业农户，进一步形成专业大户，专业大户通过注册也可以称为家庭农场，从而新型农业经营主体开始出现和发展。传统小农户、专业大户、家庭农场也可以进行合作，形成合作社。另外，随着产业化的发展，农户可以和企业之间建立合作关系，建立了一些和农产品相关的企业，形成了农业产业化龙头企业，进一步加快了新型农业经营主体的发展。

（二）社会观念的转变

随着市场经济的发展，农户也对自身的社会价值发生了改变，都是希望通过经济地位的提高，获得自己的社会地位。当今的小农在市场经济的刺激下，他们也越来越符合经纪人假设，他们做出的决策大多数都是出于对自身经济利益的考虑。思想观念的转变，让他们生产的农产品变成了交易的商品，农民也逐渐地走向了市场，但是，由于我国城乡二元化的存在，工业品和农产品价格存在着严重的“剪刀差”现象，农民直接销售农产品获得的销售利润很低，甚至利润为负，这是由于他们在生产过程中使用的一些材料、化肥等工业品的价格逐渐地飙升，而农产品价格一直保持不变，所以，农民为了赚得社会市场的平均利润，也纷纷地由农村走向了城市，摇身变成了“世界工厂”的“城市工人”，他们希望在市场中通过经济价值的实现，获得群体的赏识和认可，从而填补对日渐失落的本体性价值的追求，获得新的人生意义。

（三）农村劳动力流向城市，但是市民化很难

传统农户都是在自家的土地上经营农产品生产，农户一直在自己的家门口工

作，甚至到了人民公社时期，农民也是在自家门前劳作。但是市场经济的发展和经济体制改革，形成了城乡二元经济结构，造成了农民为了追求更多利润离开家乡去城市务工。农民拥有了自由选择生活地域的权利，并且在全国劳动力市场形成后，同样的务工收入拥有更高的边际效用，因此，出现了一波又一波的农民背井离乡进城打工，他们有时还拉亲友一块，相互为伴，场面宏大。农民外出务工对农村和城市都产生了巨大的影响。一方面，由于大量农民工进入城市，农村出现了劳动力不足的情况，“留守儿童”和“空巢老人”等社会问题日益突出，村庄甚至出现“空心化”，日益衰落；另一方面，由于严重地滞后于城市化，收入稳定的城镇就业机会和城乡一体化的社会保障制度尚未跟上，虽然大量农民工涌入城市成为新生力量，但一时难以获得与城里人同样的待遇，很难真正在城市安家和立业。就当前形势来看，虽然农民在城市工作，没有得到城市居民相当的福利水平，然而他们却得到了农村没有的高收入水平，这种现象还是能够吸引一部分农民工进城务工，同时，他们认为在城市工作更具有社会地位感的优越性。而另外，城市建设中需要农民从事一些基础建设工作，但是城市又对其进行一定的排斥，因此，如何实现两者之间的一体化发展，仍是未来研究的主要方向。

第二节　新型农业经营主体产生的动力机制

最近几年，很多学者开始对新型农业经营主体的形成进行多层次、全方位的研究。黄祖辉、俞宁（2010）认为，资源相对集中所产生的规模经济和专业化分工所带来的高效率是新型农业经营主体形成的主要动力。楼栋、孔祥智（2013）则认为，新型农业经营主体的形成还需要一系列政策的支持和土地、资金的支撑。通过土地制度改革提高经营主体规模化；通过技术指导和培训加强农业生产集约化；通过农村金融创新促进农业生产资本密集化。另外，还有学者认为，新型农业经营主体的形成需要处理好与土地经营权的关系、与农村人才职业化培养的关系以及与社会化服务体系的关系。总体来说，新型农业经营主体的形成动因可以概括为内部凝聚力和外部推动力，如图 3－2 所示。

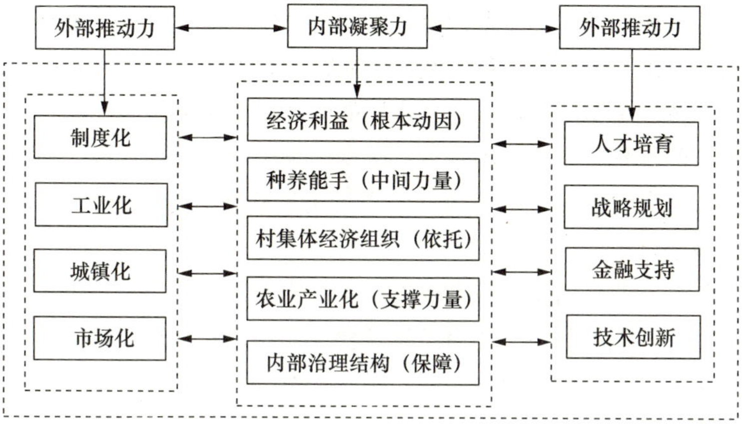

图3－2 新型农业经营主体产生的动力机制

一、新型农业经营主体形成的内部动力

新型农业经营主体的形成是需要内部聚集力的，从目前的发展来看，内部聚集力主要包括农户对经济利益的追求、种养能人和精英农户的示范带动、农村集体组织的协调发展以及在农业产业化发展中要求的农村内部治理结构等因素。

第一，在市场经济环境下，由于人们的决策行为更多的是由经济利益驱使的，所以，新型农业经营主体培育的内部动机主要也是归因到经济利益。农户以家庭为单位进行生产，就要考虑到其经营方式是否能够提高家庭的收入水平，如果新的经营方式可以提高当前收入水平，他们肯定就会从内心希望去改变现有的生产方式，从而构建一种新的生产方式。因此，追求经济利益是新型农业经营主体形成的主要内部原因。

第二，由于农户本身具有的保守性，其对新的事物出现都会存在一定的观望阶段，同时，出于资金等因素的考虑，他们也需要一些领头人带领。对于新型农业经营主体的出现，大多数农户对其内部结构和运行还不是很了解，这时候需要一些种养能人进行示范带头，如果发展得好，他们就会效仿，如果不好，就会放弃。另外，精英农户比小农户拥有更多的生产资料、市场信息、资金实力、管理才能和人际关系。应重点培育以家庭为基础形成的专业大户、家庭农场等新型农业经营主体成为中坚力量。

第三，以村社集体经济组织为依托对农民主体地位进行重塑。新型农村集体经济组织是指以现代企业制度为要求建立起来的拥有完整法人的经济组织，一般以产权为核心，以股份制为主要内容，以农村集体土地、资产、资金、技术等生产要素为纽带。由精英农户、种养能人组成的新型农业经营主体在推动现代农业发展过程中发挥着重要的作用。建立市场的公平竞争是承包制下的分散小农最终摆脱自然灾害的侵扰、摆脱贫困落后、减少市场风险的最佳途径。所以，通过扩大参政机会以提高农民的政治主体性，进行土地确权以加强农民的经济主体性，促进新型农业经营主体培育。

第四，新型农业经营主体培育要以农业产业为支撑，农户不再是自给自足的自然生产，而是在市场经济下的商品化经营，要建立农户与企业之间的利益冲突解决机制，实现农产品顺利销售。同时农户在农产品生产中，也可以对农产品进行加工，从而由农产品的第一产业向第二产业转变，或者是提供一些农产品服务，发展农村的休闲旅游等行业，从而向农业中的第三产业发展。

第五，新型农业经营主体需要一个高效率的治理结构，构建新型农业经营主体在培育过程中的民主管理机制，确保成员权利平等，协调成员权利摩擦、降低内部管理成本以提高其运行质量和效率。另外，要发展农业保险和金融股制度，实现新型农业经营主体的资本积累，扩大新型农业经营主体的规模，同时通过新型农业经营主体的风险共担机制应对市场和自然风险，保证新型农业经营主体健康可持续发展。

二、新型农业经营主体产生的外部动力

新型农业经营主体培育除了需要提升内部集聚力之外，同时还需要加强外部环境建设，外部环境建设为新型农业经营主体培育提供了必要的支持。

第一，新型农业经营主体培育需要教育、技术和管理层面的支持。在新型农业经营主体培育过程中，要以新型职业农民培养试点县为载体，以农业部人才培训工程为依托，重点培养专业大户、家庭农场和农民合作社的领办人以及科技拔尖人才和经营管理者，形成农技服务站、政府决策部门和科研院所共同培育人才队伍的体系。围绕现代农业发展规划和县级经济，加速普及普通农民的农业技术和更新，培训农村基层作业人员的农技知识，鼓励农村青年在农村创新，加快新型农业经营主体培育中的人才建设。

第二，新型农业经营主体培育需要政府政策的大力支持和相关农业补贴的扶持。在党中央战略规划的基础上，培育“四位一体”的新型农业经营主体。现在，应大力解决新型农业经营主体培育以转变农民居住空间、保护农村生态环境、优化农业产业的布局，实现社会主义新农村建设，改变落后的农业生产方

式，这些都需要政府的政策支持，只有利用政府政策提供的环境，才能保证新型农业经营主体培育有序地发展。

第三，新型农业经营主体培育需要强有力的法律制度为保障。在明确新型农业经营主体培育的基本要求、基本原则、发展方向、运行机制和规则等基础上，加强配套的法律制度建设，对新型农业经营主体培育过程中出现的问题实行法律化，有利于解决一些利益冲突问题；另外，承认家庭农户对土地承包经营的财产权利，完善与新型农业经营主体培育相配套的收益共享制度和产权激励制度。同时，简化新型农业经营主体的登记、审批、合并、分离和解散等程序，通过建立动态调整机制确保针对新型农业经营主体培育的优惠政策的有效性。

第四，新型农业经营主体培育需要政府与市场的高效衔接。在社会主义市场经济环境下，要求政府引导性功能与市场资源配置功能相结合，从而实现功能互补。据统计，截至 2012 年底我国农民专业合作社约有 68.9 万余家，其中提供产销一体化服务的占 52.2%，以“服务型”为主，新型农业经营主体中“生产型”与“服务型”发展不协调。所以，政府要在完善农业社会化服务体系和壮大“生产型”农业经营主体中发挥作用，塑造农业社会化服务体系与“生产型”农业经营主体同步推进的现代化农业发展格局。

第三节　新型农业经营主体发展趋势

农业经营主体在不同的历史阶段、不同的经济发展地区，其农业经营方式也是不同的。从其演变历程来看，我国农业经营主体大部分时间一直沿用传统的农业生产方式，即以家庭为单位，从事自给自足的农产品生产，其生产的农产品大部分还是用于自己家庭消费，不拿到市场上用作交换。自从改革开放以后，我国农业得到了快速发展，农业生产方式发生了重大的变化，农业生产不再是单一的农业耕作，而是对农产品进行加工、包装等，从而增加了农产品附加值，有利于提高农民收入。总体来看，农业经营主体发生了如下变化：

一、农业生产逐渐转向多元化经营

传统小农一般生产经营的规模较小，很难进行多元化经营，大部分都还是局限在“农、林、牧、渔”的范围内，还是以农业生产为主；随着工业化的发展和城镇化的发展，农户逐渐从事多元化的经营，他们从事的农业生产已经突破了简单的初级农产品生产，通过对初级农产品生产进行加工、包装、运输等环节，提高了初级农产品的附加值，从而提高了农民收入。根据舒尔茨的小农理论，认为农民是理性的，他们会考虑到生产的成本、利润，从而规避相关的风险，并且在耕作的过程中也会采用先进的技术来提高农业生产效率。改革开放初期，我国农业发展比较落后，决定了农户为了规避风险采用“小而全”的单元化经营，这样可以化解一些市场风险，可以进行重要作物的生产，也可以进行辅料作物的生产。

随着改革开放的发展，我国农业经济体制也发生了一定的变化，造成了农业哺育工业的发展，同时工业与农业之间存在一定的“剪刀差”现象，这样就使得直接从事农产品生产的农户无法获得市场的平均利润，这时候农户就会逐渐从单一的农产品生产中逐渐地向多元化的生产转变。他们会由村农业生产向工业产业方面转变，这时候就会有一部分农民进城务工，直接从事工业产业生产，也有一部分农民对初级农产品进行加工、包装、运输等作业，从而获得这一过程中的附加值，进一步增加家庭收入。那些进城务工人员，也没有完全脱离农业生产，他们逐渐地成为了兼业农户，这样就形成了农业生产的多元化。在这一转变过程中，农村农户的比重下降，多元化的农户逐渐地增加，出现了一兼农户、二兼农户等定义。但是农户的多元化也促使土地等生产要素发生了变化，尤其是一些非农户，他们大多把土地流转给其他农户经营，这样有利于农村土地的规模化发展。从地域来看，东部地区农户多元化经营水平要高于中部和西部地区，其农户分化的速度也是东部地区高于西部地区，农业经营主体的多元化发展是利益驱动和政策驱动共同的结果。

二、农业生产逐渐转向产业化经营

我国农业生产在改革开放以前，很少有从事农产品加工的行业，随着改革开放的推进，尤其是市场化和工业化的发展，我国农村经济不仅局限在第一产业，出现了加工、运输等行业，同时农业服务业也出现了新的变化，一些地区发展了农业旅游等行业，农业已经不再是单纯的第一产业，农业中也渗透着第二产业和第三产业。目前我国农业产业结构仍是处于以第一产业为主、第二和第三产业为辅的阶段。由于经济发展的地域不同，在经济发达地区，农村产业结构逐渐向第二产业发展，主要是发展一些工业，而不发达地区，他们主要向第三产业发展，向旅游业和农家乐这样的形式发展。

由于中国目前农业经营主体呈现多元化，大部分农户还是从事着兼业经营，这种方式有利于产业的转变。一方面，农户兼业可以通过非农生产学习到一些工业或者服务方面的技能，服务于农业发展，这样就有利于农业向工业和服务业领域的渗透；另一方面，由于中国的制度，农户又不可能完全脱离农业生产，农户出于自身利益和规避风险的考虑，会选择农业生产和非农业生产同时进行。但是这种情况会影响农业生产的效率，因此，一些土地生产量很低，不利于农业的长久发展，需要转变农业生产的现状。这时就会产生一些合作社组织或者是农业企业，这些组织带动了农业的产业化经营，农民合作社可以帮助农民进行农产品的销售，并且提供一些技术指导，帮助农户进行农产品加工；农业企业可以雇佣农户从事农产品加工和运输等行业，从而加快了农业的产业发展。

三、农业生产逐渐转向专业化经营

我国农业发展是小农经营，其经营方式都是多样化的，但是随着我国农业的发展，逐渐形成了一些种养大户、家庭农场，以及农民合作经济组织，他们为了降低单位成本，大多数通过规模化和专业化来实现，通过土地流转等形式，把一些闲散的土地进行集中经营，这样就有利于形成规模化的生产，规模化生产带动了专业化生产的产生，农户在土地上从事单一农业产品生产，一方面，加强了对该产品的种植技术；另一方面，又可以通过专业化生产提高农户的生产熟练水平，从而提高了农业的生产效率。

随着农业生产水平的提高，农户逐渐摆脱了传统的农业经营方式，不再是从事“小而全”的生产，其生产规模逐渐扩大，另外，生产也逐步向市场靠拢，根据市场需求实行了专业化生产。此外，随着农业产业结构的调整，农户经营方式也逐渐向专业户发展，通过专业化生产，可以提高劳动生产率，可以产生投入低、产出高的效果。同时专业化的发展有利于耕作和技术的提高，近年来我国出现了大量的农业生产基地，这些都是专业化生产经营的结果。专业化是与规模化共同发展的，两者可以起到互相促进的作用。

四、农业生产逐渐转向集约化经营

我国农业生产很长一段时间都是靠传统的农业耕作方式进行生产，传统的耕作方式主要是靠人力作业，另外也是靠大投入获得大产出的耕作方式，因此，这种生产方式是粗放式的生产。随着改革开放的发展和技术的提高，我国农业生产方式也逐步由传统粗放式发展向现代集约式发展转变。尤其是在最近几年，随着土地流转制度的完善，农业生产逐渐由小片分散的土地生产转向大规模的集中化生产经营，农业规模化生产可以有效地采用新技术，通过技术的提高推动农业生产的发展。

从长期来看，我国农业在相当长的一个时期内，都要经历一个人多地少的阶段，要想在这样的情况下满足中国人口的粮食问题，必须依靠技术，实行集约化经营，粗放式的农业发展已经不能满足当前农业的发展。尤其是随着现代农业的发展，需要高效率地提高农业生产，这就需要创新农业生产方式走规模化和集约化的生产道路。通过集约化生产，可以把一些农业的新技术，如好的品种、先进的灌溉方式以及科学的管理方式等提高农业生产效率。总之，中国目前还处于经济转型时期，出现了一大批种养大户、家庭农场、农民合作社和农业企业等新型农业经营主体，这为农业生产的规模化和集约化提供了条件，农业生产方式行业由传统的“小而全”向“多元化—专业化—集约化”并存的局面发展。因此，我们需要抓住现有的机遇，积极地由传统农业生产方式向新型的农业生产方式转变，从而改善现有农业发展的低效率问题，推进农业向规模化、集约化发展。我们应该把握好当前发展趋势，顺应时代潮流，积极培育新型农业经营主体，使生产关系适应生产力发展的需求。

第四节　新型农业经营主体培育必要性和可行性

一、新型农业经营主体培育必要性

发展现代农业、实现农业现代化，是我国农业发展的重要目标。与工业化、信息化、城镇化发展相比，农业现代化相对滞后，是我国现阶段经济社会发展不平衡、不协调、不可持续的突出表现。随着工业化、信息化、城镇化、市场化、国际化进程的不断加快，在国内农产品需求刚性增长、质量安全要求不断提高的同时，农村劳动力大量转移、资源环境约束日益加剧、市场竞争压力不断加大，对我国以小农户精耕细作为主要特征的传统农业生产经营方式提出了双重挑战，迫切要求加快培育新型农业经营主体。

（一）现代农业的发展，迫切需要培育发展新型农业经营主体，解决农业后继无人的问题

现代农业是指运用现代的科学技术和生产管理方法，对农业进行规模化、集

约化、市场化和农场化的生产活动。现代农业是以市场经济为导向，以利益机制为联结，以企业发展为龙头的农业，是实行企业化管理、产销一体化经营的农业。现代农业已经完全改变了传统意义上的单纯种植业和养殖业的农业状态，现代农业的发展不仅需要农业科技的支撑，还需要现代经营理念的指导，而这一切的实施都离不开现代农业建设的主体——农民，只有高素质的农民才能保证现代农业事业的发展。目前，随着工业化、城镇化的快速发展以及现代农业建设的快速推进，大量农村劳动力转移到城镇和工业部门，由于农业效益比较低、农民社会地位不高，新生代农民工不愿意回乡务农，农村青壮年劳动力短缺、农业劳动力素质下降，农业兼业化、粗放化、农村空心化、务农老龄化的现象日益严重，农业后继乏人问题日益凸显，精耕细作的传统生产方式难以为继，“谁来种地”“地怎么种”，日益成为我们必须面对和解决的重大问题。要建设现代农业，必须要加快转变农业经营方式，不断提高农业生产的专业化、标准化、规模化、集约化经营水平。大力培育专业大户、家庭农场、农民专业合作社、农业产业化龙头企业等新型农业经营主体。专业大户、家庭农场是传统农户中脱颖而出的新型农业经营主体，他们专心于农业生产，对土地和农业有深厚的感情；他们拥有较强资金、技术实力，具有发展现代农业的基本条件；他们拥有较为先进的市场意识、合作意识，能够承担起转变农业发展方式、推动现代农业建设的重要任务。因此，现阶段培育专业大户、家庭农场、发展农民合作社和龙头企业，填补传统农户分化造成的缺失，成为我国现代农业建设的客观要求。

（二）农业的市场风险和国际竞争压力日益加剧，迫切需要发展新型经营主体，提升农业抗风险能力和市场竞争力

随着我国农业对外开放程度的快速提高，国际供求和价格波动对国内市场的影响越来越明显。与此同时，农产品进出口规模不断扩大，尤其近年来大豆、棉花、玉米、油料等大宗农产品进口急剧增加，对国内农业生产的压力明显显现。以传统农户为生产主体、以众多分散农民经纪人为购销主力的农业经营体系面临着自然、市场和质量安全“三重风险”。农产品价格剧烈波动、谷贱伤农、菜贵伤民的现象愈发频繁。因此，加快培育以龙头企业、农民合作社等新型农业经营主体，加快产加销、贸工农一体化程度，推动产前、产中、产后各环节深度融合，提高农业的组织化程度和农产品附加值，成为应对市场风险和国际竞争的必然选择。

（三）资源环境约束加剧和农产品需求刚性增长的矛盾凸现，迫切要求培育新型经营主体，转变农业发展方式

一方面，我国人多地少，水土资源短缺，而城镇化、工业化的发展，必然要

占用更多地土地和水资源，这就加剧了水土资源对农业生产的约束；另一方面，随着城镇化的增加、城乡居民食品消费结构的升级和农产品工业用途的开发，我国农产品需求呈现刚性上涨趋势。保障粮食安全和重要农产品供给的压力明显增加。在资源环境约束加剧和粮食需求增长的双重矛盾制约下，我国农业发展方式必须加快由传统粗放式经营向集约化经营的转变，更多地采用先进科学技术和生产手段，增加技术、资本等生产要素投入，以提高土地产出率、资源利用率，增强农业综合生产能力和可持续发展能力。与传统小农户相比，专业大户、家庭农场等规模经营主体更容易接受和应用新品种、新技术，对现代生产要素需求更为强烈；专业合作社、龙头企业等则是先进生产要素的有效载体，并能为农户提供技术指导和支持。因此，大力培育新型农业经营主体，对推进农业集约化经营、加快转变农业发展方式意义重大。

（四）农产品质量安全要求，迫切需要发展新型农业经营主体，推行标准化生产，建立从田头到餐桌的质量安全保障体系

随着我国经济的飞速发展，城乡居民收入水平的快速增加，消费能力不断提升，大大增强了城乡消费者的安全健康意识，对农产品质量安全的要求日益提高。以传统农户为主体的小生产和以难以计数的小商贩为主体的分散流通相结合的生产供给模式，不仅为质量安全监管带来极大的难题，也难以建立全过程的标准化管理体系和质量追溯体系。而培育发展新型农业经营主体，通过专业大户、专业合作社、龙头企业、社会化服务等组织形式，可以将分散的农户组织起来进行生产，统一生产资料供应和技术规程，实现全过程、全供应链的质量管理，建立“从餐桌到田头”质量追溯制度，保障农产品质量安全，满足城乡消费者的要求。

二、新型农业经营主体培育可行性

近些年来，随着工业化、城镇化、信息化和农业现代化进程的加快，农业机械化水平和农业种植技术的不断提高，大量农村劳动力从土地中解放出来，向城镇和非农产业转移，农村土地开始向少数农民手中转移，地块逐步集中，经营规模逐渐增加，自发地出现了种养大户、家庭农场、农民专业合作社等新型经营主体。特别是龙头企业和农民合作社已经成为现代农业发展的重要力量。

（一）专业大户和家庭农场发展方兴未艾

近几年来，随着我国土地流转规模的不断扩大和政策的支持，专业大户大量增加。在浙江、上海、吉林等当地政府的推动下，形成了一大批家庭农场。截至

2011年底，全国经营耕地面积在50亩以上的种植大户达到276万户，其中100亩以上的近80万户。在养殖业领域，随着农产品市场价格的大幅度波动，大量养殖散户退出，专业大户和家庭农场快速发展，已经成为畜禽产品供给的重要力量。在肉鸡、鸡蛋等领域，甚至成为主要力量。

（二）农民专业合作社蓬勃发展

自我国《农民专业合作社法》实施以来，农民专业合作社数量剧增，合作领域不断拓宽，出现了土地股份合作、联合社、资金互助合作、加工合作等多种合作形式，成为组织农户生产、发展农产品加工、对接龙头企业、开展市场营销的有效载体。截至2012年上半年，全国依法登记的合作社数达60万家，实有入社农户4600万户，占全国农户总数的18.60%。

（三）农业产业化龙头企业实力不断增强

20世纪90年代中期以来，在政府的大力推动下，农业产业化经营成为创新农业经营体制的重要方式，大批龙头企业应运而生。截至2011年底，全国农业产业化龙头企业11万多家，销售收入5.7万亿元，企业平均固定资产2300多万元。目前，龙头企业每年提供的农产品及加工制品占国内农产品市场供应量的1/3，占主要城市“菜篮子”产品供给的2/3以上，出口创汇额占全国农产品出口额的80%以上，在农业生产中发挥着骨干作用。

（四）农业经营性服务组织发展进入新阶段

近年来，随着现代农业建设的推进和市场竞争日趋激烈，产前农资生产、购销企业和产后农产品开始大举进入农业生产性服务领域，提供多元化、多层次、多形式的专业化、社会化服务，成为社会化服务体系的新生力量，推动着经营服务组织发展进入一个新的阶段。截至2011年底，全国农机化作业服务组织17.1万个，农机化作业服务专业户511.7万户；病虫害专业化防治组织达2.5万个以上，从业人员近100万人；农产品批发市场约4500家，职业经纪人达600多万人，“土地管家”“土地保姆”等一些新兴的农业服务组织也迅速发展起来。

从上述各地新型农业经营主体的发展情况来看，随着我国农村土地流转速度的加快，农业规模经营比例明显上升，专业大户、农民专业合作社、农业产业化龙头企业蓬勃发展，新型农业社会化服务体系已初步建立，现阶段我国已具备了加快培育新型农业经营主体的基础和条件。因此，加快培育发展新型农业经营主体不仅是必要的而且是可行的。

第五节 本章小结

本章主要梳理了新型农业经营主体产生的历史进程，从而分析其产生的原因，并对其发展趋势做了相关讨论。通过历史演变进程，我们可以发现，中华人民共和国成立前的中国农业经营主体是分散的原子化小农，中华人民共和国成立后到改革开放前这一阶段，虽然经历了合作化的农业经营主体，但是由于受当时历史条件和生产力条件的影响，不能把其称之为新型农业经营主体，只能称之为“合作小农”；改革开放以后，随着市场化进程的加快，以及工业化的推进，农业已经向产业化发展，出现了一些家庭农场、农民合作社和农业企业等新型农业经营主体。概括起来，其产生的动因可以归纳为两个方面：一是内部原因，主要是经济利益驱动、风险规避、农业产业化、精英农户带动等因素；二是外部原因，主要涉及制度、政策、法律、人员自身素质、金融发展、技术创新以及市场规范化发展等各因素。因此，随着生产力的发展，我国农业经营主体逐步向多元化、产业化、专业化、集约化方向发展。

第四章　新型农业经营主体培育影响要素分析

从上一章产生历程和趋势来看，新型农业经营主体的产生是当前经济发展的必然，同时，新型农业经营主体适应了当前生产力发展的要求，因此需要大力培育新型农业经营主体。但是，新型农业经营主体培育离不开人力、资金、土地、技术等各种生产要素的支持，为了更好地研究各个生产要素的作用，从中发现哪些生产要素是培育的重要生产要素，从而为新型农业经营主体培育要素配置提供一定的政策建议。本章设计了新型农业经营主体培育影响要素分析，除了介绍当前农村宏观生产要素发展的现状之外，还从微观层面探索培育要素需求，达到宏观数据和微观数据综合起来研究新型农业经营主体培育，使得结论更可靠。

第一节　我国农村生产要素发展状况分析

一、农村人力要素发展状况分析

（一）农村劳动力要素发展成效

第一，农民获得了劳动力市场主体的地位。劳动力市场不同于一般的商品市场，也有别于其他要素市场，关键在于劳动者本身在劳动力交易过程中是能动的。劳动力市场化的过程，主要是劳动者个人经济自主权力逐步确立、有效实施和切实保障的过程，即劳动者成为了市场主体的过程。因此，劳动者能否成为市场主体，或者说是否自由、能否自我支配，是劳动力市场化的一个前提条件。在计划经济体制下，农民没有支配自己的权利，因此，农民不能成为市场的主体。

由于家庭联产承包经营责任制的实行，不仅使生产力获得了解放、农业生产效率得到了大幅提高，也使农民获得了自由，同时还使农民能够自我支配、自主经营，从而成为农村劳动力市场的主体。农民劳动力市场主体地位的确立，为日后农村劳动力的转移和流动奠定了基础。

第二，农民有了择业与流动的自由。改革前，中国是典型的二元经济结构，农村劳动力束缚于人民公社体制，不仅在城乡之间、地区之间不能流动，在农村内部也是不能随意流动的，即使在改革开放后的20世纪90年代，农民进城就业仍然受到诸多限制。到后来对农民进城就业的各种不合理规章制度才被清除。因此，劳动力在农村内部的流动畅通无阻，在城乡之间、地区之间的流动也不存在什么制度障碍。正因为有了择业和流动的自由，才有了大量农民从事非农就业，农民才能在工农之间、城乡之间、区域之间选择适合自己的职业和岗位。

第三，企业能够自由使用农村劳动力。在计划经济时期，对包括农民在内的劳动力的使用是按计划进行的，或者说对农村劳动力的使用是严格管制的。直到20世纪90年代，这种限制还依然没有完全取消。此后情况有了根本性的变化，采取政策措施防止用工上的歧视行为。

第四，加快了市场服务体系建立。劳动力市场服务体系的建立与完善是劳动力自主择业和自由流动的重要保证，它是反映劳动力市场程度的一个重要指标。农业部也从2004年开始组织实施了农村劳动力转移培训“阳光工程”。除此之外，还有“农村劳动力技能就业计划”“农村劳动力转移培训计划”“星火科技培训”“雨露计划”等培训项目。针对2008年下半年以来国际金融危机对农民工就业的冲击，政府加大对农民工培训投入，改进培训方式，突出培训的针对性和实用性，扩大培训效果。有的地方还给返乡农民工发送免费的培训券。

（二）农村劳动力要素发展困境

第一，我国农村劳动力社会保障制度建设滞后。虽然目前我国城市劳动力社会保障制度相对较健全，但是农村劳动力的社会保障制度仍需要进一步完善，社会保障建设不能有效地保护农村居民的福利，影响了农民就业。其主要表现在四个方面：一是就地向乡镇企业转移；二是向城市转移；三是在城市之间流动；四是向农村回流。在城市之间流动的农民工，其社会保险跨地区接续难，特别是从城市向农村回流的农民工，其城乡保险无法衔接。

第二，市场服务体系不健全。目前我国逐步建立起了就业服务体系，但还存在一些严重缺陷，主要包括以下四个方面：一是就业服务机构不健全，各项服务功能不完善。有些机构职责不明确，工作关系未理顺，人员素质较低，服务工作覆盖面窄，服务作用发挥不充分。二是服务工作不规范。一些服务机构只顾赚取服务费，不顾求职者是否真正落实就业。另外，有的服务机构缺乏工作规章制度，导致工作人员服务态度差、纪律松弛、工作效率低、服务质量差。三是服务手段落后。我国许多地方就业服务机构的服务工作手段十分落后，依靠手工操作的状态还大量存在，工作方式死板单调。四是各类服务组织和服务活动缺乏相互联系，处于相互分割的状态。各类服务组织之间存在相互推诿、扯皮现象，工作效率低，服务质量不高，大大限制了就业服务整体功能的发挥。

第三，农村市场监控体系仍需要进一步加强。市场监控体系是劳动力市场制度体系的重要内容。在当前市场经济的宏观环境下，要加强其市场监控体系建设，这样有利于劳动力资源的有效配置，同时，有利于农村人力资本的开发。但是，我国农村劳动力市场不能仅仅依靠自身的建设，政府也需要进行宏观调控，不然很容易造成农村市场配置失灵。必须通过政府干预的手段，建立农村市场的用工制度、工资保障制度和统一的社会保障制度，从而为农村劳动力市场营造一个良好的运行环境。

二、农村金融要素发展状况分析

（一）不断放松农村金融市场管制政策

由于1997年亚洲金融危机，国家出于对金融风险的防范，不仅对农村合作基金会进行清理关闭，而且也对国有银行实行撤出农村的政策，使得农村金融市场重回垄断和高度管制阶段。最近几年，国家对农村金融的管制又开始放松，主要是利率管制放松和市场准入条件放松。一方面，国家放松了对正规金融机构的利率管制。我国农村正规金融机构曾长期执行国家规定的基准利率，但利率改革的探索是伴随着经济改革就开始了。另一方面，放宽农村民间资本进入金融市场的准入条件。村镇银行的成立在某种意义上标志着我国农村金融市场正式向各类资本包括民间资本、国外资本开放，这是农村金融改革的亮点，也是开放搞活农村金融的核心。

（二）农村金融体系已初步形成

1996年8月22日颁布的《国务院关于农村金融体制改革的决定》，又将农村信用社与中国农业银行分开，实现了商业性金融机构与合作性金融机构之间的分离。2003年农村信用社新一轮的改革，使农村信用社内部也开始分化，一部分转化为商业银行，另一部分转化为合作性银行和信用联社。2006年底，在实行放宽农村地区金融机构准入政策后，村镇银行、贷款公司和农村资金互助社等新型金融机构也有不同的市场地位。至此，合作性金融、商业性金融、政策性金融“分工明确、覆盖全面”的金融体系正在初步形成。

从政策性金融来看，中国农业发展银行已在农产品收购、农村基础设施建设方面发挥了重要的作用，目前正在不断强化内控建设和风险管理，加大对农业综合开发和农村基础设施建设项目的贷款投放力度，较好地发挥了政策性金融在支农工作中的作用。

从商业性金融来看，中国农业银行在成功转制为股份制商业银行后，各分行继续深化体制机制改革，到2011年底，中国农业银行的“山农金融事业部”改革试点范围扩大到12个省（自治区、直辖市）的929个县。

截至2012年6月末，全国共有村镇银行673家，上半年增加134家，同比增长63.7%，与小额贷款公司相比，村镇银行的机构数量和资本实力偏小，但机构发展速度更快。从地区分布来看，村镇银行主要集中在辽宁（55家）、内蒙古（52家）、浙江（47家）、河南（46家）、江苏（45）家、山东（41家）、四川（34家）、安徽（34家）八地机构数量，合计占全国村镇银行总数的52.6%。从机构增量来看，上半年机构增加较多的地区主要有内蒙古（19家）、河南（14家）、山东（13家）、安徽（10家）、江苏（7家），五地的机构增量接近全国村镇银行增量的一半。从主发起人机构类型来看，主要集中在城市商业银行（329家）和农村商业银行（135家），占比分别为48.9%和20.1%。从主发起人入股比例来看，主发起人机构入股金额共计228亿元，占村镇银行注册资本的48.6%。其中，主发起人入股比例最低为24.1%，最高为100%（中国银监会，2012）。

2012年6月末，全国共有小额贷款信贷公司5267家，数量是村镇银行的近8倍；小额信贷公司平均单家实收资本0.8亿元，比村镇银行平均单价实收资本高1000多万元；小额信贷公司家数同比增长56.5%，增速较村镇银行低7.3个百分点。小额信贷公司从业人员5.84万人，同比增长64%，五成小额信贷公司分布在内蒙古（436家）、江苏（430家）、安徽（424家）、辽宁（349家）、河北（290家）、云南（251家）、山西（232家）和吉林（219家）八省区。2012年上半年，全国小额信贷公司账面亏损家数573家，占全部小额信贷公司总数的10.9%，比2011年同期和5月末分别提高0.3个百分点和0.1个百分点；亏损率（账面亏损额/本年利润）为1.5%，比2011年同期和5月末分别提高0.3个百分点和0.01个百分点（中国人民银行，2012）。

（三）农村金融产品与服务方式创新工作有所发展

为了提升对农村经济的服务水平，国家对各地区的金融机构进行了大胆的创新。例如，福建农业银行创新开展“银村共建”，与579个村建立共建关系，累计发放贷款60.4亿元。江西实施“创新一百种农村金融新产品、培育一百个金融支持示范主体、打造一百项特色金融服务”模式的“三百工程”，切实满足“三农”多元化金融服务需求。山东金融机构加大对农田水利支持力度，创新六种信贷产品，新增贷款152.9亿元，支持山东实现粮食总产量“九连增”。辽宁创新农业贷款模式，其中朝阳市创新发放设施农业贷款1.5亿元，助力“百万亩设施农业”建设。云南在全国首创“一创两建”（即农村金融产品和服务方式创新、农村支付环境建设、农村信用体系建设）工作模式，全面提升农村金融服务水平。河南积极推广订单农业贷款等八种涉农信贷产品，全年新增涉农贷款占全部新增贷款的53.3%，较好地支持了“三农”及国家粮食核心区建设。甘肃围绕农业特色产业发展，积极开展农村金融服务创新综合实验县创建工作，推出农村信贷创新产品和服务方式20个（中国人民银行，2012）。

三、农村土地要素发展状况分析

（一）农村土地要素发展成就

第一，农民获得了土地承包经营权。改革开放以来，农村土地改革的最大成就是确立家庭联产承包经营责任制，农民从中获得了土地承包经营权。特别是《中华人民共和国农村土地承包法》和《中华人民共和国物权法》等相继出台，使过去依靠合同约定的土地承包经营权成为法定的、农民对土地直接支配的权利，农民在制度创新实践中获得的土地承包经营权上升为受保护的土地财产权利。在土地承包权的基础上，以家庭为单位开展农业经营，生产者的成本、利益趋向一致，这就自动建立起了“多劳多得”的激励机制，打破了过去吃“大锅饭”和“搭便车”的现象，解放了农村生产力，促进了农业经济的快速发展。

第二，农村土地要素市场得以建立。中华人民共和国成立后，通过土地改革，农民分得了土地，改革开放后，农民可以在土地上进行农业作业，同时还可以对土地进行流转，加快了土地流转的发展，逐渐形成了农村土地要素市场。虽然从一开始国家政策上就允许农民的土地承包经营权流转，但是，受农村人口和劳动力转移缓慢等外部条件的制约，土地流转的程度一直很低。到了20世纪90年代，尽管工业化和城镇化带动了土地流转进程的加快，土地承包经营权流转的发生率在不同地区不同程度地提高。但是，也要认识到土地流转的双面性，一方面，土地流转促进了农业规模化、集约化的发展；另一方面，土地流转为农村剩余劳动力转移和外出就业提供了便利，从而多方面地促进了农村经济的发展。

第三，土地财产物权保护制度趋于完善。改革开放以来，中国不断以法律等正式制度的形式巩固改革成果，规范土地制度建设，在农村土地物权制度建设方面，完善和规范了农村多元化的农民集体土地所有权法律制度。同时，建立了土地承包经营权、集体建设用地使用权、宅基地使用权等制度。形成了包括《中华人民共和国农村土地承包法》《中华人民共和国民法通则》《中华人民共和国草原法》《中华人民共和国森林法》《中华人民共和国土地管理法实施条例》等国家法律法规；另外，还建立了地方实施办法等地方法规以及有关司法解释和部门规章等在内的农村土地制度法律法规体系，基本建立起农村土地财产物权保护制度和土地管理法律体系，逐步将农村土地纳入了法治管理轨道。

第四，土地用途管制制度和耕地保护制度基本建立。在市场化的进程中，不能只看到眼前利益，把一些耕地用途的土地进行商业用地，减少了有效耕地数量，这些权法不利于国家粮食安全的稳定。因此，在农业发展中，要建立土地用途管制制度，同时建立耕地保护制度。一方面，根据市场经济发展需求，国家不断从政策和法律上赋予并明确界定、规范和保护农民的土地使用权等；另一方面，国家通过建立土地利用规划管理制度、土地用途管制制度和耕地保护制度等，逐步建立健全国家对个人土地利用行为的管制规则体系，这对保护耕地和保障土地资源的可持续利用发挥了重要作用。

（二）农村土地要素发展困境

第一，我国土地征地制度改革进展缓慢。我国现有的土地征地制度还是沿用的计划经济时期的制度，可见，其制度改革进程缓慢。这样就造成了土地市场范围的限制，同时土地市场不能很好地进行细化。另外，现有的土地征地制度对土地的补偿脱离了土地的市场公平价格，并且在时间和空间上没有弹性，从而造成土地市场中利益冲突的问题严重，土地征地补偿不到位和不规范，导致农民在征地过程中不能得到妥善的安置。

第二，农村集体建设用地使用制度改革和城乡统一市场建设发展滞后。《中华人民共和国土地管理法》规定，农村的宅基地只能在农村集体组织内部进行流转，这样就形成了集体土地流转的困难，影响了土地市场中的市场配置效率，甚至造成了土地的闲置浪费。

第三，耕地保护仍然面临诸多挑战。改革开放以来，伴随工业化、城镇化的快速发展，各类建设占用耕地的数量一直很大，全国耕地保有数量持续减少。1996 年耕地保有量为 13003.92 万公顷，2011 年减至 12172 万公顷，平均每年净减少 55.4 万公顷。2011 年全国耕地面积为 18.26 亿亩，按照目前的减少量，要实现死守 18 亿亩红线的目标难度很大。造成耕地保护难的主要原因是中央和地方政府优化目标不完全一致所导致的，中央政府更多关注的是带有全局性、战略性的宏观目标，而地方政府则更看重本地区局部的微观目标。

四、农村技术要素发展状况分析

（一）农业技术推广的成就

第一，农业技术推广体系得到快速发展。农村实行家庭联产承包责任制以后，我国农业技术推广体制进入了一个较快的发展与改革时期，各地都把加强基层农业技术推广体系建设作为促进当地农业经济发展的重要举措。在农业技术推广不断商业化的同时，我国在 20 世纪 90 年代末开始精简队伍和分离商业活动的改革试点。2002 年中央 2 号文件提出，要逐步建立公益性职能的农业技术推广体系。2008 年中共十七届三中全会全面提出要建立新型的农业服务体系；2010 年中央 1 号文件提出要抓紧建设乡镇或区域性农业技术推广等公共服务机构，扩大基层农业技术推广体系建设的范围。启动基层农业技术推广机构特设岗位计划，鼓励高校涉农专业毕业生到基层农业技术推广机构工作。2012 年中央 1 号文件聚焦农业科技创新，在推广体系改革上，提出了基层农业技术推广体系改革与建设“一个衔接、两个覆盖”的政策，即乡镇农业技术人员工资待遇要与当地事业单位的平均收入相衔接。2012 年 8 月 31 日，《中华人民共和国农业技术推广法》经过近二十年实施后重新修正颁布。

第二，多元化农业技术推广体系初步形成。经过 40 年的改革与发展，我国已经初步形成了由以政府主导的其他各类组织共同发展的农业技术推广体系。农业科技推广的市场主体呈现出多样化的发展态势，机制也越来越灵活。“专家大院”“科技特派员”“科技 110”等新型的农业技术服务形式在许多地方得到了推广，科技人员“重心下移”，为农民提供便捷的技术服务，深受农民的欢迎。一大批涉农公司（特别是大型农业产业化龙头企业）、农民合作社等组织加入到农业技术推广活动中来，促使农业技术推广服务开始走向社会化。2011 年底，全国建立了 50 万家农民专业合作社，实有入社农户 4000 万户，其中，95% 以上的农民专业合作社能够为成员提供技术服务。此外，政府部门和社会机构的一系列行动计划，如租入教育部的“燎原计划”、全国科协的“科技下乡”“三下乡”

活动等，都有利于农业科技服务的推广，促进推广体系的发展。

第三，农业科技教育与培训取得了新发展。在农业与农村经济社会发展中，几乎所有的发展因素都是以提高劳动者素质为前提条件的，所以农民素质问题是一个与农业科技体制改革密切相关的问题，在研究农业科研和推广体制问题上，不得不提到农民的科技教育和培训问题。改革开放以来，针对农民科技素质低下的现实问题，各地各级政府在不同程度上开展了农村科技教育和职业培训，一方面，对农民实行农业技术培训，发展现代农业，让农民当好农民；另一方面，对农民实行劳动力就业技能培训，让农民不当农民，推动农村劳动力从以“体力型”输出为主向“技能型”输出转变。2012 年，国务院第一部指导全国现代化农业建设的《全国现代农业发展规划》公布，其重点任务就是“壮大农业农村人才队伍”“大力发展农业职业教育，加快技能型人才培养，培育一批种养业能手、农机作业能手、科技带头人等新型农民”，鼓励和支持新一代有技术、会经营的农民在农村或者回到农村从事农业的现代化经营。解决“将来谁来种地”的问题，关键是培养适应发展现代农业需求的职业农民。

（二）农业技术推广的问题

第一，农业技术推广机构不健全。总体来看，虽然我国农业技术推广体系经过多年建设，已经具备一定的规模，机制上也有了明显改变。但是，先进农业技术推广体制普遍存在着“上实下虚”“头重脚轻”的现象。不少老、少、边、穷地区的乡村农业技术推广站，多数只是一站一人；有些行政村、乡，名义上已建立了农业技术推广服务组织，实际上只是流于形式。另外，农业科研机构组织结构较为臃肿，此外，在科研人员方面还存在着人浮于事，研究人员力量分配不合理，课题重复演技，用人制度缺乏一定的监督机制；在科研经费管理方面存在着管理经费程序不规范，经费使用情况监督机制不强等情况。因此，要进一步加强农业科技组织的协调工作，形成一个布局结构合理、治理结构规范、微观运行高效、监管制度健全的现代农业科研体系。

第二，农民科技教育和培训体制还有待完善。首先，应加大我国农村职业教育培训力度，我国在农业职业教育培训方面投资的力度远远小于在其他教育方面的投入；其次，培训部门缺乏统一的领导，十几个部委都在从事农民教育培训，都有各自的专项，缺少统一领导规划，彼此之间缺乏衔接和资源整合，导致资源浪费；再次，培训项目大多是短期的行动计划，缺乏稳定性和长效机制；最后，对项目实施情况缺少规范合理的评价体系和机制，存在较多的走过场和形式主义。

第三，农业技术推广地域发展不平衡。我国空间从西到东，几乎就等同于时间上的从古到今，西部地区“二牛抬杠”还是常见的景象，技术进步的“水滴”几乎没有在其田野画布上留下明显的扩散痕迹，而东部地区的一些农民已经开始网上冲浪，率先实现了现代化。未来农业和农村科技的发展必须要有助于区域经济社会的协调发展，成为消除区域差距的重要力量。

第二节　新型农业经营主体培育要素影响

一、新型农业经营主体培育要素影响理论模型

为进一步分析农村生产要素对新型农业经营主体培育的影响，本书从生产函数传统分析框架出发，设计农村生产要素对新型农业经营主体培育影响的理论分析模型。在理论模型中，我们把农村生产要素中的农村金融、农村劳动力、农村物资设备当作一项“投入”用于培育过程。这样我们就得到了新型农业经营主体的培育效果函数：

$$Y = Af(L, F, K) \quad (4-1)$$

其中，Y代表新型农业经营主体的发展状况，反映新型农业经营主体培育效果；F代表新型农业经营主体培育金融投入；L代表新型农业经营主体培育劳动力投入；K代表新型农业经营主体培育生产物资投入；A代表技术要素。

假设1：不考虑城乡“二元经济”结构、城乡税收差别、相关分配政策等因素的影响。

假设2：新型农业经营主体培育中的人力资本和技术在短期内固定不变，农户对其没有只有支配的权利。

假设3：新型农业经营主体培育中的资金和物质要素在短期内都可以变动，农户对其拥有自由支配资金和物质要素的权利。

假设4：农村金融支持符合$C-D$函数。此时，公式（4-1）变为：

$$Y = AL^{\alpha}F^{\beta}K^{\gamma} \quad (4-2)$$

为了实现新型农业经营主体培育效果的最大化，这里构建拉格朗日函数来求解。由上述的假设条件我们可以得出，新型农业经营主体可以对资金和物质要素进行支配，而对人力要素和技术要素不能自由地支配。所以，对新型农业经营主

体的个体来说，其自身拥有的可以自由支配的要素禀赋为：$R_i = F_i + K_i$，那么新型农业经营主体总的禀赋为：

$$R = \sum R_i = \sum F_i + \sum K_i = F + K \tag{4-3}$$

因此，求解新型农业经营主体培育效果最大化：

$$\max Y = AL^{\alpha} F^{\beta} K^{\gamma} \tag{4-4}$$

$$\text{s. t. } R = F + K \tag{4-5}$$

建立拉格朗日函数：

$$L = AL^{\alpha} F^{\beta} K^{\gamma} + \lambda\ (R - F - K)$$

对此函数进行一阶求导，整理可得：

$$F = \frac{\beta K}{\gamma} \tag{4-6}$$

将公式（4－3）代入公式（4－2），对 F 求一阶偏导并令其等于0，可得：

$F^* = \dfrac{\beta R}{\beta + \lambda}$；当 $F < F^*$ 时，$\dfrac{\partial Y}{\partial F} > 0$，当 $F > F^*$ 时，$\dfrac{\partial Y}{\partial F} < 0$

一般而言，农村金融支持和物质要素在新型农业经营主体培育的供给弹性不会大于1，这是由于农业生产的特殊性决定的，农业本身具有需求弹性较小的特征，另外银行等金融机构和其他物质资料机构对农业投资报酬率相对其他行业较低。因此，增加农村金融支持和物质资料支持对新型农业经营主体培育的影响是呈边际递减趋势的。即当 $0 < \alpha$，$\beta < 1$ 时：

$\dfrac{\partial^2 Y}{\partial F^2} = \beta\ (\beta - 1)\ AL^{\alpha} F^{\beta - 2} K^{\gamma} < 0$；$\dfrac{\partial^2 Y}{\partial K^2} = \gamma\ (\gamma - 1)\ AL^{\alpha} F^{\beta} K^{\gamma - 2} < 0$

根据公式（4－5）和公式（4－6）可得：$F = \dfrac{\beta R}{\beta + \gamma}$，对其求导可得：$\dfrac{\partial F}{\partial R} = \dfrac{\beta}{\beta + \gamma}$，于是我们得到第一个命题。

命题一：新型农业经营主体培育效果随农村金融要素和物质资料要素的增加而提升，但增加的幅度都呈现边际递减的趋势。为了使新型农业经营主体培育效果最优，农村金融支持随着金融禀赋 R 的增加而增加；如果有提升新型经营主体培育的技术条件，主体会通过增加金融支持和物质资料要素来扩大经营规模，但由于存在边际能力递减的趋势，因此，经营规模不可能无限制地扩大。这就要求新型农业经营主体培育要遵从“适度规模经营”的原则。

根据公式（4－6）可以得到农村金融支持与物质资料要素支持之间存在着边际技术替代率为：

$$MRTS_{F,K} = -\frac{\gamma F}{\beta K} \tag{4-7}$$

假设新型农业经营主体向金融机构贷款获得的金融支持利率为 r_1，社会提供的物质资料要素支持的价格为 r_2，那么金融支持和物质资料的社会成本函数可以写成：$C = Fr_1 + Kr_2$。因此，在社会成本约束下的培育能力最大化是：$\frac{\gamma F}{\beta K} = \frac{r_1}{r_2}$，从而有：

$$F = \sqrt{\frac{\beta}{\gamma}}K \tag{4-8}$$

由公式（4－7）和公式（4－8）我们得到第二个命题。

命题二：农村金融要素与物质资料要素在培育过程中具有一定的替代性，但边际替代率减小。虽然农村物质资料要素有利于农民专业合作社培育，但也不是无限度地提供，应限定在适当的额度范围之内。这是因为物质资料要素与金融要素之间的替代性并不是无限制地替代，两者支持力度在数量上应保持适当的比例，这样才能使新型农业经营主体培育在最小社会成本约束条件下获得培育效果的最大提升。

根据公式（4－6）及成本约束条件，可以得到：$K = \frac{\gamma R}{(\gamma + \beta)}$。当 $\beta \to 0$ 时，$K \approx R$，此时，$F \to 0$，这意味着当金融弹性减小时，农村金融支持减少，物质资料支持增加。反之，当 β 的值较大时，由于 F 与 K 具有一定的替代性，K 的增加会使 F 有所减少，在资源约束条件 $R = F + K$ 下，意味着 K 有所增加，也就是说当 K 增加时，同样的 F 可以满足更多的 K 的需求，也就意味着新型农业经营主体规模的扩大，于是得到第三个命题。

命题三：如果银行贷款提供的金融支持的弹性较小，那么随着物质资料要素支持的增多，新型农业经营主体的规模会趋于缩小；如果金融机构提供的金融支持弹性较大，那么随着物质资料要素支持的增多，新型农业经营主体的规模将趋于扩大。

二、新型农业经营主体培育要素影响实证检验

（一）数据来源

现有文献对新型农业经营主体的研究大多集中于国家宏观层面研究，原因是微观数据获取的困难性及其获取的高成本限制。为了更好地贯彻实施党中央关于加大新型农业经营主体培育的指示，课题组于 2013 年 7～11 月和 2014 年7～11

月对山东省胶州市、济宁市和聊城市的农户进行了实地调研。胶州市是山东省农业机械化试点县（市）之一，农业产业化水平较高，并且农业生产具有一定的规模化，已经培育了一批新型农业经营主体，具有很强的代表性和示范性，济宁市和聊城市作为内地城市，其发展水平不如胶州市，新型农业经营主体培育的效果也存在一定的差异，从而通过研究经济发展水平不同、地理位置不同、地势也不同的三个城市，可以更好地分析地区的差异性，分解出新型农业经营主体培育的主要影响因素。调查方式为面对面访谈，对于因外出务工等原因不在家的农户，调查人员可越过此家，对另外一家进行调查。共发放问卷 1200 份，直接搜集到的调查问卷在统计过程中有些信息填写不完全，甚至有些被调查者回答不真实，所以不宜直接采用，不然会使计量检验得出的结果产生偏差，因此，需要对样本进行筛选，删除了那些问答有缺失的或者前后矛盾不一致等问题的问卷，最终我们得到 1090 份有效样本，占问卷调查的 90.8%，超过数据模型所需样本的最低需求①。

（二）样本描述

我们在进行问卷设计时，考虑到新型农业经营主体的异质性，对被调查者进行了适当的分类，把农户分为家庭农场、农民合作社、农业企业、种养大户四类，其中家庭农场是直接根据调查问卷中“是否注册了家庭农场”来划分：如果回答“是”，则该农户被认定为家庭农场；农民合作社是根据问卷中“是否加入农业专业合作社”来划分：如果回答“是”，则该农户被认定为农民合作社；农业企业的划分也是根据问卷中“是否注册了农业企业”来划分：如果回答“是”，则该农户为农业企业；种养大户是指没有注册家庭农场，也没有注册农业企业，根据当地耕作规模，把种植面积大于 30 亩的农户，称为种养大户②。除了这几种新型农业经营主体之外，剩余都归结为传统小农户样本，最后得到传统小农户 357 个样本，新型农业经营主体 733 个样本，具体调查情况如表 4－1 和表 4－2 所示。

表 4－1　调查样本中传统小农户的基本统计特征

样本特征	分类指标	频数	频率
性别	男	143	40.1%
	女	214	59.9%

① 郝朝艳，平新乔，张海洋等．农户的创业选择及其影响因素［J］．中国农村经济，2012（4）：57－65.

② 种养大户目前还没有具体的划分标准，根据当地地理条件和农户耕地规模，在咨询相关专家的基础上确定 30 亩为其划定标准。

续表

样本特征	分类指标	频数	频率
年龄	30 岁以下	27	7.6%
	30 ~ 40 岁	89	24.9%
	40 ~ 50 岁	94	26.3%
	50 ~ 60 岁	81	22.7%
	60 岁以上	66	18.5%
文化教育程度	小学以下	35	9.8%
	小学	52	14.6%
	初中	173	48.5%
	高中	84	23.5%
	大学及以上	13	3.6%
人均年收入	20000 元以下	48	13.5%
	20001 ~ 25000 元	84	23.5%
	25001 ~ 30000 元	125	35.0%
	30001 ~ 35000 元	82	23.0%
	35001 元以上	18	5.0%
样本数		357	100%

注：数据来源于2013 年和2014 年课题组调研资料。

表 4 – 2 调查样本中新型农业经营主体的基本统计特征①

	变量特征	种养大户（户）		家庭农场（户）		合作社（户）		农业企业（户）	
	主体类型	频数	频率	频数	频率	频数	频率	频数	频率
	样本数	104	100%	173	100%	374	100%	82	100%
性别	男	68	70%	131	76%	306	85%	56	74%
	女	36	30%	42	24%	68	15%	26	26%
年龄	30 岁以下	0	0%	0	0%	14	1%	0	0%
	30 ~ 40 岁	31	41%	31	18%	96	27%	31	42%
	40 ~ 50 岁	33	37%	72	42%	166	48%	27	36%
	50 ~ 60 岁	25	18%	61	35%	82	22%	17	19%
	60 岁以上	15	4%	9	5%	16	2%	7	3%

① 在进行样本个数统计过程时，按照“上限不在内”的原则进行统计，同时，频率统计按照四舍五入取整处理。

续表

	变量特征 主体类型	种养大户（户）		家庭农场（户）		合作社（户）		农业企业（户）	
		频数	频率	频数	频率	频数	频率	频数	频率
	样本数	104	100%	173	100%	374	100%	82	100%
文化教育程度	小学以下	22	22%	29	17%	42	11%	0	0%
	小学	24	27%	0	0%	48	14%	0	0%
	初中	28	33%	87	50%	12	3%	9	6%
	高中	16	11%	16	9%	170	45%	39	52%
	大学及以上	14	7%	41	24%	102	27%	34	42%

注：数据来源于2013年和2014年课题组调研资料。

由表4－1与表4－2对比可以发现，新型农业经营主体与传统小农户具有很强的异质性，其自身的特征也具有显著的差异性。在调查样本中，四类新型农业经营主体的性别都是以男性为主，其中农业企业男性占到74%，家庭农场男性占到76%，合作社男性占到85%，种养大户男性占到70%，这说明新型农业经营主体男性具有一定的生产组织能力，与当今小农户生产中的妇女占主导地位有很大区别。在年龄特征方面，农业企业、家庭农场、农民合作社和种养大户四类新型农业经营被调查者年龄段主要集中在30～40岁和40～50岁青壮年阶段，这也与传统农业经营主体中的老龄化趋势有很大的差异性；在农户文化教育程度特征方面，我们看到新型农业经营主体主要是高中文化程度占到较多的比重，另外，大学及以上学历农业企业占到了42%，家庭农场占到了24%，农民合作社占到了27%，种养大户占到了7%。可见，新型农业经营主体相比传统小农户来说，文化教育水平有显著提高，在某种程度上有利于新技术的采用及管理水平的提高，从而进一步促进农业生产效率的提高。

（三）变量选取

为了进一步分析农村生产要素对新型农业经营主体培育效果的影响，根据理论模型，把农村生产要素分为金融、土地、技术等变量来衡量，虽然变量的选取没有从金融的绝对数值上来分析，但是可以将其作为选择性变量来评判，在某种程度上弥补了这方面的缺失。另外，新型农业经营主体培育效果的评价是抽象的概念，很难用数量来直接衡量，因此，通过采用各类型农业经营主体对培育效果的满意度来间接衡量，虽然此种衡量有一定的局限性，但是采用此方法使得抽象的评价变成了直接的数量评价。因此，本书认为，为了数量化地衡量金融支持对新型农业经营主体培育的影响，采用间接性评价也不失为好的处理方法之一，具体变量选取及变量描述如表4－3所示。

1. 被解释变量

为了区分传统小农户与新型农业经营主体，我们用 Y_1 代表传统小农户培育的意愿，用 $Y_2 \sim Y_5$ 表示新型农业经营主体中农业企业、家庭农场、农民合作社和种养大户等不同新型农业经营主体培育效果。其中，农业企业的培育效果用 Y_2 表示，家庭农场的培育效果用 Y_3 表示；农民合作社培育效果用 Y_4 表示；种养大户培育效果用 Y_5 表示。为了准确地反映传统小农户的培育意愿，用1～5的分数表示满意效果，其中“很不愿意”＝1；“不愿意”＝2；“一般”＝3；“愿意”＝4；“很愿意”＝5。对于新型农业经营主体培育效果的好坏程度，也分别给予1～5的分数，$Y_2 \sim Y_5$ 的选项分别是：“很不满意”＝1；“不满意”＝2；“一般”＝3；“满意”＝4；“很满意”＝5。

表4－3 变量选取及变量描述

类型＼变量	变量名称	变量描述
被解释变量	传统小农户培育意愿（Y_1）	很不愿意＝1；不愿意＝2；一般＝3；愿意＝4；很愿意＝5
	新型农业经营主体培育效果（$Y_2 \sim Y_5$）	很不满意＝1；不满意＝2；一般＝3；满意＝4；很满意＝5
	文化程度（X_1）	小学以下＝1；小学水平＝2；中学水平＝3；高中水平＝4；大学及以上＝5
	年龄（X_2）	30岁以下＝1；30～40岁＝2；40～50岁＝3；50～60岁＝4；60岁以上＝5
	健康状况（X_3）	差＝1；较差＝2；一般＝3；较好＝4；好＝5
	性别（X_4）	男＝0，女＝1
	政策性金融支持（X_5）	无＝0，有＝1
	商业性金融支持（X_6）	无＝0，有＝1
	自身收入（X_7）	20000元以下＝1；20000～25000元＝2；25000～30000元＝3；30000～35000元＝4；35000元以上＝5
	贷款金额（X_8）	10万元以下＝1；10万～50万＝2；50万以上＝3
	贷款年限（X_9）	1年以内＝1；1～2年＝2；2～3年＝3；3年以上＝4
	种地年限（X_{10}）	三年以下＝1；3～5年＝2；5～10年＝3；10年以上＝4

续表

类型＼变量	变量名称	变量描述
解释变量	种地规模（X_{11}）	30 亩以下 =1；30 ~ 80 亩 =2；80 ~ 130 亩 =3；130 ~ 180 亩 =4；180 亩以上 =5
	土地类型（X_{12}）	山地 =1；平原 =2；丘陵 =3；高原 =4
	对土地依赖程度（X_{13}）	根本不依赖 =1；不大依赖 =2；一般 =3；比较依赖 =4；很依赖 =5
	土地是否集中连片（X_{14}）	集中连 =1，零星分布 =2
	当地交通条件（X_{15}）	较差 =1；一般 =2；较好 =3；便利 =4
	土地流转是否签订合同（X_{16}）	是 =1，否 =0
	生产中是否使用计算机（X_{17}）	是 =1，否 =0
	生产中是否使用机械化（X_{18}）	不使用 =1；很少使用 =2；经常使用 =3
	农业技术指导（X_{19}）	不能得到农业技术指导 =0；能够得到农业技术指导 =1
	技术的种类（X_{20}）	良种及栽培技术 =1；病虫害防治技术 =2；施肥技术 =3；农技实用技术 =4；产后加工技术 =5
控制变量	技术来源（X_{21}）	政府农技推广机构 =1；龙头企业或合作组织 =2；科技园区或基地示范 =3；农村能人示范 =4；媒体报道 =5
	产权制度（X_{22}）	组织没有设置专用账户 =0；组织设置了专用账户 =1
	盈余分配制度（X_{23}）	组织成员不能获得惠顾返还 =0；成员可以获得惠顾返还 =1
	民主管理制度（X_{24}）	组织不公开财务状况 =0；组织公开财务状况
	自由退出制度（X_{25}）	成员不能自由退出 =0；成员能够自由退出 =1
	地理区域（X_{26}）	胶州 =1；济宁 =2；聊城 =3

2. 解释变量

为了解释各个生产要素对新型农业经营主体培育的影响，结合理论模型，选取代表人力资本要素的变量：文化程度（X_1）、年龄（X_2）、健康状况（X_3）、性别（X_4）四个变量。资金要素变量选取了政策性金融支持（X_5）、商业性金融支持（X_6）、自身收入（X_7）、贷款金额（X_8）、贷款年限（X_9）5 个变量；土地要素变量选取了种地年限（X_{10}）、种地规模（X_{11}）、土地类型（X_{12}）、对土地依赖程度（X_{13}）、土地是否集中连片（X_{14}）、当地交通条件（X_{15}）、土地流转是否签订合同（X_{16}）7 个变量；技术要素变量选取了生产中是否使用计算机（X_{17}）、生产中是否使用机械化（X_{18}）、农业技术指导（X_{19}）、技术的种类（X_{20}）和技术来源（X_{21}）5个变量。

3. 控制变量

为了解决模型的内生性问题，尤其是由于制度引起的内生性问题，本书试图寻找一个工具变量来控制，但是结果都不是很理想。由于本书研究样本数据是离散数据，并且是截面数据，也不能用滞后变量来代替工具变量，因此，本书的控制变量涉及制度变量和区域变量，其中制度变量包括产权制度（X_{22}）、盈余分配制度（X_{23}）、民主管理制度（X_{24}）、自由退出制度（X_{25}）四个变量。区域变量选取了地理区域虚拟变量（X_{26}）。

（四）检验方法

在现代经济学分析中经常面临许多决策选择问题或者效果评价问题，即人们在众多方案中选择满意的一个方案，或者对某项行为给予“好”或“坏”判定标准。这些问题不同于经典的计量经济学，被解释变量通常不是连续变量，而是用离散的数据表示。离散选择模型起源于 Fechner（1860 年）进行的动物条件二元反射研究，Warner（1962）首次将它应用于经济研究领域。到 1970 ~ 1980 年，离散选择模型已被广泛应用到了经济、社会、管理等决策研究中。如果被解释变量有两种选择，称为二元选择模型；如果被解释变量有多种选择，称为多元选择模型。对于二元离散选择问题可以建立如下计量经济学模型：

$$Y = X_i\beta + \mu$$

其中，Y 的观测值是 0 或 1，由于 $X_i\beta$ 并没有处于［0，1］范围内的限制，因此考虑模型：

$$y_i^* = X_i\beta + \mu_i \qquad \mu_i \sim \Phi(0, \sigma^2)$$

当 $y_i^* > 0$ 时，$y_i = 1$；其他情况下，$y_i = 0$。

由于这里考虑到了正态分布和逻辑分布都为对称分布，因此有：

$$\begin{aligned} P(y_i = 1) &= P(y_i^* > 0) = P(X_i\beta + \mu_i > 0) \\ &= P(\mu_i > -X_i\beta) \\ &= P(\mu_i < X_i\beta) \\ &= F(X_i\beta) \end{aligned}$$

其中，F 为概率分布函数，上式得到的概率应该在 0 ~ 1 之间，因为只有两个选择，故有：

$$P(y_i = 1) + P(y_i = 0) = 1$$

$$P(y_i = 0) = 1 - P(y_i = 1) = 1 - F(X_i\beta)$$

当 F 服从于标准正态分布时，称为 Probit 模型；当 F 服从逻辑分布时，称为

Logit 模型。另外，当解释变量大于两个时，就可得到多元离散选择模型。在多元选择离散模型中，由于 Logit 模型更适合于效用最大化时的分布选择，所以应用最多的多元离散模型是 Logit 模型（李子奈，2000）。

如果被解释变量有（$J+1$）个，那么多元 Logit 模型可以表示如下：

$$P(y_i = j) = \frac{e^{x_i \beta_j}}{\sum_{j=0}^{J} e^{x_i \beta_j}}$$

其中，i 为样本数，为了研究方便，进行标准化处理，令 $\beta_0 = 0$，于是有：

$$P(y_i = j) = \frac{e^{x_i \beta_j}}{\sum_{k=1}^{J} e^{x_i \beta_k}} j = 1, 2, \cdots, J$$

$$P(y_i = 0) = \frac{1}{1 + \sum_{k=0}^{J} e^{x_i \beta_k}}$$

多元 Logit 模型可以用极大似然法对模型整体效果进行评估，并用迭代法得到参数的估计量。根据孙亚范、余海鹏（2012）① 的做法，本书采用多元 Logit 模型对传统小农户农村生产要素的培育意愿和新型农业经营主体培育效果之间的关系进行调查。

（五）检验结果

本部分基于调查数据，在给定 5% 和 10% 的显著性水平下，若统计量所对应的对数似乎比检验的显著性指标值小于显著性水平，则自变量总体上对因变量有显著的影响，得到最终各变量系数的估计值，如表 4－4 所示。

表 4－4 农村生产要素影响新型农业经营主体培育效果的模型估计

类别 \ 变量	传统小农户 Y_1	农业企业 Y_2	家庭农场 Y_3	农民合作社 Y_3	种养大户 Y_5
文化程度（X_1）	0.130	0.258*	0.260*	0.132*	0.390*
年龄（X_2）	0.293	0.245	0.014	0.273	0.213
健康状况（X_3）	0.241*	0.271	0.289*	0.241	0.403*
性别（X_4）	−0.026	0.254	0.026	−0.026	−0.068
政策性金融支持（X_5）	0.318*	0.130*	0.258*	0.318*	0.015**
商业性金融支持（X_6）	0.017*	0.306*	0.274*	0.017*	0.338*

① 孙亚范，余海鹏．农民专业合作社成员合作意愿及影响因素分析［J］．中国农村经济，2012（6）：48－58.

续表

类别＼变量	传统小农户 Y_1	农业企业 Y_2	家庭农场 Y_3	农民合作社 Y_3	种养大户 Y_5
自身收入（X_7）	0.350	0.317*	0.350*	0.350	0.251*
贷款金额（X_8）	0.403	0.258*	0.0362	0.402	0.017
贷款年限（X_9）	0.251	-0.042	-0.120	0.251	-0.135
种地年限（X_{10}）	-0.274**	0.134	0.135	0.274	0.188
种地规模（X_{11}）	0.169	-0.29	-0.294**	0.239	-0.288*
土地类型（X_{12}）	0.241*	0.274	0.463	0.427	0.425
对土地依赖程度（X_{13}）	-0.026	0.287*	0.130*	0.130	0.130*
土地是否集中（X_{14}）	0.318*	0.427	0.241*	0.273	0.273*
当地交通条件（X_{15}）	-0.068	0.130*	-0.026	0.241	0.241
是否签订合同（X_{16}）	0.015*	0.273*	0.318*	0.026*	-0.026
是否使用计算机（X_{17}）	0.338	0.241*	0.017*	0.328	0.318
是否使用机械化（X_{18}）	0.251	0.026*	0.245*	0.037	0.017*
农业技术指导（X_{19}）	0.017	0.318	0.271**	0.350*	0.350
技术的种类（X_{20}）	-0.135	0.017*	0.254	0.403*	0.403*
技术来源（X_{21}）	0.188	0.350	-0.130	0.251	0.251
产权制度（X_{22}）	-0.288	0.403*	0.306*	0.274	0.274
盈余分配制度（X_{23}）	0.017*	0.251**	0.317	0.289*	-0.289
民主管理制度（X_{24}）	0.318	0.274	0.258	0.427*	0.427**
自由退出制度（X_{25}）	0.017*	-0.289	-0.042	0.289*	-0.289
地理区域（X_{26}）	0.017	0.127*	0.017*	0.427	0.427*
LR statistic	283.67	258.47	235.47	264.23	286.25
Prob（LR statistic）	0.0000	0.0000	0.0000	0.0000	0.0000
Log Likelihood	-152.043	-147.889	-163.096	-162.881	-143.544
Pseudo R - squared	0.379	0.380	0.429	0.412	0.356

注：*代表10%的概率下通过检验；**代表5%的概率下通过检验。

在实证分析过程中，尽可能地解决其内生性问题，但是寻找工具变量并不是一件容易的工作，由于选取的数据为截面数据，也不能用其滞后变量来充当工具变量，因此，尽可能地加入一些控制变量来抑制内生性问题，尤其是对制度变量和地区变量加以控制。

三、新型农业经营主体培育要素影响检验结果

通过实证结果可以看到，选取的26个变量应该基本上包含了所有方面的变量，同时也对制度变量和地区变量加以控制，可以认为内生性已经得到了较好的控制。并且通过对其26个变量的相关系数来看相关性检验，各变量之间的相关性较弱，即不存在多重共线性问题。并且通过White检验，不存在异方差性。从表4-4的计量结果可以得出以下五点结论。

（1）对于传统小农户来说，人力资源方面健康状况对其有显著的影响，这是由于小农户还是依靠劳动力，健康决定着其基本的要求；资金要素方面财政性金融支持和商业性金融支持都对其具有正向影响，说明目前小农户在向新型农业经营主体转变的过程中，需要政府的财政补贴和金融机构的贷款支持。另外，种地年限对其培育意愿具有显著负向影响，这是因为种地年限越多，越能提高作业的熟练程度，另外，思想观念不容易改变，影响着向新型农业经营主体转变。土地类型和土地是否集中也影响小农户的培育意愿，主要是因为其很难获得一定规模的土地。土地流转是否签订合同、盈余分配制度和自由退出制度对小农户也有一定的影响，是因为其对市场风险的防御性引起的。

（2）对于农业企业来说，人力资本方面更重要的是人的教育文化程度和健康状况，这是由于农业企业需要有一定管理的人才能进行发展，更重视其文化教育，不是像小农户那样凭借体力，而是要靠知识和管理来进行作业。在资金要素方面，无论是政策性金融、商业性金融、自有资金还是贷款金额都对农业企业的发展具有显著影响，这说明农业企业在运行中是需要大量的资金流转的，需要一定的大额贷款才能进行运转，所以在农业企业培育过程中，要重视其资金要素的支持。在土地要素方面，交通和是否签订流转合同对其也有显著影响，主要是由于农业企业需要进行车辆运输等，对交通有较大的需求，另外，签订合同是由于农业企业管理和运行正规，合同更能有效地保证各方的权益；技术要素中的技术来源和计算机使用、机械化操作都对其培育效果具有正向影响，是因为农业企业家们对技术有较高的要求，从而重视计算机和机械化操作。另外，控制变量中的盈余分配和地理区域也有显著的影响，这是由于农业企业的设立有一定的区域性，大多数发达地区要多于欠发达地区。

（3）对于家庭农场来说，人力要素中的教育文化程度也具有显著的影响，说明家庭农场在运行中也要重视提高自身的文化和管理水平；另外资金要素中的政策性金融、商业性金融和自有资金都对其具有显著影响，说明家庭农场也对资

金具有很大的需求，下一步政府和金融要加大金融支持力度。首先，土地要素方面表现得最明显，不仅是种地规模，土地是否集中、对土地的依赖度和土地流转是否签订合同都对其具有显著影响，这是因为家庭农场对土地要求很高，具有一定的土地规模，从而要加快土地向家庭农场手中集中，发挥其规模经济的效应；其次，在技术要素方面，机械化操作、计算机的使用和农业技术指导都对家庭农场具有显著的正向影响，说明家庭农场重视机械化操作和计算机应用，从而提高了农业生产效率；最后，控制变量中的产权制度和地理区域也对家庭农场有一定的影响，这是由于土地的产权对家庭农场的影响决定。另外，不同区域的经济发展和观念意识对家庭农场的培育也有不同程度的影响。

（4）对于农民合作社来说，人力要素方面的文化程度对其具有一定影响，这是因为合作社的运行需要有管理能力的人，需要一定的文化程度；在资金要素方面，政策性金融和商业性金融对其也都有正向影响，这说明合作社也需要政府的补贴和金融机构的财政支持，仅依靠自己的资金不能促进其很好地运行；在技术要素方面，技术指导和技术的种类都对其培育具有重要影响，这是因为合作社需要一定的外来技术指导，同时合作社也对技术的种类有一定的特殊需求，主要是加强其病虫害的防治技术、农产品加工技术的需求，通过合作社带动成员更好的致富；控制变量中的制度变量对合作社有显著的影响，不管是制度变量中的盈余分配制度、民主管理制度和自由退出制度都对农民合作社的培育具有正向显著影响，可见，如果合作社想要更好地培育，必须加大合作社制度建设，尤其是利润分配制度和民主管理制度，建立一定的监督机构，保障管理过程中的民主；除此之外，还要加大对自由退出机制的建设，这样有利于化解入社成员的风险意识，促进成员入社的积极性，如果不实行自由退出制度，一些社员就可能出于风险规避考虑，不愿意加入合作社，因此，合作社要加强制度改革和创新。

（5）对于种养大户来说，在人力要素方面，文化教育程度和健康状况对其培育具有显著影响，这是因为种养大户有一定的规模，需要有一定的资源配置和管理能力，另外，种养大户也是以家庭为单位从事的农业生产，也需要一定的体力劳作，健康状况对其具有显著影响；在资金要素方面，政策性金融、商业性金融和自有资金都对种养大户具有显著影响，这说明种养大户也需要一定的金融支持，特别是对政策性金融支持需求更显著，种养大户也是以家庭为单位，其也具有小农户的一些特点，对风险的规避意识很强，需要政府部门提供一定的资金补贴支持；在技术要素方面，使用机械化操作和采用技术的种类对其具有显著的影响，这也是由于种养大户具有一定的土地规模，使用人力不可能提高农业生产率，必须借用机械化操作，从而提高农业生产率，同时在技术采用方面，大多也是采用病虫害防治和良种栽培技术等提高农业产量；控制变量中的民主管理变量和地理区域变量都具有显著影响，种养大户也需要一定的管理水平，进而促进组织的快速发展。

第三节 本章小结

本章主要分析了我国目前的农村生产要素情况，主要对农村人力要素、农村金融要素、农村土地要素和农村技术要素的成效和困境进行了定性分析；然后采用多元 Logit 模型，从要素的角度，定量分析了我国农村要素对传统小农户和新型农业经营主体培育的影响。通过实证分析发现，不同生产要素的功能不同，其对各个农业经营主体的影响也不同。检验结果得知，人力要素中的文化教育程度和健康状况对大部分的农业经营主体都具有显著影响；金融要素中的政策性金融、商业性金融和自有资金对大多数的农业经营主体也具有显著影响；土地要素中的土地流转合同签订、土地集中和种地规模等都表现出不同的效果；技术要素中的技术种类对大多数农业经营主体具有显著影响，控制变量中的制度要素和地理区域变量也有不同的影响。从而根据实证检验结果，就可以有针对性地对不同类型的农业经营主体培育提供要素的支持，从而为下一章新型农业经营主体培育过程中生产要素的合理配置提供一定的实证证据。

第五章　新型农业经营主体形成机理与流程管理机制

上一章我们主要分析了新型农业经营主体培育要素的需求及影响。从分析中可以发现人力资本、资金、土地和技术等生产要素都对新型农业经营主体培育产生一定的影响，需要他们之间合理的配置，才能达到培育最佳效果。本章首先从要素配置和整合的角度对新型农业经营主体的形成机理进行分析；其次，对其复杂的形成过程进行流程分解，从而把复杂的系统分解成简单的流程，更有利于培育过程的控制和管理，有利于培育工作的顺利开展；最后，在流程分解的基础上，对参与培育的各个主体进行了角色分工，以及论述了在分工基础上实现资源的合作共享机制，以及参与主体之间的利益协调机制，保障培育工作有序地进行。

第一节　新型农业经营主体培育原则与目标

一、新型农业经营主体培育原则

（一）自愿原则

新型农业经营主体的培育必须尊重农民的意愿，不能实行强制手段或者政策迫使农民向新型农业经营主体转变。新型农业经营主体是当前生产力发展的产物，但是其顺利发展离不开传统农户的支持，要保持两者之间的适度比例。尤其是在培育家庭农场的时候，一定不能强制土地流转，要发挥一些已经培育好的新型农业经营主体的成效，刺激和带动传统农户意识的转变，从而促进他们参与到新型农业经营主体的培育过程中来。

（二）适度原则

新型农业经营主体区别于传统农业经营主体的一个主要特征就是规模化。规模化并不是一味地扩大生产经营规模，一定要把握好适度经营的原则。由于家庭农场发展受到农户知识、技术、管理水平、资金、信息等资源的制约，因此，一味地追求规模化的后果就是使其成本增加、管理加重、资金需求增加，如果处理不当，很容易造成资金链的断裂，最终导致新型农业经营主体解体，不利于新型农业经营主体培育。

（三）因地制宜原则

新型农业经营主体培育要根据不同地区的经济、地形、政策、人口等因素因地制宜。在一些实行山区，土地很难流转，很难形成规模化，这就难以形成像种养大户、家庭农场这样的规模化生产。因此，不能强制进行规模化生产，而是因地制宜培育合作社，多户农民进行合作经营，优势互补从而更有利于每一户农民的生产。

（四）坚持集约化经营原则

新型农业经营主体培育就是高效率、高产出地生产。集约化就是要投入较少的成本获得较高的产出，这就需要创新农业技术、加强农业科技人员的培训、重视农业机械化的生产研发，从而实行大规模的机械化操作，不仅节约了人力，而且可以解决粗放型的农业生产弊端。

（五）坚持以家庭联产承包为基础，统分结合的双层经营体制

家庭联产承包经营责任制度是适应当前生产力发展要求的。农户由于其血缘关系，在共同利益的目标下，更具有一定的团结力，这是其他组织所不具有的。另外，单个家庭经营也有其局限性，特别是大规模生产的时候，单个家庭很难完成，因此，需要多个家庭的合作，包括人力合作、资金合作等，因此，新型农业经营主体的培育不是否定家庭联产承包经营责任制，而是在此基础上的进一步优化发展。

二、新型农业经营主体培育目标

新型农业经营主体是适应当前生产力发展要求的，为了改善现在家庭小农经营农业生产的低效率，必须大力培育新型农业经营主体，让种地能手有更多的田地耕种，从而更有利于实现规模化经营，提高农业生产的效率。因此，我国在未来一段时间，要以培育新型农业经营主体为己任，按照工业化和城镇化的要求，

以家庭经营为基础，建立以种养大户、家庭农场、农民合作社和农业企业为代表的新型农业经营体系，通过生产要素的合理配置，实现农业生产的组织化、社会化、专业化和集约化生产，建立小农户、家庭农场、农民合作社和农业企业之间的协调发展。

第二节 新型农业经营主体形成机理模型

一、新型农业经营主体形成机理中的要素配置

新型农业经营主体的培育就是整个社会参与，科学合理地利用各种生产要素，优化各种生产要素的配置，从而达到培育的高效率完成。可见，在新型农业经营主体培育的整个过程中，农业生产要素是基本的资源，决定着新型农业经营主体培育的成功与失败，如在土地资源要素欠缺的地方就不宜培育家庭农场等大规模需要土地资源要素的农业经营主体，如果在技术要素和资本要素充裕的情况下，可以尝试培育农业企业经营主体。

新型农业经营主体的形成是各要素合理配置的结果。波特认为，当生产要素达到最佳配置时，各要素都达到帕累托最优时，该行业的竞争力最强，农业也是如此，当农业生产要素达到最优配置时，其竞争力也会增强。当然其中也有一些偶然因素的影响，如国家的政策和机遇等因素。在现代农业发展进程中，农业生产要素包括实体性要素、渗透性要素和组织化要素等。其中，实体要素主要包括土地、劳动和资本，它们是新型农业经营主体培育的基本生产要素，这些实体要素从空间上由传统小农户逐渐地向新型农业经营主体手中集中，从而相对以前的传统小农户来说，实体性要素的投入量、利用率和集约度都比较高。技术性要素主要涉及技术的创新和推广应用。组合性要素主要包括组织的规模、成员的教育、年龄以及管理者的水平等，它们是新型农业经营主体培育中的软要素。农业经营主体利用渗透性要素和组合性要素，优化着实体性要素的配置，从而提高了农业的生产效率，提高农业的市场竞争水平和抵御市场风险的能力，如图 5－1 所示。

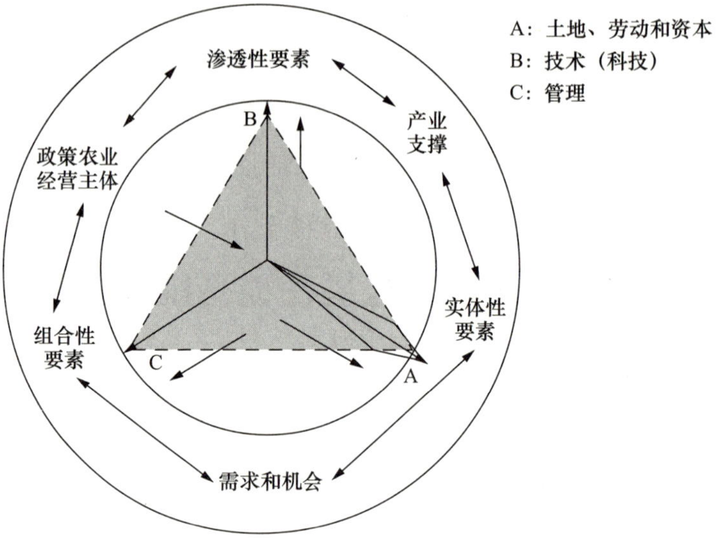

图5－1　新型农业经营主体形成机理

新型农业经营主体的培育需要各个要素的支持。其中，土地、资本和劳动实体性要素是新型农业经营主体培育的基本要素资源；农业科技等渗透性要素在新型农业经营主体培育中发挥着重要的作用，可以采用信息技术、耕作技术、育种技术、其他高科技技术等来提高农业生产效率，有利于土地、资本等实体性要素向新型农业经营主体手中集中；组织管理等组合性要素则发挥了管理者的职能，能够优化配置实体性要素和渗透性要素，合理安排人员的分工和职能的分配、组织结构的安排以及技术的运用，从而提高农业生产要素使用效率，促进新型农业经营主体培育。如图5－1所示，新型农业经营主体处于主体地位，是培育的对象，同时也是培育的主要参与主体，不仅直接从事农业生产劳动，而且负责各种生产要素的配置、农业技术的使用以及发挥在农业生产中管理功能的作用等，从而把实体性要素、渗透性要素和组合性要素形成一个系统，综合优化配置，把各种要素集中在一起，才能更大地发挥其作用。新型农业经营主体能够利用现有的技术、相关的管理方法和理论，通过各种组织形式，优化配置现代生产要素，参与社会化的分工，进行专业化生产，形成一定规模的现代农业生产组织。新型农业经营主体集中不仅内部建立了完善的作业生产制度、绩效考核制度，而且外部也建立了便捷的销售市场，更有利于农业产业链的发展。随着人们对农产品质量要求的加强，新型农业经营主体不仅要追求农产品的产量发展，更要对农产品的质量加以重视，创建一些品牌特色的农产品市场，充分发挥“品牌效应”。除此之外，国家和社会其他组织也要在培育过程中给予扶持，国家在新型农业经营主体培育中处于战略地位，要进一步通过制度手段强化新型农业经营主体的地位，通过法律政策和信贷支持。金融机构、技术部门、水利部门等社会其他组织也要对新型农业经营主体培育提供资金和物质方面的支持，为新型农业经营主体培育创造更多的“软”“硬”环境，把新型农业经营主体培育当作一个系统工程，各个参与主体要协调配合，共同合作，优化各种要素配置，从而确保新型农业经营主体培育工作顺利进展。

二、新型农业经营主体形成机理空间扩散模型

新型农业经营主体培育是一个系统工程，其孕育、形成和发展是在一定地域空间界面上完成的，并且需要一定的经济条件、政策环境和社会基础的相互作用和演化才能完成。新型农业经营主体培育需要在一个空间内完成，而且新型农业经营主体培育的好坏主要决定于这个空间的资源要素，从某种意义上来说，新型农业经营主体培育需要一定的空间载体。所谓空间载体，可以从广义和狭义两个层面来解释。从广义上来看，新型农业经营主体的载体空间是村域，包括村域内的经济、社会、文化、政治和生态组成的一个大系统；从狭义上来看，新型农业经营主体培育需要物质资源、人力资源、技术资源和制度资源的互相协调配置，从而形成新型农业经营主体的产权结构、组织结构、治理结构等内容，进而形成一个完整的新型农业经营主体。随着城镇化进程的加快以及新农村建设的发展，我国农村已经是链接城乡资源的一个系统，新型农业经营主体的培育不应仅仅局限在农村内部，还要在农村外部需求依托载体。

农业相对工业来说，具有其自身的特征，农业是自然再生产和经济再生产的统一，其生产需要更依赖于自然条件，同时也面临市场的竞争风险。农业的自然再生产受到气候温度的影响，具有一定的周期性，且周期一般较长。同时农业还受到土地资源的约束，不同地形和地貌适合种植的作物也不同。这就在某种意义上决定了新型农业经营主体培育要利用好本身范围内的空间资源，做到空间资源的合理整合优化，在此基础上向外进行扩展，合理利用村庄外的资源。虽然村庄在生产规模上呈现出狭小的特点，并且在村庄范围内生产其结构比较单一，作业的设备也比较落后，大部分村庄都是从事初级农产品生产，产业链较短，但是，村庄是一个集“自然—经济—社会”于一体的系统体系。目前农业的生产还是以家庭联产承包经营责任制为基础，成员之间大部分还是以家庭为单位，这就决

定了村庄仍是新型农业经营主体培育的主要空间载体。同时，随着新农村建设的发展以及城市化进程的加快，村庄已经不再是以前的封闭的空间，而是逐渐向开放性、信息化、组织化、规模化发展，逐渐加大了农产品的交易，村域空间逐渐扩大，慢慢地形成城乡一体化发展。可见，新型农业经营主体培育不能把空间范围放在村域范围，而要与城乡一体化和城镇化、工业化发展相融合，以村域空间为基础，向城市空间扩散，充分利用城乡资源，学习城市先进的文化、制度和技术，从而强化村域内相关要素的发展，才能促进新型农业经营主体健康发展。

因此，将村庄（村域）空间作为培育新型农业经营主体的基本空间界面，进而从经济、文化、社会、政治、生态“五位一体”进行设计，构建一个新型的农业经营体系。为了形象地说明新型农业经营主体空间扩散过程，我们构建了一个以村域空间为基础的新型农业经营主体空间扩散模型，为的是说明新型农业经营主体培育是一个综合技术、管理、要素配置一起的大系统，在培育过程中，要考虑以“文化—资源—技术—制度”的状况，以城乡一体化发展为战略，以新农村发展为契机，综合人流、物流、信息流、资金流，整合文化、资源、技术和制度等要素，建立一个集多功能、多形式、多目标的新型农业经营主体培育于一体的新格局（如图 5 –2 所示）。

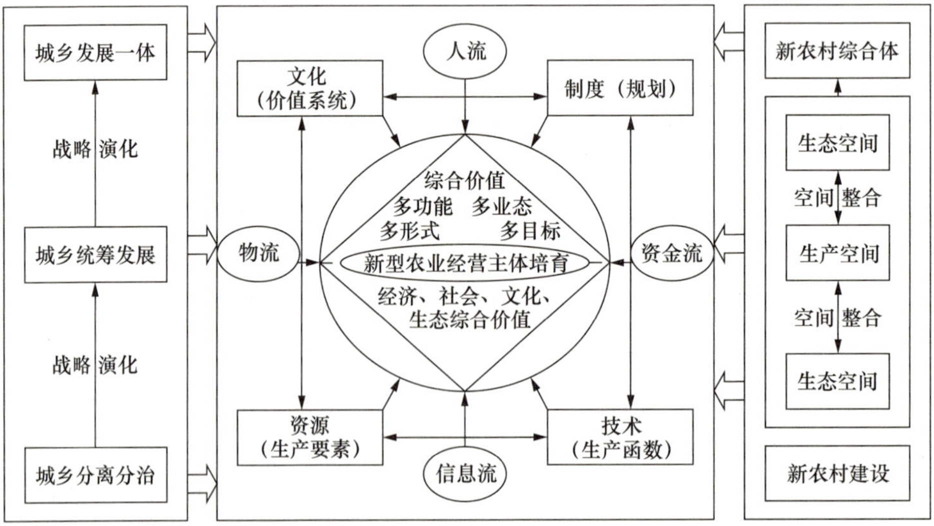

图 5 –2　新型农业经营主体形成机理空间扩散模型

传统小农户在向新型农业经营主体转换的过程中，涉及生产经营方式的转变、村域经济社会制度的变迁、市场经济主体的演变等发展状况，其中，村域空间内的人流、信息流、资金流和物流等组成了新型农业经营主体培育的重要动力。所以，要把握好现在的经济发展趋势，利用当前的环境政策，在工业化和城镇化的外在政策下，建立以村域空间为载体，逐渐向外延伸的新型农业经营主体发展模式，从而激活农村社会发展的活力。新型农业经营主体是一个“自然增长”的过程，同时也是一个“社会群体”活动，需要社会的各种力量进行支持，从而发挥各个群体在新型农业经营主体中的力量。可见，新型农业经营主体培育是以村域空间资源要素、规章制度和文化价值为支撑，并且在培育过程中需要政府部门以及社会组织部门的参与完成。政府部门主要提供一些法律支持、政策扶持等，包括土地产权制度及市场规制，同时也需要社会中的金融机构提供资金支持、保险机构提供相应的保险服务等。在工业化、城镇化发展的带动下，传统农户从农村走入城市，受到了城市先进思想的洗礼及城市先进技术的影响，他们回到农村就会改变过去落后的观念，愿意通过采用新的技术和管理方法来进行农业生产，有利于现代农业的实现。总之，我国新型农业经营主体培育就是在城镇化背景下，强化新农村建设，实现城乡一体化建设，从而改变传统落后的小农经营方式，确保农业稳定生产和粮食安全。把过去农村中的生产、生活与生态的“空间分割”转变到生产、生活和生态的“空间整合”“空间共享”的发展战略上来，利用空间之间的优势互补，从而逐渐形成运用“集聚效应”理论来指导农业发展，从而促进农村各种要素的培育发展，引起更多的人力、物力和技术向农村流动，提高农业生产效率，优化时间配置，从而实现新型城镇化与新农村建设齐头并进，协同发展。

从上面的分析可以看出，新型农业经营主体培育在空间上不局限在村域范围内，而是实现了城乡资源的共同开发和整合。因此，要想达到城乡一体化发展，除了要发挥城市的带头作用之外，更重要的还是要靠农村的内生化发展来解决，新型农业经营主体培育和新农村建设是分不开的。新型农业经营主体培育所需要的实体性要素，都是要通过在新农村建设中来提供，在新型农业经营主体培育中的渗透性要素也是要通过在新农村在建设中来研发。新农村建设优化了村域生产空间，不仅为新型农业经营主体培育提供了经济支持，而且也为其发展战略提供了方向上的指导。可见，新型农业经营主体培育与新农村建设是紧密相连的，在某种程度上可以看成是新农村建设的一部分，是以现代农业发展为目标，以现代农业产业为支撑、以先进的村庄建设或者较好的新型农业经营主体培育为榜样，加强新农村的示范片建设，进而从系统、整体、动态发展的观点培育新型农业经营主体。

三、新型农业经营主体形成机理的差异化分析

虽然新型农业经营主体培育具有相同的理论支撑，但是由于要素资源禀赋差异、文化价值观差异等因素的影响，其形成机理也呈现差异化过程。从新型农业经营主体的形成机理可以看出，新型农业经营主体的培育是集合人力、资本、技术、管理的一个系统的工程，同时其形成过程也是基于村域经济进行的一种生产方式、经营方式和制度体系变迁的过程，考虑到区域经济的差异、区域文化的差异以及区域自然环境差异等各种条件的制约，决定了新型农业经营主体培育方式的差异性。

虽然新型农业经营主体中的家庭农场要求一定的规模化，但是有些山区土地都是零散的，不能成片作业，不能进行家庭农场式的培育，因此，在这种情况下就不能为迎合政策，花费大力气和大成本去改造土地，使其成为可以培育家庭农场式的经营，这无论是从经济效益还是从生态效益来讲都是行不通的。因此，新型农业经营主体培育一定要做到“不拘一格，因势制宜”。“不拘一格”的意思就是在培育过程中，各种先进的经验方式都可以尝试，吸取国外新型农业经营主体培育的一些经验，借鉴国内一些先进城市的经验，只要是有利于当地新型农业经营主体的一些思想、管理方法、技术都可以使用。“因势制宜”是指根据当前的政策环境，考虑到各地的地势差异、培育形式和方法不能搞“一刀切”，要根据当地的地理环境、文化差异、经济基础、技术条件等因素，制定适合当地新型农业经营主体培育的模式。

第三节　新型农业经营主体培育流程管理设计

上一节分析了新型农业经营主体形成和空间扩散机理，以及在培育过程中需要注意培育模式的差异化。但是，要想有步骤、有条理地促进传统农户向新型农业经营主体转变，必须设计一套有效、可行的培育流程，从每一流程入手管理，使得复杂的培育过程变得有条理、有章法，更有利于培育过程的控制和管理。新型农业经营主体的培育过程，其实就是一个从传统小农户经营向组织化、规模化现代农业转变的一个过程。目前国内外文献还没有从流程设计视角来对新型农业经营主体培育进行系统的研究，因此，本节将从流程管理的视角

对新型农业经营主体培育流程进行分解，设计出有利于培育过程控制的、高效率运行的流程。

一、新型农业经营主体培育流程设计目标

流程管理作为一种管理体系，其主要思想是从流程层面来控制新型农业经营主体的培育。流程管理的过程可以分为认识流程、建立流程、运作流程和优化流程体系。到了20世纪80年代，计算机信息技术的飞速发展，为流程设计提供了技术支持和物质条件，这时产生了“价值链”“并行工程”等思想，这些思想的共性就是把关注的焦点由“流程的某一职能”向“跨职能的流程”转变，并且以信息技术和组织变革作为整个流程变化的推动器，从而追求流程业绩的改善。20世纪90年代，哈默（Hammer）提出了业务流程再造的概念，认为在组织发展中存在一些多余的流程，要想真正利用信息技术，就要重新设计流程，剔除一些不必要的步骤。后来哈默与钱皮（Champy）于1993年共同提出了业务流程再造理论（Business Process Reengineering，BPR）。业务流程再造的发展使人们更加关注流程管理，希望通过流程管理，达到提高效率和节约成本的目的。

蒙荷里·纳基认为设计就是一门艺术，是以某一目的和功能为基础，综合经济、心理、技术、社会等多种因素的艺术表现。新型农业经营主体培育流程的设计要明确培育目的与功能，具体做法是根据新型农业经营主体所处的环境与条件为基础，认清当前的优势、劣势、机遇与挑战，从而更好地把握新型农业经营主体的管理功能，从而设计管理流程。新型农业经营主体培育流程设计的目标是对实现新型农业经营主体的功能，发挥其规模优势。所以，其新型农业经营主体培育流程设计应按照科学管理规律，结合组织实际条件，将培育过程进行分解，从而将复杂的一个系统工程分解成有序的、分阶段的流程，这样做有利于对整个流程的控制，从而提高在新型农业经营主体培育过程中的部门分工、岗位设置以及它们之间的协调运作，这些动态结构的设计关系到管理功能的发挥，新型农业经营主体培育管理流程的设计要考虑到每个部门和流程的联系，建立一个从上级到下级目标一致、协调合作的新型农业经营主体培育机制，形成一个流程系统，从而更好地促进培育过程中的资源集约化、规范化的利用，提高组织整体管理绩效。新型农业经营主体培育管理流程设计操作层面的目标可以概括为以下六点：

第一，使新型农业经营主体培育各部门与岗位间的合作更加紧密，更加具有

可操作性。

第二，增强对新型农业经营主体运营过程中价值链增值活动的支持。

第三，在保证新型农业经营主体培育过程中部门与部门之间、部门与岗位之间的协作。

第四，在保证新型农业经营主体运行质量的前提下，尽量缩小新型农业经营主体培育时间，提高培育的效率。

第五，建立健全的新型农业经营主体培育考核机制，有效地调动员工的积极性，激发他们发挥更大的潜力。

第六，尽可能降低新型农业经营主体培育的成本，采用新技术，创新培育流程，从此促进新型农业经营主体培育的健康发展。

二、新型农业经营主体培育流程设计原则

关于流程设计原则的定义，管理学家给出了他们不同的观点，Krajewski 与 Ritzman（2007）认为，流程设计的原则主要有三个：一是设计表达意思要清楚，并且要根据实际情况进行设计；二是不能形成相互冲突的目标；三是流程间的顺畅性，保证物质和信息的流通。蒋志清认为，流程设计原则要考虑到环境要素，以顾客满意为中心，同时尽可能做到资源节约利用；彭东辉（2004）认为，流程构建的原则要以人为本，以顾客为导向，以流程为中心。周妮等（2005）强调流程设计要考虑到系统的完整性和有效性，注重流程之间的衔接性和连续性，发挥整个系统的作用；李宝山、王莲水（2010）提出了流程设计的三原则，认为流程设计要保证流程运行的有效率、职责清晰和富有弹性。基于以上文献，我们认为在新型农业经营主体培育流程的设计在简化、清晰、完整的同时，更要偏重实际操作，从而加强流程的控制，有利于新型农业经营主体培育。因此，借鉴刘建一（1995）的管理设计原则进行补充：

（一）适应性原则

新型农业经营主体培育流程设计的目的就是通过流程分解，是更有利于培育过程的控制。但是，由于新型农业经营主体包括种养大户、家庭农场、农民合作社、农业企业等组织，这些组织之间存在较大的差异性，如市场环境、组织结构、人力资源、文化氛围等方面都存在较大的差异，这些差异决定了新型农业经营主体培育过程不可能实行统一的流程设计，必须结合组织的特点，设计时要综合考虑组织的适用性，从而制定适应特定组织发展的管理流程。

（二）满意性原则

在管理理论中的满意原则是符合要求即可，不像经济学里面的追求经济利益最优原则，因为在设计管理流程时，很难找到最优的流程设计，除非把所有流程的方案都实践一遍，然后比较各流程的优劣，最后选择最优，但是，现实是不允许这样的。所以，管理流程设计只要达到满意原则即可，即一旦找到足够好的方案，就可以实施。新型农业经营主体培育流程设计过程中考虑到管理业务、部门分工和组织结构等因素设计，流程务必要求简约实用，对组织系统资源调控的细枝末节不可能面面俱到，满意性原则可以避免浪费一些追求最优原则的时间。

（三）串行原则

这一原则要求把多个分割的流程形成一个流畅的整体，从而有利于信息的交流和共享。新型农业经营主体培育流程中可以分割成几个阶段，如可以分割成准备阶段、设立阶段、运行阶段、评价阶段和优化阶段等，如何把这些阶段形成一个流畅的整体，需要统筹规划各个阶段的业务活动和流程安排，从而保证每个阶段之间做到流畅，虽然每个阶段都有各自的负责人进行完成，但是每个阶段的完成时间和质量，都决定着培育流程的时间和质量，可见，串行原则可以提高流程部门的同时作业，进而保证各部门之间的衔接，从而实现各个阶段同时进行，达到整体流程的顺畅。

（四）集体协作原则

新型农业经营主体培育流程管理涉及各个部门，不仅需要对新型农业经营主体内部组织管理，而且需要涉及政府、社会其他服务组织等不同的社会部门参与管理。随着管理学、经济学、运筹学、统计学等各种学科的发展，可以实现学科交叉，突出每个参与部门的特点，协同好各个部门之间的合作。新型农业经营主体培育流程设计不是单一个体而是一支跨学科队伍，包括许多各行各业专家，其培育过程要涉及经济学、管理学、社会学、生态学、运筹学、统计学等学科的融合和交叉，因此，新型农业经营主体培育流程设计必须是共同协作的一个集体工作，而非一项单独的个体活动。

三、新型农业经营主体培育流程设计思路

新型农业经营主体的培育流程设计思路是按照“目的—功能—因素—方法—结构”的逻辑关系进行构思的，这种逻辑关系不是单纯的线性关系，其中蕴含着不同环节的调整反馈过程，图 5 – 3 展示了新型农业经营主体培育流程管理设计的总体思路。

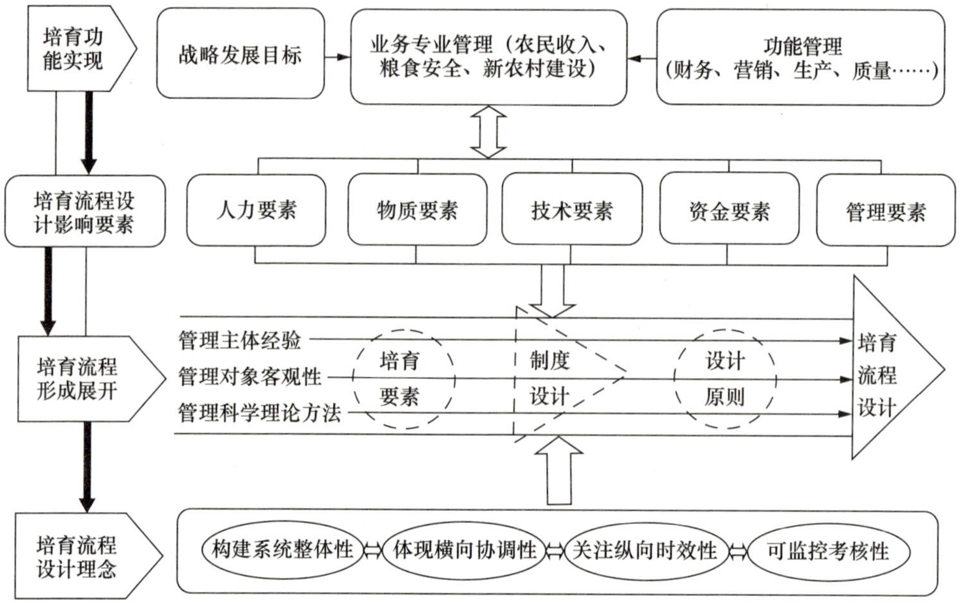

图5－3　新型农业经营主体培育流程管理设计总思路

第一，要考虑新型农业经营主体培育的战略目标，也是管理功能的实现。新型农业经营主体的培育战略目的就是改变当前效率低下的小农生产，从而培育有适度规模的、高效率的、组织化的新型农业经营主体，实现农民增收，保障粮食安全，推进新农村建设。

第二，在战略目标明确的基础上，分析影响新型农业经营主体培育的因素，主要包括实体性要素、渗透性要素和组织性要素等，具体包括人力资本要素、物资要素、技术要素、资金要素和管理要素等，培育的过程其实就是设计如何合理地利用和配置这些要素，需要哪些部门的参与，这些部门各自的职责是什么，如何建立他们之间的合作机制，以及利益联结机制确保他们能够长期合作，这些都是设计的主要内容。

第三，在目标和要素的基础上，选择合适的方法进行设计就成了关键。新型农业经营主体培育涉及经济、管理、社会、生态、政策等各个方面，运用的方法也不能单单局限一种，要涉及管理学方法、经济学方法以及运筹学方法，科学合理地配置各种生产要素，制定有效率的制度监督，按照设计原则，最终设计科学的培育流程。

第四，评价流程设计的好坏要看流程的整体性功能是否发挥，另外强调横向协调性和纵向时效性的统一，还有就是要考虑到流程的监督和可考核性。

四、新型农业经营主体培育流程管理构建

新型农业经营主体的培育需要社会多元主体的参与才能完成，不仅要有政府部门的制度设计、战略的指导、政策的扶持等，而且也需要企业、金融机构、技术指导部门等社会团体的参与，因此，新型农业经营主体培育可以看成是一个系统工程。虽然在实际操作中，其流程的划分并没有严格的界限，但是为了理论研究和管理需要，我们把培育过程分为了宣传阶段、设立阶段、运行阶段和评价阶段四个阶段。该流程的设计也是按照上一节思路进行安排的。按照流程管理设计的原则，考虑到新型农业经营主体培育中的要素配置、制度政策、组织结构、市场建设和治理结构等因素，为实现新型农业经营主体的功能，制订了新型农业经营主体培育的流程（如图 5 –4 所示）。

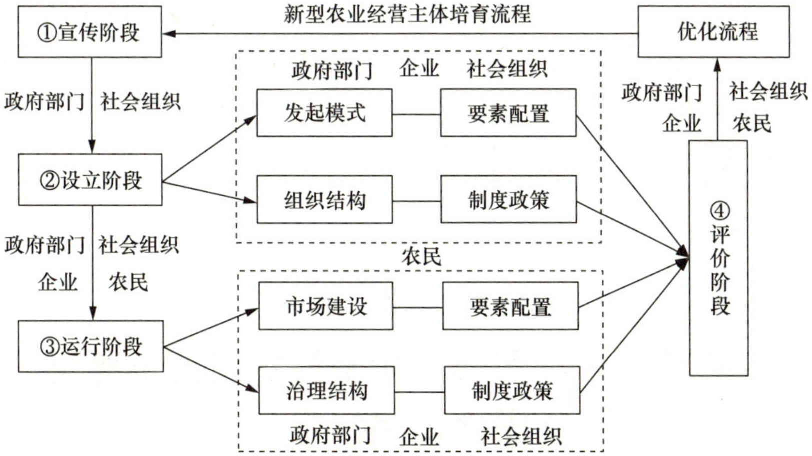

图 5 –4　新型农业经营主体培育流程的构建

首先，宣传阶段主要是为了让传统农户了解新型农业经营主体的相关内容，主要涉及新型农业经营主体的含义、类型和享受到的政策补贴，让传统农户从思想上意识到新型农业经营主体培育的必要性，在培育过程中和培育后可以享受到哪些政策的支持；从而激发传统农户向新型农业经营主体培育的意愿。宣传阶段是这个流程的基础，政府部门和社会组织要做好政策的解读和答疑工作，从而有利于改变传统小农的意识观念，解放传统思想，有利于新型农业经营主体的培育

发展。

其次，设立阶段是对新型农业经营主体进行身份的认定，是保障新型农业经营主体地位的制度保障，其设定应根据不同类型的新型农业经营主体而不同。一般种养大户不需要设定，家庭农场、合作社和农业企业都是需要设定成立，大部分都有设定的目的，就是为了规范管理，完善登记注册制度。这一阶段主要涉及的参与主体有政府部门、社会组织、企业和农民。政府部门在设立阶段要做好法律制定，尽量依据程序简单化原则制定设立程序，提高设立的效率和效果。

再次，运行阶段主要是新型农业经营主体培育后的发展如何选择市场，如何处理好新型经营主体与客户、供应商之间的关系，如何保证产品质量、如何实现利润，以及利润如何分配的问题。这一阶段主要解决的是新型农业经营主体培育后如何健康发展的问题，传统的“公司 + 农户”的运行模式显示出一定的弊端，是否可以有其他更好的模式进行选择，以及在相关的模式中的运行机理如何，如何更好地进行控制，这些都要通过契约或者股份形式加以强化。

最后，评价阶段主要是对宣传阶段、设立阶段、运行阶段的效果进行相应的评价，从而能够更好地对其流程进行改进，提高各个阶段人员的协调能力，优化资源配置，节约成本，实现更大的收益，从而进一步提高新型农业经营主体培育的效率。新型农业经营主体经营的好坏需要考核机制，其建立以后是否适应当地的发展，如果适合可以继续优化培育，考核的目的就是为了加以控制，从而更有利于新型农业主体培育的效率。

第四节　新型农业经营主体培育流程参与主体角色分工

一、培育流程中参与主体角色分工存在的问题

（一）职责和职权划分模糊，致使培育过程决策反应比较迟缓

在传统组织中，由于制度设计引起的多头领导阻碍了管理的高效率运行，违反了管理学中的统一指挥原则，在培育过程中很容易导致管理混乱的现象发生，不利于明确划分职责和职权。受制于责权利的影响，培育工作缺乏综合性协调管理，不同地区和部门在信息、资源、人力调动等方面不能信息共享，不能有效整

合资源，造成了设备和人力资源重复投入和大量闲置的现象，造成新型农业经营主体培育过程中部门之间职责不明，出现问题容易产生互相推诿现象。

（二）各职能机构基于自身利益来开展工作，部门之间信息交流较少，横向协调沟通不畅

传统组织所实行的分类别、分部门的管理模式容易引起资源的分散，不利于协调的开展，造成了部门之间信息的传递时间过长，从而阻碍了新型农业经营主体培育合作机制的建立，并且很容易产生全局性利益被局部性利益所影响。造成了在培育过程中整体协调性不足，信息互相分割，进而影响了信息的传递，降低了培育工作的效率。

（三）敏感性、灵活性和适应性不够，无法及时对培育中出现的新情况和新问题进行及时的决策处理

传统组织适合于应对常规情形，而对于一些偶然事件或突发事件的处理就不那么及时，缺乏对新环境、新情况、新问题作出正确的认知和决策，延误了各种流程环节中错误行为的处理时间，导致不利影响的升级和扩大、甚至引发一系列连锁反应，致使小问题升级为大问题，关系到新型农业经营主体培育的成败。

（四）地方缺乏必要的机理和制度化授权，无法有效地、主动地进行新型农业经营主体的培育

当前的组织管理层级具有很强的“命令—服从”的特征，权利集中于最高管理层，下级主要的工作就是服从和执行，缺乏必要的自主性。新型农业经营主体的培育需要有效的政府领导，也需要规范化的制度安排。随着各地区、各部门都在建立和完善新型农业经营主体相关政策法规，并将落实纳入干部政绩考核的内容，很容易出现下级部门被动反应，甚至出现消极等待、片面依赖上级指令的情形。

二、培育流程中参与主体角色分工遵守的原则

（一）系统全面原则

在传统管理模式下，往往存在着职责交叉不清、部门分割、条块分治等现象，这些现象导致了信息严重隔阂，增加了部门间的信息交流和决策时滞。因此，新型农业经营主体培育要改变这种现象，必须坚持系统的原则，以流程为中心代替以职能为中心的运行模式，并在此思想下设计组织的流程体系，认清流程中的关键性环节和辅助性环节，并建立流程的标准化通用模板。新型农业经营主体培育流程设计是以职能为导向的管理方式转变为以流程为导向的管理方式，会

让各个流程活动环环相扣，实现流程的衔接性，从而提高流程作业效率。

（二）管理中心下移原则

新型农业经营主体培育要做到职责和权限适当下放。传统管理模式的一个重要特征就是决策权和管理权高度集中，而对熟悉业务的一线人员和基层人员授权不足，一方面，导致信息点和决策时间过长，另一方面，降低了一线和基层人员工作的积极性。而且基层人员需要做决策时，需要上级层层申报审批，延缓了决策时间，不能及时处理信息和应对市场决策，造成了信息延误。因此，新型农业经营主体培育需要适度下放权力，从而保证流程的顺利进行，通过管理重心下移和对下属的有效授权，可以大大提高新型农业经营主体培育的效率。农业中最有经验的还是在一线作业的农民，对基层人员授权，让“最明白”的人承担更大的职责，更有利于其主动性的发挥，进一步提升新型农业经营主体培育效率。

（三）以事为中心原则

传统管理模式都是针对人负责管理，即要求下级对上级领导和上级部门负责，下级只需完成上级领导和上级部门交代的任务就行；而新型农业经营主体培育需要从流程优化的角度来重新设计，要求员工的思想认识和行为取向转变到对流程和结果负责的观念上来。传统新型农业经营主体培育组织容易让信息链延长，增加了沟通的时间成本。另外，也容易造成信息偏差，影响工作的质量。

（四）精简过程原则

此原则要求消除新型农业经营主体培育过程中的一些不必要环节，传统管理模式存在着决策链和信息链过长的现象，导致新型农业经营主体培育效率低下。在新型农业经营主体培育流程优化过程中，尽量减少上下级汇报、审批流程环节，上级部门对具体问题的了解比一线人员要少，凡事汇报给部门领导，由上级领导进行沟通和解决问题的方式，不仅会导致时间浪费，还会增加流程中的等待时间。因此，新型农业经营主体培育流程应该减少一些不必要的过程性环节，缩短培育流程链条，不仅可以节约资源，还有利于信息的传递，有利于提高培育效率。

三、培育流程中参与主体角色构成与职责分工

从新型农业经营主体培育流程可以看出，从宣传阶段、设立阶段、运行到评价阶段，每一阶段都涉及政府部门和服务组织的参与，他们在新型农业经营主体培育过程中起到重要的作用，因此，需要明确各自的分工，从而能够分清职责，不仅在培育过程中提高了操作效率，而且也有利于评价阶段分清参与主体的薄弱

环节，明确每一位参与主体的责任，达到更好的控制作用，从而为提高培育流程运转效率起到一定的促进作用。

（一）政府机构在新型农业经营主体培育中的角色

1. 新型农业经营主体培育工作领导小组

工作领导小组是新型农业经营主体培育的总机构，进行战略制定、指导和推动新型农业经营主体健康培育发展。其主要职责是：制定新型农业经营主体培育的政策措施、对新型农业经营主体进行战略的统筹协调，及时解决新型农业经营主体培育中遇到的新问题、新情况，及时做出应对措施。

2. 农业局

农业局是依法指导新型农业经营主体建设，制定相关农业发展的政策措施，并进行审核和监督的主管机构。农业局内与新型农业经营主体有关的部门有：计划财务科、农村经济体制与经营管理科、市场与经济信息科、农业机械化管理办公室、农业综合开发办公室、农技科和农广校等。其主要职责是：对农业进行中长期规划，另外负责新型农业经营主体的宣传、设立以及业务指导，并负责协调新型农业经营主体培育中部门利益和市场开发等。

3. 供销合作社

其主要职责是：指导合作组织搞好专业合作社、综合服务合作社的制度建设，调查统计汇总等规范化建设，及时向领导工作小组报告相关工作。另外，其在引导建设、业务指导、资金和项目扶持、农资供给和协助销售方面也起到积极作用。

4. 林业局

林业局负责拟定并组织实施本地林业发展战略、中长期发展规划，组织、指导森林资源管理、野生动植物资源的保护和合理开发利用以及组织开展植树造林和封山育林工作。

5. 水利农机管理局

水利农机管理局主要助耕新型农业经营主体以推动当地农机化事业发展、服务当地农业为宗旨，积极开展机耕、机收、机插、植保、机修、农技人员培训等服务，向当地农民传授农技新技术、咨询农技方面的相关政策，并对新型农业经营主体在资金、财税、技术等方面提供必要的扶持和服务。

6. 畜牧兽医局

畜牧兽医局主要履行对畜牧兽医行业的行政管理职能，开展畜牧业健康养殖技术培训，同时对新型农业经营主体提供一定的资金支持。

7. 工商行政管理局

工商行政管理局是与新型农业经营主体联系较多的部门。主要职责有：①注册登记科负责规范各类市场的经营秩序，对市场经营行为进行监督检查，查处市场一般违章违法行为；②合同管理科负责参与制定地方性商标广告管理的规范性文件；③市场消保科负责规范各类市场的经营秩序，对市场经营行为进行监督检查，查处市场一般违章违法行为。另外，其在新型农业经营主体培育过程中，起到加强宣传、法人登记、便捷服务、开展农村土地承包经营权的入股试点和市场开发的作用。

8. 财政局

财政局是管理财政收支、财税政策的职能机构。财政局依据有关政策指导、扶持新型农业经营主体的发展，具体措施有资金扶持，建立财务报表制度、加强培训和严格考评等。

9. 国家税务局和地方税务局

国家税务局和地方税务局主要承担行政区划内税收法律、法规的贯彻执行和税收征收管理及系统经费、干部任免、队伍建设、纪检检察等职责。另外，其在法律指导、扶持新型农业经营主体发展方面也有一定的作用。主要工作有业务指导、减免税费、提高服务和加强宣传等。

10. 农村商业银行

农村商业银行的工作主要有：明确重点扶持工作、明确贷款要素、明确贷款发放制度、提高服务质量、贷款优惠和业务指导。

11. 科学技术委员会

科学技术委员会的主要职责是邀请专家及“派驻科技特派员”等制度解决新型农业经营主体在生产中出现的技术问题；专门针对新技术、新产品和推广技术立项的扶持政策向新型农业经营主体倾斜；并对新型农业经营主体宣传相关的政策。

12. 扶贫开发领导小组办公室

扶贫开发领导小组办公室是负责扶贫开发工作的综合协调，主要是扶贫开发项目的立项、申报、落实和管理，协调社会帮扶、扶贫统计和监测等工作的职能部门。其在资金扶持、项目扶持和引导建社等方面都起到了积极的作用。

13. 国土资源局

国土资源局是主管土地资源、矿产资源等自然资源的规划、管理、保护与合理利用的职能部门。负责对新型农业经营主体的生产经营用地进行管理；在坚持土地使用者意愿的前提下必须以发展农业为主；不得改变原土地利用用途；若需改变农用地用途，必须进行农用地转用审批；土地所有权性质不能发生变化；禁止使用基本农田作为合作社非农建设用地等。

通过以上的论述可以看到，政府机构在新型农业经营主体培育中具有重要的政策制定和业务指导作用，另外在协调、宣传、资金支持、减免税费、贷款优惠、引导建设、技术指导、登记注册、农资供给、协助销售、市场开发等方面具有一定的积极作用，见表5-1。

表5-1 政府部门在新型农业经营主体培育中的主要职责

序号	部门／功能	政策制定	业务指导	协调	宣传	资金支持	项目扶持	减免费税	财税补贴	贷款优惠	引导建设	技术指导	登记注册	农资供给	协助销售	市场开发	其他
1	农民专业经济合作组织工作领导小组	√		√	√												
2	农业局	√	√	√	√						√	√	√			√	
3	供销合作社	√	√	√	√	√	√				√			√	√	√	
4	林业局					√											
5	水利农机管理局	√	√	√		√			√		√	√					
6	畜牧兽医业					√						√					
7	工商行政管理局	√	√	√	√								√			√	
8	财政局	√	√	√		√											
9	国家税务局	√	√	√	√			√									√
10	地方税务局	√	√	√	√			√									√
11	农村商业银行	√	√	√	√					√							√
12	科学技术委员会						√					√					
13	扶贫开发领导小组办公室					√	√				√						
14	国土资源局		√														

政府部门在新型农业经营主体培育过程中起到了战略规划的功能作用，其制

定的法律法规影响着农户的行为，如果政府部门制定有利于新型农业经营主体培育方面的政策，肯定会促进新型农业经营主体培育的发展，如果其战略方向或者政策制定不科学，不能对新型农业经营主体培育起到一定的激励作用，都可以归属于政府职能的低效性。所以，政府部门一定要科学合理地规划相关政策，制定有利于新型农业经营主体培育的战略方向。

（二）农民在新型农业经营主体培育中的角色

新型农业经营主体培育的参与"主角"是农民，如何发挥农民在新型农业经营主体培育中的作用，需要正确把握农民在新型农业经营主体培育中的角色。农民只有找准自己的角色，才能真正成为新型农业经营主体培育的主力军①。

1. 农民角色定位

第一，成为"主体"。新型农业经营主体培育需要农民的参与建设，农民农业经营的主体，更是新型农业经营主体参与的"主体"。传统农民可以培育成新型农业经营主体，如果没有农民积极参加，培育新型农业经营主体就失去了"载体"，成为空谈。因此，在尊重农民"主体"地位的同时，充分发挥政府主导作用，并且要正确处理好政府与农民、主导与主体的关系。政府既要尊重农民的主体地位，更要明确自身的责任和主导作用。既要满足农业生产中农民的需求，又要发挥农民自身的积极性和创造性。新型农业经营主体培育过程中要防止两种错误倾向：一种是过分依赖政府，忽视了农民自身的主动性和积极性，不能把农民放在新型农业经营主体培育的"主体"地位；另一种是过分强调农民在新型农业经营主体培育中的"主体"地位，而忽视了政府的主导作用，弱化了政府应该承担的职责。因此，要统筹好政府和农户的关系，做到政府引导、统筹计划、合理安排，把农民放在"主体"地位，从而做好新型农业经营主体的培育工作。

第二，当好"主角"。新型农业经营主体培育是党中央根据当前农业形式作出的战略规划，可以看成是党中央导演的农业发展战略"大戏"，农民作为农业生产的基层单位，理所当然地成为这场大戏的"主角"。充分发挥广大农民的作用，在生产中除了积极采用技术，包括信息技术、耕作技术等之外，还应充分把握好这次登台亮相的机会，抓住"表演"的机遇，充分领会"导演"（党委、政府）的意图，根据"剧情"需要，积极发挥自身的能动性，为新型农业经营主体培育贡献自己的力量。各级政府要搭好戏台（加大培育的投入）、编好剧本

① 赵留贯，王永明．农民在新农村建设中的角色定位和角色塑造［J］．安徽农学通报，2006（11）：1－2.

（做好培育规划）、做好“导演”主导作用，同时也负责“配角”的辅助服务工作，留给农民一些自由发挥的空间和时间，让农民自主地当好“主角”，内心喜欢自己的角色，从而唱好这场新型农业经营主体培育的“大戏”。

第三，做好“主人”。培育新型农业经营主体是中央根据“三农”问题的现状和国民经济的发展需求作出的一个重大决策，从中央到地方，各级政府都在积极地实施新型农业经营主体培育政策的宣传和引导。但是，大多数农民自身存在“风险规避”行为，都是对当前的政策持观望的态度，把自己当成了新型农业经营主体培育的“旁观者”和“局外人”，而不是从思想上积极主动地参与进去。新型农业经营主体培育对于广大农民而言，受益的都是农民自己，无论是从规模化、机械化的操作上，还是从农业企业带动就业效应来说，都是可以节省农民的劳动投入，增加农民的收入水平。因此，广大农民要转变传统观念，要以主人翁的身份加入到新型农业经营主体培育中，主动为新型农业经营主体培育出谋献策，形成培育的内部动力机制。

2. 农民角色塑造

前面我们谈到了农民的角色定位，由于当前农业生产力较低，农民在新型农业经营主体培育的作用并没有完全发挥出来，大多数农民的“基本功”还达不到做“主人”、演“主角”的标准，因此，需要进一步提高农民自身的“基本功”，发挥各级政府的积极作用，打造新农村建设平台，把农民塑造成与当前新型农业经营主体培育需求的农民相适应，真正把农民塑造成为担当新型农业经营主体培育“主体”“主人”和“主角”的重任。

第一，农民基本素质培育。新型农业经营主体培育的目标就是培育高素质的农业经营主体。把农村大量的人力资源转化为人力资本成为新型农业经营主体培育的重要任务。一方面，加强农村中小学教育，通过教师下乡支教、师范生到农村任教提升农村师资水平，提高农民的文化素质和知识水平，有利于农民学习先进的技术和搜集农业信息；另一方面，在农村开设与农业耕作相关的技术培训专业课程，让农民了解农业生产方面的基础理论知识和基本操作技能，同时破除迷信、弘扬优秀民间文化和良好生活习惯，抵制不良风俗，不断推进农村精神文明建设。

第二，农民就业创业培育。在引导农民适应新型农业经营主体培育思想观念的同时，积极加强对农民就业创业技能培训体系，树立农民的发展意识、创业意识、竞争意识和市场意识。这些都可以通过培训来使农民进行思想挂念的转变，培育一批懂技术、善经营、会管理的新型农民。充分发挥“农村教育培训工程”

的作用，在农村举办农业技术相关的培训，包括劳动技能培训，如机械化的操作、播种技术以及耕作技术等，另外加大农村创业的培训，让农民了解创业的流程，应该具备哪些条件，以及在创业过程中可以享受到哪些政策优惠，更重要的是要加强创业过程中的管理思想培训，丰富农民的头脑和知识，促进农村劳动力实现由“体力型”向“技能型”的转变。

第三，农民奋斗精神的培育。新型农业经营主体培育过程不可能一帆风顺，期间肯定会有一些挫折和困难，但是在党中央的大力支持下，通过农民自身的努力，相信肯定会取得成功。长期以来，农村普遍存在着“小富即安”“等靠要”“求稳怕乱”等小农意识，这种思想限制了农民的积极进取精神，不能有效发挥农民的积极主动性，影响了农民在新型农业经营主体培育过程中角色的发挥，阻碍了新型农业经营主体培育的进程。农民奋斗精神不同于物质，资金、技术缺乏可以从外面引进和借鉴，但农民的奋斗精神是骨子内部的，只能通过教育和培训，加强农民奋斗精神的培训教育，在广大农村倡导“诚信、自助、合作”的集体精神下，消除农民传统的依赖思想，从而为新型农业经营主体培育提供精神动力和智力支持，充分发挥农民自身的主观能动性。

第四，农村带头人的培育。新型农业经营主体培育的重点和难点在基层组织缺少带头人的作用。传统观小农的意识大多数都是被动的，他们需要有个领导者引领，才能发挥他们的作业劳动，因此要培育农村带头人的示范作用，带动新型农业经营主体培育工作的开展。一方面，要发展“能人经济”。致富能人是培育新型农业经营主体的先行者和骨干力量，更是新型农业经营主体培育的有力发起者。“能人经济”起到示范和带动作用，容易引起连锁效应，带动更多的人参与到新型农业经营主体培育建设中。另一方面，提高基层干部的领导管理水平。农村基础干部的管理能力决定着农业发展的动力，有效的管理可以激励农民更好地生产，综合利用农村的各项资源。所以，要把强化农村“能人”和基础干部的能力带头作用，合理利用农村资源，发挥能人和村干部的带头作用。

（三）农业服务组织在新型农业经营主体培育中的角色

1. 文化休闲组织

主要为满足新型农业经营主体成员的心理文化需求，在很大程度上与当地的传统文化相关，其组织形式不一样，有利于新型农业经营主体培育过程中的身心健康，保障新型农业经营主体人力资源的健康发展。

2. 社会服务组织

主要为新型农业经营主体成员提供社会服务，享受精神方面的服务。农村社会服务组织主要是包括一些民间组织、农村社区服务中心、老年协会、敬老院、老年公寓等，提高了新型农业经营主体的社会福利，维护了新型农业经营主体的权益。

3. 生产服务组织

主要为新型农业经营主体培育提供农机协会、农民技术、农产品行业协会等方面的服务。农机协会帮助农户代耕代种，还为农户提供代售机器零配件、维修保养等服务；如农民技术帮助农民提供技术培育和技术咨询服务；农产品行业协会帮助农户分析行业的市场、价格变动等，从而为其新型农业经营主体提供产前、产中、产后等多种形式的服务。

4. 环境卫生服务组织

新型农业经营主体培育更需要建设一个环境优美、生态和谐的新农村。环境卫生服务组织为村容村貌、医疗卫生提供了相关服务。如村庄垃圾收集，负责村庄的卫生处理；村庄主办的一些非营利性医疗诊所、疗养院等，为农民的身体健康和身体素质提供服务。环境卫生服务组织不仅为新型农业经营主体培育提供优良的环境卫生条件，同时也满足了新型农业经营主体培育过程中良好的身体素质需求。

5. 教育服务组织

为新型农业经营主体培育提供相关的文化教育服务，为新型农业经营主体培育提供政策理论的宣读、解释和宣传等。在加强了农民对国家政策理解的同时，又加强了农民的教育水平，对一些文盲水平的农民，也可以通过认字进行信息的收集，向农民传达先进的农业生产技术，从而有利于农业技术的推广和创新。如农村的培训学校和各种农业技术协会，还有一些科技服务中心、成人教育和职业培训等都属于教育服务组织。

6. 基础设施建设组织

主要负责对农村的水利、道路建设等提供服务，为新型农业经营主体培育提供便利的基础建设。如乡村道路建设，俗话说“要致富，先修路”，道路的畅通可以较快了解农产品市场的交易、信息的交流，有利于车辆运输，从而更有利于农产品市场的建设；还有水渠建设，是农业生产的必需物资，通过基础设施建设，为农业生产及农产品市场提供了便捷的服务。

7. 法律、财务服务组织

为新型农业经营主体提供法律咨询，了解相关的农业法律政策；同时还提供合同公证、纠纷调解和经济仲裁等方面的服务，方便了新型农业经营主体运行中合同的签订，及时地解决生产中的纠纷，保障了新型农业经营主体生产中的合法权益，有利于降低农业生产风险。同时还提供一些财务服务组织，向新型农业经营主体提供一些财政方面的惠农政策，为组织的财务管理提供一些技术支持。

8. 基金服务型组织

包括一些钱会、摇会、合会、教育基金会等，这些组织为新型农业经营主体培育提供资金方面的支持，同时还可以帮助小农户向新型农业经营主体培育过程中的设立和运营工作，在生产和生活上给予那些相对贫困的农民资金支持和帮助。

9. 权益维护型组织

为维护新型农业经营主体培育过程中的合法权益，保障新型农业经营主体的合法权益，有利于解决在新型农业经营主体培育过程中出现的利益冲突，建立相关的利益联结机制，从而加强了各流程和各主体之间的协作，调动新型农业经营主体的积极性，有利于新型农业经营主体培育的发展。

10. 其他

除了上述之外，还有其他一些新型农业经营主体培育的农村服务的组织，如一些农村保险服务组织，可以为农民投入一些生产中的保险，即使遇到自然灾害或者其他突发事件，也能让农民在生产中获得收益，这样就能让农民安心种田，有利于培育职业农民。

总之，服务型组织的职能就是为新型农业经营主体和传统小农户服务的，其主要特征就是“服务型”，即非营利性和公共性。农村社会化服务组织是为了满足新型农业经营主体对公共服务的需求而存在的，起到了防御风险、教育培训、配置资源、信贷服务、沟通协调、组织带动、精神娱乐和健康服务等多项服务功能。农村社会化服务组织通过对土地、资金、技术等要素的配置，优化了各要素之间的流动重组，促进了农业生产结构的优化，带动了农业主导产业的形成，推动了农业产业化经营，有利于新型农业经营主体的培育。

（四）企业在新型农业经营主体培育中的角色

新型农业经营主体培育不仅需要政府的财力、农民的动力、科技的撑力、市场的活力和部门的合力，更离不开企业的推力。当前参与新型农业经营主体培育的企业有两种：一种是非农产业的企业；另一种是与农业相关的企业。非农产业的企业可以吸纳一部分农村剩余劳动力就业，加快了土地流转，同时也让农民学到了先进的工业技术知识，有利于农业技术的创新；与农业相关的企业带动了农产品生产和加工业，也促进了农民就业，在参与新型农业经营主体培育中自身也得到了发展。企业在新型农业经营主体培育过程中的职责可以概括为以下五点：

第一，改善农业装备，提供资金支持。新型农业经营主体在作业过程中必须使用现代化的设备和先进的科学技术，从而加快传统农业向现代农业的转变。而实现这一转变，除了政府的财政支持之外，还要靠企业的鼎力相助，尤其是一些金融企业的支持。金融企业为新型农业经营主体提供一定的信贷支持，为新型农业经营主体培育中的物质设备提供了资金支持。

第二，推进农业产业化进程。企业为新型农业经营主体培育提供了广阔的市场，尤其是一些乡镇企业的发展，加快了农业产业化进程。乡镇企业大力发展农产品加工业，通过和农户签订合同方式，建立了农产品销售—加工渠道，一方面降低了农产品生产后的销售风险，另一方面增加了农民就业，延长了农产品供应链，提高了农民收入。企业还可以通过市场机制优化农产品品种培育，扩大农产品品种的种植面积，进而提高了农民收益。

第三，降低农业风险，解决农民就业问题，农业是一个弱质产业，不仅存在自然风险，而且存在极大的市场风险。其主要表现在：一是农产品难卖，农民增产不增收；二是农副产品价格极不稳定。大力发展农产品加工企业，可以利用市场机制，引导农民合理安排农业生产，减少生产的盲目性；另外，大力发展农产品加工企业，还可以增加对初级农产品的需求，解决了过去因加工能力不足引起的“供过于求”的问题。同时，延长了供应链，增加了农产品附加值，有利于农民增产增收。

第四，加强农村基础设施建设。企业的发展不仅为农村提供财力支持，而且为农村的道路、水利、电力、信息技术、自来水等基础设施得到明显改善。同时医疗、文化、教育、卫生等各项社会公共事业也有了很大程度的发展，企业的发展改善了农村落后的基础设施，尤其是交通方面的设施，加快了新型农业经营主体培育的进程。

第五，提高农民素质，促进农业技术的应用。企业的发展带动了农民就业，培养一批农民企业家，让农民在工厂感受现代工业技术的发展，从而改变了传统农业生产方式，提高了农民的素质。另外，企业通过资金支持和“以工补农”政策的实施，推动了农村教育事业的发展，为新型农业经营主体培育提供了较好的教育条件，提高了传统农户的文化程度和思想觉悟，从而在农业生产中有利于农业技术的创新和推广，促使传统小农户向新型农业经营主体转变。

第五节 新型农业经营主体培育流程参与主体合作机制

一、新型农业经营主体培育流程参与主体合作必要性

新型农业经营主体培育需要政府、农户和包括企业在内的其他社会组织（团体）等的共同努力才能完成，在各自分工的基础上，协调好他们之间的合作，实现要素的合理配置，从而更有效地培育新型农业经营主体。要想使生产要素在他们之间有效地配置，必须建立他们之间要素资源的共享机制，加强参与主体的合作，实现培育要素之间的合理配置，提高新型农业经营主体培育的效率①。新型农业经营主体是以政府为主导，农户为主角，包括企业在内的其他社会组织（团体）协同合作，通过政策法律、信息平台、科学技术、金融支持等途径，建立他们之间的长期合作与资源共享的关系。其中政府是培育过程的主导者，发挥着监督等职能；农户是主体，发挥着自身的能动性；企业和其他社会组织是培育的支持力量。在当前的市场经济条件下，必须建立参与主体之间的合作共享机制，要实现合作共享机制，就需要通过政府政策引导和机制安排，充分调动农户、农业企业、金融机构、农业技术研发机构、高等院校等各类参与主体的积极性和创造性，从而有利于不同领域、不同行业组织深度合作和开放创新，实现创新资源的整合、集成、开放、共享，达到政产学研有效协同运作的机理和方式②。在整个培育过程中，政府扮演着合作共享机制的顶层设计者和协调者的角色。在市场经济条件下，农户必须和企业、金融机构以

① 戚湧，张明，丁刚．基于博弈理论的协同创新主体资源共享策略研究［J］．中国软科学，2013（1）：149－154.

② 陈劲，阳银娟．协同创新的理论基础与内涵［J］．科学学研究，2012（2）：161－164.

及其他社会组织建立密切的合作关系，从而发挥自身农业生产的优势，提高农业生产效率。在培育过程中要重视合作的作用，从而使各个主体拥有的各种资源，通过合作机制来实现资源共享机制，促进新型农业经营主体培育的健康发展。

二、新型农业经营主体培育流程合作博弈模型

为了更好地说明各主体之间的合作机制，我们构建一个包括政府、农户、社会组织等组成的一个三方博弈模型，建立以政府为监管部门、农户与企业、金融机构等其他社会组织的合作博弈模型。

（一）模型的基本假设

假设1：假设政府、农户、社会其他组织在新型农业经营主体培育中的行为是有限理性的。由于行为主体的感知认识能力有限，它包括行为主体在获取、储存、追溯和使用信息的过程不可能做到准确无误，因此完全理性人是根本不存在的。

假设2：假设政府在新型农业经营主体培育过程中可以选择严格监管和不严格监管两种行为策略，设在政府部门机构群体中，选择严格监管策略的比例为 P_0，则选择不严格策略的比例为 $1-P_0$；农户可以选择合作和不合作两种行为策略，设在农户共享群体中，选择合作的比例为 P_1，则选择不合作的比例为 $1-P_1$；企业、金融机构等社会组织也可以选择合作和不合作两种策略，设在社会组织群体中，选择合作的比例为 P_2，则选择不合作的比例为 $1-P_2$。

假设3：假设农业、社会组织不利用合作资源获得的正常收益分别为 π_1 和 π_2，利用合作资源而获得的收益分别为 R_1 和 R_2（其中若只有一方群体选择合作，另一方选择不合作则获得的收益为 R'_1 和 R'_2），合作资源得到政府财政支持所获得的收益分别为 r_1、r_2，在合作资源过程中所付出的成本分别为 C_1、C_2，农户、社会组织若选择不合作，在政府监管条件下，获得的惩罚分别为 f_1、f_2；政府监管部门因农户、社会组织两个群体合作资源提高新型农业经营主体培育的收益为 ΔS，选择严格监管策略所付出的成本为 C_0。

（二）政府、农户、社会组织三方的收益矩阵

在上述假设之下，政府、农户、社会组织三方的收益矩阵如表5－2所示。

新型农业经营主体培育过程合作机制阐明了在政府监管下，农户和社会组织之间如何合理配置要素资源，实现资源在组织间的快速整合、集成与合作，加快

表 5-2 政府、农户、社会组织三方收益矩阵

<table>
<tr><td colspan="4" rowspan="2">博弈参与者</td><td colspan="2">政府监管部门</td></tr>
<tr><td>严格监管 P_0</td><td>不严格监管 $1-P_0$</td></tr>
<tr><td rowspan="4">农户</td><td rowspan="2">合作 P_1</td><td rowspan="2">社会组织</td><td>合作 P_2</td><td>$(\pi_1+R_1+r_1-C_1,$
$\pi_2+R_2+r_2-C_2,\ \Delta S-C_0)$</td><td>$(\pi_1+R_1-C_1,$
$\pi_2+R_2-C_2,\ \Delta S)$</td></tr>
<tr><td>不合作 $1-P_2$</td><td>$(\pi_1+R'_1+r_1-C_1,$
$\pi_2-f_2,\ \Delta S-C_0)$</td><td>$(\pi_1+R'_1-C_1,$
$\pi_2,\ \Delta S)$</td></tr>
<tr><td rowspan="2">不合作 $1-P_1$</td><td rowspan="2">社会组织</td><td>合作 P_2</td><td>$(\pi_1-f_1,\ \pi_2+R'_2+r_2-C_2,$
$\Delta S-C_0)$</td><td>$(\pi_1,\ \pi_2+R'_2-C_2,\ \Delta S)$</td></tr>
<tr><td>不合作 $1-P_2$</td><td>$(\pi_1-f_1,$
$\pi_2-f_2,\ -C_0)$</td><td>$(\pi_1,\ \pi_2,\ 0)$</td></tr>
</table>

新型农业经营主体培育效率的过程①。因此，新型农业经营主体培育在资源配置过程中，对于政府、农户和社会组织之间存在一个平衡公式，即在一定时间内政府选择严格监管策略，农户和社会组织选择合作策略付出的成本（C）和所获得的利益（R）的关系满足以下条件：

$$E_i(R)\geqslant E_i(C)$$

由此可知，在新型农业经营主体培育过程中，政府监管部门进行严格监管策略，农户、社会组织选择资源合作的必要条件为：

$$\begin{cases}\Delta S-C_0\geqslant 0\\ \pi_1+R_1+r_1-C_1\geqslant\pi_1\\ \pi_2+R_2+r_2-C_2\geqslant\pi_2\end{cases}$$

三、新型农业经营主体培育流程参与者博弈策略选择

（一）严格监管条件下农户与社会组织合作策略分析

完善的合作机制是新型农业经营主体培育的重要环节，政府部门一直在合作机制中起到监督的作用，是合作机制的主要驱动力量，是激活农户和其他社会组织的重要力量来源，因此严格的监管条件是影响新型农业经营主体培育过程中资源共享的关键因素②。在培育过程中，政府监管部门需要选择严格监管策略，通

① 何郁冰．产学研协同创新的理论模式［J］．科学学研究，2012（2）：165－173.

② 张铁男，陈娟．我国科技资源共享的制约因素及解决对策［J］．学术交流，2010（7）：131－134.

过制定必要的规章制度、政策法规来规范、鼓励农户、社会组织等创新主体参与合作，实现要素资源共享；通过建设合作机制，实现资源共享服务平台来降低培育过程的成本；通过税收政策优惠、专项资金投入来调动新型农业经营主体参与合作、资源合作的积极性。在严格监管条件下，农户选择合作和不合作策略的期望收益分别为 E_{11}、E_{12}：

$$E_{11}=P_1[P_2(\pi_1+R_1+r_1-C_1)+(1-P_2)(\pi_1+R'_1+r_1-C_1)]$$

$$E_{12}=(1-P_1)[P_2(\pi_1-f_1)+(1-P_2)(\pi_1-f_1)]$$

得到农户在监管条件下的平均期望收益 E_1 为：

$$E_1=P_1P_2(R_1-R'_1+r_1-C_1)+(1-P_1)(\pi_1-f_1)$$

当农户选择合作策略时，即 $P_1=1$ 时，得 E_{11} 的期望值为：$\overline{E}_{11}=P_2(R_1-R'_1+r_1-C_1)$

当农户选择不合作策略时，即 $P_1=0$ 时，得 E_{12} 的期望值为：$\overline{E}_{12}=\pi_1-f_1$

因此，农户选择合作策略与选择不合作策略的期望收益之差 ΔE_1 为：

$$\Delta E_1=P_2(R_1-R'_1)+R'_1+r_1+f_1-C_1$$

同理可得到社会组织选择合作策略与选择不合作策略的期望收益之差 ΔE_2 为：$\Delta E_2=P_1(R_2-R'_2)+R'_2+r_2+f_2-C_2$

农户和社会组织选择合作资源策略的条件是：$\Delta E_1\geqslant 0$，$\Delta E_2\geqslant 0$。

$$P_2(R_1-R'_1)+R'_1+r_1+f_1-C_1\geqslant 0$$

$$P_1(R_2-R'_2)+R'_2+r_2+f_2-C_2\geqslant 0$$

因此，农户和社会组织实现资源合作的条件是：

$R_1-R'_1\geqslant 0$；$R_2-R'_2\geqslant 0$；$f_1-C_1\geqslant 0$；$f_2-C_2\geqslant 0$ 同时成立。

基于前面的分析讨论，$R_1-R'_1\geqslant 0$，$R_2-R'_2\geqslant 0$ 显然是成立的，从 $f_1-C_1\geqslant 0$；$f_2-C_2\geqslant 0$ 中可得：在政府监管条件下，要在新型农业经营主体培育过程中参与主体的资源合作，必须经历两个因素的影响：一是政府监管部门对不积极进行资源合作的主体的惩罚力度 f；二是参与主体在资源合作中付出的成本 C。因此，一方面通过加大对不积极实施资源合作的参与主体的惩罚力度，另一方面通过降低参与主体资源合作的成本，从而提高农户和社会组织实现资源合作策略的概率。

（二）放宽监管条件下农户与社会组织合作策略分析

当政府建立相关资源合作服务平台以后，政府监管部门应该放宽对农户和社会组织的监管力度，根据政府导向与市场需求相结合的原则，让新型农业经营主体培育中的参与主体可以通过市场配置来实现合作机制运作。在放宽监管条件下政府与社会组织之间的期望收益 E'_1、E'_2 分别为：

$$E'_1 = P_1P_2R_1 - P_1P_2R'_1 + P_1R'_1 - P_1C_1 + \pi_1$$

$$E'_2 = P_1P_2R_2 - P_1P_2R'_2 + P_2R'_2 - P_2C_2 + \pi_2$$

农户和社会组织选择合作策略与选择不合作策略的期望收益之差 $\Delta E'_1$、$\Delta E'_2$ 分别为：

$$\Delta E'_1 = P_2(R_1 - R'_1) + R'_1 - C_1$$

$$\Delta E'_2 = P_1(R_2 - R'_2) + R'_2 - C_2$$

在放宽政府监管条件下，企业、高校院所选择合作资源策略的条件是 $\Delta E'_1 \geqslant 0$，$\Delta E'_2 \geqslant 0$：即 $P_2(R_1 - R'_1) + R'_1 - C_1 \geqslant 0$；$P_1(R_2 - R'_2) + R'_2 - C_2 \geqslant 0$

因此，在放宽监管条件下，得到企业、高校院所愿意选择资源合作策略的条件是：$R_1 - R'_1 \geqslant 0$；$R_2 - R'_2 \geqslant 0$；$R'_1 - C_1 \geqslant 0$；$R'_2 - C_2 \geqslant 0$

通过前面的分析可以发现，$R_1 - R'_1 \geqslant 0$，$R_2 - R'_2 \geqslant 0$ 是成立的；从 $R'_1 - C_1 \geqslant 0$，$R'_2 - C_2 \geqslant 0$ 中得：如果放宽政府的监管条件，新型农业经营主体在培育过程中要想实现合作，主要取决于两个因素，一个是农户和社会组织在资源合作过程中所获得的收益，另一个是农户和社会组织在资源合作过程中所付出的成本。如果他们获得的收益大于他们付出的成本，这时他们就会愿意合作，如果他们获得的收益小于他们付出的成本，这时他们就会放弃合作。因此，在新型农业经营主体培育过程中一定要注重双方的共赢，按照市场化的运作要求，在资源合作的过程中，增加各自的收益，并且能够在合作过程中积极利用现代的科学技术，积极发展现代化的信息平台，从而形成一个快速高效的合作信息系统。通过信息系统平台，可以根据新型农业经营主体培育的需求，合理整合各种资源，实现“谁合作，谁受益”的目的。另外，也要积极地发展一些中介组织，使得这些中介组织成为农户和社会组织之间联系的桥梁，成为联系资源需求方与供给方的枢纽，降低资源合作过程中的成本。因此，下一步我国要完善合作政策法规，保障资源合作权益秩序，搭建资源合作服务平台，降低资源合作风险成本，提高资源合作创新意识，从而实现新型农业经营主体培育过程中的资源合作机制。

四、新型农业经营主体培育流程参与主体利益协调机制

新型农业经营主体培育是多部门之间参与的合作系统，协调多元参与主体之间的协同合作关系是新型农业经营主体培育的关键。要协调好新型农业经营主体培育过程中多元参与主体协调合作，其本质就是为解决参与主体之间的利益冲突，建立新型农业经营主体培育过程中多元参与主体的利益协调机制。但是，如何保证多元参与主体在培育过程中坚持公共利益与私人利益的合理平衡，这就要

从利益机制方面建立他们之间的利益协调机制。也就是说，在新型农业经营主体培育流程管理中的多元响应能否顺利进行，在很大程度上取决于多元参与培育过程的主体之间能否就公共利益达成一致，相互冲突的私人利益能否得到动态平衡，如图5－5所示。

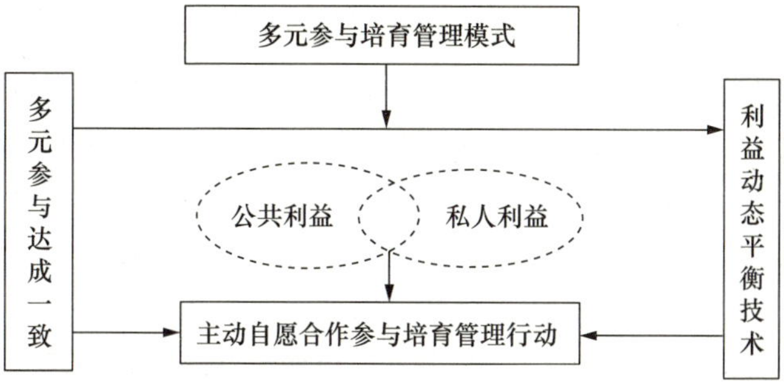

图5－5　新型农业经营主体培育多元主体参与利益协调机制

在新型农业经营主体培育过程中，各个参与主体都必须明确自己的职责分工，同时，合理协调公共利益与私人利益之间的矛盾。如在家庭农场培育环节，要正确处理土地转出户与土地转入户之间的矛盾；同时也要处理农户与政府之间的利益矛盾等，因此，有效的新型农业经营主体培育流程管理模式必须建立多元参与主体在培育管理中是否拥有合理的利益，如果有一方认为他们的利益受到不公平的待遇，这时候就会出现协调问题，进而影响整个培育流程的进展，也就损害了所谓的公共利益。因此在新型农业经营主体培育过程中，一定要实现各参与主体的预期利益，因为这是多元参与新型农业经营主体培育的行动动力。只有合理地对各参与主体的利益进行界定，新型农业经营主体培育流程中的多元参与主体才能主动参与、自动响应、自愿合作。另外，多元参与合作模式必须有相关的制定支持作为基础，参与主体可以通过立法的形式，规定各主体的权利和义务，以及在新型农业经营主体培育过程中应得的利益，允许参与主体的利益以合同或文件的形式表达出来；通过跨部门、跨行业的流程，管理者将政府、企业、社会团体等主要利益相关方有机地整合进培育流程管理中；更为重要的是，对一些利益协调也可以通过损益补偿机制克服培育过程的利益冲突，从而达到参与主体之间的利益协调，实现新型农业经营主体培育过程的多元主体协调分工合作。

第六节 本章小结

本章在介绍新型农业经营主体培育原则与目标的基础上，阐释了新型农业经营主体形成的机理模型，主要对新型农业经营主体形成机理中的要素配置以及空间扩散进行了模型构建，同时也对新型农业经营主体形成的差异性进行了简单的讨论。为了有效控制新型农业经营主体培育过程，对新型农业经营主体的形成机理进行了流程分解，实施流程管理，便于控制每一流程作业情况，从而更好地培育新型农业经营主体。另外，考虑到新型农业经营主体培育是一个系统工程，其培育过程涉及多部门的协调合作，其中主要包括政府部门、农户、社会其他组织和农业企业，明确各部门的职责，需要对其进行分工，并且在分工的基础上，又要使得每个参与培育的部门之间利益协调，从而形成一个作业有序、运行良好的新型农业经营主体培育系统。

第六章　新型农业经营主体产业化运作模式与利益联结机制

上一章我们分析了新型农业经营主体的形成机理和流程管理，本章将分析新型农业经营主体培育后的运行机理，主要对其运作模式进行分析和比较，从而得出运行过程中需要注意的几个问题；另外，为了保障新型农业经营主体的正常运行，我们对新型农业经营主体培育过程中的利益联结机制进行了探讨，在分析和对比现有利益联结机制的基础上，找出存在的问题，在此基础上提出了适应新型农业经营主体的利益联结机制的路径选择。

第一节　新型农业经营主体运作模式选择的原则

一、适用性原则

我国新型农业经营主体运行模式不能单一化，要根据各地的地理位置、地势和土壤结构，根据各地的经济发展水平和文化差异来选择适合本地发展的新型农业经营主体运作模式。但是，新型农业经营主体的运作模式一定要依托产业发展，解决传统农户与新型农业经营主体、新型农业经营主体与企业、新型农业经营主体与政府之间的利益关系，从而建立一个和谐的运作环境。如果没有一定的产业优势，就不会形成该地区或行业的发展优势，也就失去了新型农业经营主体培育的优势。因此，对于新型农业经营主体培育，不能简单追求新型农业经营主体数量上的发展，而应注重新型农业经营主体质量的追求，切实发挥新型农业经营主体的带头作用。新型农业经营主体运行模式要以农业发展为基本，又要考虑到本地文化、经济、教育、地理等各种因素的影响，制定适合本地发展的、各部门协调配合的新型农业经营主体运行模式。

二、有效性原则

有效性原则是指新型农业经营主体运行模式与当地的经济、文化、习俗等因素相互配比，能够适应当地的经济条件和发展，新型农业经营主体培育能够取得一定的成绩。考虑到各地的自然条件、经济发展水平，新型农业经营主体运行模式不可能同步完成，允许各地区之间存在一定的时滞性和差异性，但是，新型农业经营主体在培育过程中要做到以最小的投入获得最大的报酬，能够在短时间内取得较为显著的成绩，这就是新型农业经营主体培育的有效性。要想取得新型农业经营主体培育的有效性，必须根据各地的实际情况，进行分类指导，差别性对待，发挥各地的地区优势，从而使新型农业经营主体培育后能够健康发展运行。同时，要根据新型农业经营主体各类型的差异性，根据各地区的优势，选择合适的新型农业经营主体进行培育，从而提高其运行效率。总之，新型农业经营主体运行模式的选择必须在整体布局的基础上，把握好农业发展的趋势，以最小的投入获得最大的产出和收益。

三、可持续原则

可持续原则是指新型农业经营主体运行模式不能仅仅以经济指标作为衡量运行效果的唯一评价，也要考虑到生态指标、社会环境指标等因素。新型农业经营主体培育的目标就是要构建可持续发展的现代农业，不能新型农业经营主体培育好了，而运行过程中又与生态环境指标出现了不一致，这样就导致了培育的最终目的也是一种失败的培育。因此，新型农业经营主体运行模式一定要考虑到环境和生态的指标，在追求经济利益的同时，不能以牺牲环境和生态为代价而换取经济利益。新型农业经营主体在培育过程中得到了强有力的物质基础条件，思想观念应有环境生态保护的意识，有利于新型农业经营主体运行过程坚持可持续的原则。但是，要注意的是，新型农业经营主体运行模式坚持可持续性，并不是要求运行模式长期不变，而是可以根据环境的变化做出相应的调整。我国现有新型农业经营主体运行模式仍以政府主导为主，以社会公共产品的形式出现，培训体制和管理机制仍不完善。因此，要加强新型农业经营主体运作这个薄弱环节，建立一种以市场机制为主导的，政府起引导作用，企业和新型农业经营主体之间利益协调，共同协作、共同发展的新型农业经营主体运行模式。

第二节 新型农业经营主体运作模式的类型及特点

新型农业经营主体运作模式是指新型农业经营主体培育后进行经营，在经营过程中与企业、传统农户，以及新型农业经营主体之间建立的联结方式。目前我国新型农业经营主体运作模式常见的方式是“公司（龙头企业）+农户”模式，这是一种基本的运作模式，随着发展，又出现了“公司+中介组织+农户”的运作模式，以及股份合作制等运作模式。我们通过介绍其每一种模式的含义和特点，从而能够理解新型农业经营主体运作中更适合选择哪一种运作模式。

一、“公司+农户”型运作模式

“公司+农户”型运作模式是最基本的运行模式，它把农户与企业直接联结起来，以市场为导向，按照事先的约定（合同），农户将生产的农产品直接出售给企业，企业再对农产品进行加工和销售，从而形成了一个农工商一体化的产业链和一定程度上的“风险共担、利益共享”的利益共同体。在这一产业链条下，交易速度较快，这种组织模式是通过企业与农户直接签订农产品收购合同而建立起一种联结关系，在合同中明确规定了企业有偿（或部分无偿）向农户提供产前、产中、产后的各种生产要素，包括资金、技术、树苗等，并承诺产后收购全部或部分产品；农户则根据合同的规定生产符合龙头企业质量和数量要求的农产品，从而获得售卖农产品的收入（如图6－1所示）。

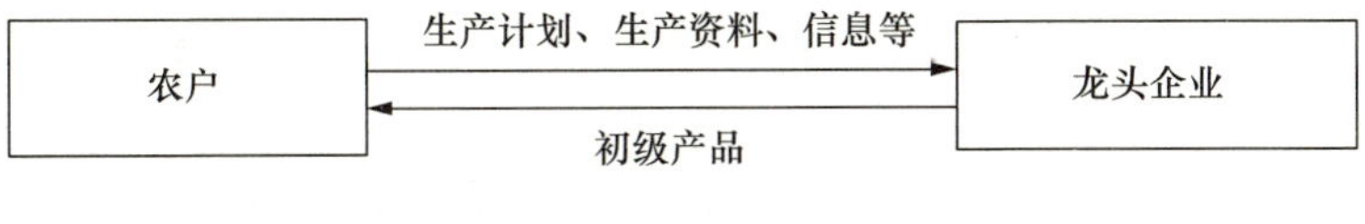

图6－1 “公司+农户”型运作模式

规模较大的企业还可以通过建立商品生产基地，由企业提供资金和技术，农户提供土地，企业与农户之间通过生产基地以合同形式相联结，农户在基地内进行生产。“公司+农户”的运行模式比较适合一些加工程度较高的行业，农产品生产后，直接出售给加工企业，如我们常见的一些蔬菜加工企业、牛奶加工企业，在运行过程中，企业一般是提供一定的技术支持，农户按照提供的技术进行农产品生产，生产完成后将农产品出售给企业。这种模式的特点是供应链短，信息交流快捷，另外，双方之间通过合同形式，有利于双方权益的保证，在出现利益冲突后可以通过合同约定来执行。

二、“公司＋中介组织＋农户”型运作模式

“公司＋中介组织＋农户”模式是在“公司＋农户”模式的基础上，中间多了一个中介组织机构。这是因为“公司＋农户”模式存在较大的市场风险，公司和农户双方存在一定的投机行为，虽然有合同约束，但是还是不能保证企业与农户之间利益的稳定性，为了提高他们之间利益联结的稳定性，农业龙头企业有必要借助中介组织的力量，把分散的农户组织起来，形成“公司＋中介组织＋农户”的模式（如图6－2所示）。

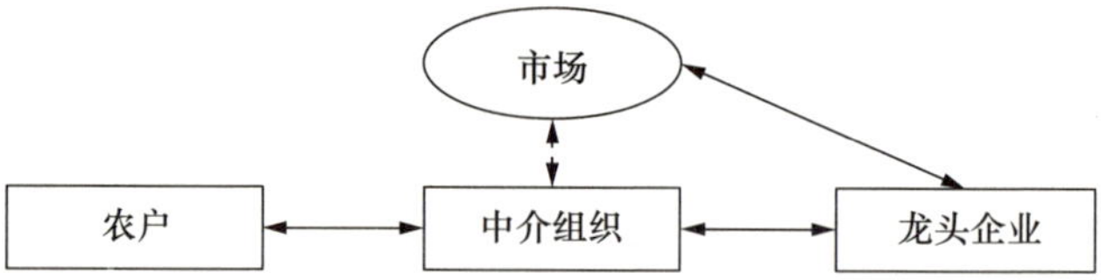

图6－2 “公司＋中介组织＋农户”型运作模式

这里的中介组织主要包括家庭农场、农民合作社、村经济组织、购销大户等组织或机构。这种模式的运作方式一般是企业分别与中介组织和农户签订相关的合同，农户主要从事的任务就是按照合同要求进行产品生产，在生产过程中企业通过中介组织与农户发生关系，为农户提供必要的服务支持；农户按照合同完成农产品生产后，有中介组织根据当初农户与企业签订的合同约定进行农产品的收购，然后中介组织将收购的农产品交给企业，由企业进行农产品的加工和销售业务，从而完成整个流程。这种组织模式增强了农户的组织化程度，通过中介组织的参与，不仅降低了农民与企业直接签订合同的风险成本，而且也可以有效地抑制企业与农户直接签订合同容易形成的投机行为。更为重要的是，“公司＋中介组织＋农户”更具有其自身的优势，比基本的“公司＋农户”模式，更能有效地规避企业在追求最大化利益的时候，对农户正当权利的剥夺。同时，也可以解决单纯的“中介组织＋农户”中的管理落后、技术较差的状况。因此，“公司＋中介组织＋农户”的运行模式使农民能够较快地实现经济增收，因而成为目前农

业产业化经营中最普遍最有效的模式之一。

三、股份合作制组织模式

股份合作制组织模式是通过股份合作的方式，即公司提供生产资料资金和技术等，农户提供劳动力、土地，双方以股份为纽带，形成“利益共享、风险共担”的合作制组织模式（如图6－3所示）。

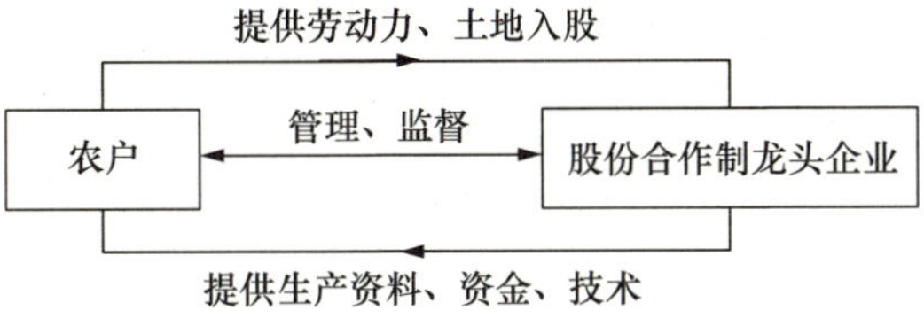

图6－3　股份合作制组织模式

股份合作制组织模式较前两者模式有以下几个基本的特征：第一，农业龙头企业不再是单独控股，而是由农户以入股的形式共同成为公司的股东。农户在参与过程中可以享受相关的收益，不仅从劳动中获取劳动报酬，还能从入股企业中获取企业的分红报酬。第二，由于农户是龙头企业的股东，和龙头企业有着一致的目标，同时再加上农户通过入股分红，大大降低了农户的投机行为和龙头企业对农民的利益剥夺，从而使组织在公平的情况下，运行有效率，实现了公平和效率的双目标，增强了组织运行的稳定性。第三，股份合作制模式还可以实现作业的规模化，农户入股后，成为了企业的股东，为了改变当前落后的生产条件，会建议企业实行机械化大规模地进行作业，提高了农业生产的规模经济，在规模化的同时也有利于实现专业化，提高农业生产的效率，达到农户和企业共赢的目的，从而使股份制运行模式更加稳定。

第三节　新型农业经营主体产业化运行机制

新型农业经营主体运行机制主要指在各运作模式下新型农业经营主体与农户及其他参与主体在交易合作过程中通过怎样的运作方式来实现各方的效率与公

平，并建立长期稳定的利益联结关系。新型农业经营主体要长期地发展运行，必须建立长期稳定的利益联结关系，必须要有一系列的约束机制和保障机制来支撑。

一、“公司+农户”模式的运行机制

（一）合同（契约）约束机制

在“公司+农户”的模式中，龙头企业主要是通过与农户直接签订农产品收购合同（契约）建立的联结关系。在合同中明确规定了龙头企业有偿（或部分无偿）向联结农户提供产前、产中、产后的各种生产要素，包括资金、技术、树苗等，并承诺产后收购全部或部分产品；农户则根据合同的规定生产符合龙头企业质量和数量要求的农产品，从而获得出售农产品的收入。在此模式中，企业不需要单独设置厂房进行生产，而是让农户直接在土地上进行经营，对企业来说节约固定资本，同时农户在合约中也获得了农产品生产后可以销售的渠道，因此双方通过合同约束机制进行了关系联结。

合同约束机制建立起农户与企业之间的合作关系，是农业产业化经营普遍采用的运行方式。合同机制为农户建立了保障机制，减少了农产品生产的盲目性，同时也解决了“销售难”问题；合同机制为企业提供了便利，企业可以按照合同约定到期收取农户生产的产品，降低了交易的风险。随着农业产业化的发展，合同（契约）机制也有了进一步的发展。龙头企业与农户之间的合作范围进一步扩大，不仅在生产领域，而且在加工领域也签订了有法律效力的合同，如农产品加工技术合同、资金支持合同等，可见，合同涉及的内容也日益广泛和深入，具体表现如下：一是合同约定了具体的收购价格和数量；二是合同规定了企业向农户提供具体的技术指导；三是合同规定了企业将一定比例的利润返还给农户；四是合同规定了具体的违约责罚。

（二）合同约束机制存在的主要弊端

作为独立的市场主体，公司与农户双方都追求自身利益的最大化。由于双方目标函数不一致，在信息不完全、不对称的条件下，易受机会主义驱动，再加上利益分摊比例难以确定，因此，“公司+农户”模式虽然双方有合同约束，但是这种模式产生违约行为是最常见、最典型的问题（李杨春，2010）。一是龙头企业违约现象严重。具体表现在：企业以市场价格发生变化为由，故意拖延甚至拒收农户的产品；有时候企业故意在农产品的质量方面找出一系列的理由来降低产品等级，从而变相损害了农户的利益。二是农户违约现象也时常发生。具体表现在：农户因不能完成合同规定的数量或者质量，无法达到合同要求的标准而产生违约行为，尤其是农户未按照合同约定的标准生产，仍然是按传统的种植和养殖方法，使产品达不到要求，这种做法不仅给企业带来损失，也使农民收入大大减少；农户会随着市场价格发生变化而违反与公司签订的合约，例如，当市场价格高于合同价格时，农户会向市场销售农产品，不是按照合同约定的产量销售给企业，而是报低产量；当市场价格低于合同价格时，农户又倾向于向企业销售农产品，他们会将亲戚或者朋友生产的合同以外的农产品充作合同产品出售给企业，致使合同所要求的产品质量得不到满足，使企业发展规划受到严重影响。另外，也存在一些投机行为，例如，为了追求利益，农户还会把企业提供给农户的资金、种苗等资源用作其他用途，甚至出售，而不是用在合同规定的方面，这让企业承担了额外交易的风险和投入成本难以收回的风险（咸春龙，江帆，2011）。

二、“公司＋中介组织＋农户”的运行机制

（一）“公司＋中介组织＋农户”运营机制的特点

中介组织的加入有利于解决“公司＋农户”模式下的违约和投机行为，能有效地保障农户的利益。一方面，中介组织处于公司、农户之间，是公司与农户联系沟通的纽带，是公司意图的传达者和贯彻者，同时也是联结农户的代言人。更重要的是，在“公司＋中介组织＋农户”模式中，中介组织充当了农户的话语平台，而在“公司＋农户”模式下，农户的谈判地位很低，基本没有话语权。中介组织代表维护的是农户的利益，且为农户争取更多的利益。中介组织在联结公司与农户的过程中起到了重大的作用，如在产前中介组织可以负责分配种植计划，并且负责签订合同，做好技术的培训工作；另外在产中对农户进行技术作业的指导，搞好技术指导工作；产后中介组织又负责把农产品收购上来，对其进行结算，保障农户的利益不受侵害。另一方面，中介组织能有效地协调与龙头企业的关系，成为促进龙头企业发展、带动农户的有效载体。“公司＋中介组织＋农户”这种模式是中介组织作为中间人，从中帮助企业与农户签订协议，同时中介组织与企业也签订协议。农户在生产过程中由中介组织进行指导作业，如购买生产资料、信息服务、技术指导等；农产品生产完成后又由中介组织按照合同要求对其质量和数量进行检验和收购，然后把合格的农产品交付给企业，企业再对农产品进行加工和销售，从整个过程来看，中介组织都起到关键的作用。中介组织的介入有很大的好处，不仅可以降低监督成本，而且可以降低风险成本。因为中

介组织代表着农户的利益，如合作社、家庭农场等都可以作为中介组织。中介组织由于对农户较为熟悉，从而交流方便，降低了交易成本和监督成本。另外，中介组织把单个的农户联合起来生产，扩大了生产的规模和交易规模，从而提高了在交易过程中的讨价还价能力，提高了违约胜诉的机会。同时，由于中介组织的监督生产，企业可以有充足的时间从事农产品的技术开发等工作，从而提高市场竞争力，有利于农业企业发展。因此，“公司 + 中介组织 + 农户”模式稳定了企业和农户之间的关系，更有利于模式的顺利进行。

（二）“公司 + 中介组织 + 农户”运行机制存在的弊端

由于信息不对称，“公司 + 中介组织 + 农户”模式中存在着利益博弈关系，其中占主导地位的是公司，其凭借自身拥有的信息技术和资金实力，能够及时地获取信息，同时凭借自己在交易中的主导地位，可以更换合作组织，处于博弈中的优势地位；而农户由于自身的特点，对信息的获取能力有限，不可能及时地获取信息，这样造成了与企业之间的信息不对等，从而在农产品交易中处于被动地位。这样就形成了公司与农户之间的不对等地位，从而导致了不对等的利益关系。

另外，从风险承担的程度来分析，农户也是处于劣势地位，相对公司来讲，承担更多的风险。公司由于拥有先进的技术、资本和管理能力，在信息获取和市场分析方面都具有很大的优势，在制定合同时，它们已经对未来的市场信息进行了比较科学的预测，从而在与农户签订合同时，把相关条款或者风险都会让农户多承担一些，这是由公司的主导地位决定的。农户如果不签约，那只能达不成协议，如果签约，农户也是处于劣势地位，被动地接受公司制定的交易价格；虽然中介组织可以起到一定的稳定协调作用，但是中介组织也存在着为自身利益牟利的意图，在交易过程中也是追求自身利益的最大化，从而在交易过程中也不能完全做到为农户利益考虑，农户不仅要承担与龙头企业合作的义务和风险，还要承担合作社经营不善带来的风险，同样增加了利益的损失。

三、股份合作制的运行机制

股份合作制运行模式是目前利益联结机制比较完善的产业化组织模式。在股份制运行模式中，企业与农户之间实行股份合作，其中股份的形式是多样的，形式可以根据企业和农户的优势进行选择。大部分企业在资金和技术方面具有比较优势，而农户在土地和劳动方面具有比较优势，这样两者就可以用各自的比较优势进行优势互补，从而形成“利益共享、风险共担”的合作机制。这样企业与农户之间就结成了利益趋向一致、目标一致的动力机制，并且他们之间以股份为纽带，可以解决投机行为和毁约风险。这样就形成了以企业为实体法人，农户和企业为股东的一个组织利益共享的运行模式。

股份合作制组织模式表现出很大优势：第一，有效保障农户和龙头企业的利益。企业股份制中获得了其稀缺的土地和劳动力，而农户股份制中获得了先进的技术和管理水平。第二，有效地促进农户与企业合作关系的稳定。由于他们之间的合作关系不是建立在简单的契约关系上，而是通过股份制建立起利益目标一致的合作关系，这就杜绝了投机行为和毁约行为，从而使得两者的关系更稳定。第三，股份合作模式由于实行股份制经营，可以有效地聚集资金和劳动力，从而有效地扩大了企业的规模，更有利于规模经济的发挥，实现企业大规模的生产和加工，有利于机械化操作的实现，同时能有效地实现农业企业的大规模生产加工，可以使用更先进的机器设备，带动了农户就业，解决了土地流转农户的生活问题，形成了新型农业经营主体培育的良性循环。

四、运行机制需要重视的问题

（一）运行机制要选取合适的协作方式

新型农业经营主体在运行过程中要和其他社会组织形成有效的协作方式，主要采取合并、合资、合同、战略联盟等方式进行协作，而协作是有成本的。若实行内部合并，往往有较高的组织与控制成本；若实行合同、合资等市场交易方式，往往有较高的交易成本。根据间接定价理论，当经营主体认为劳动的交易费用高于分工收益时，将会选择合并的方式；当经营主体认为劳动交易费用低于分工收益时，将会选择合作、合资等方式。当前我国各新型农业经营主体间主要是以各种协作方式为主。在各新型农业经营主体间功能整合过程中，应根据各自的实际情况选取合适的协作方式，以降低协作成本，增加协作收益[①]。

（二）运行机制要追求模式多样化和适应性

新型农业经营主体运行机制应根据当地资源禀赋、生产规模、农业劳动生产率水平、农产品的生产经营特点进行相应的调整。随着农业产业链条的延伸，整合模式中各经营主体间的合作程度也将不断提高。如在产业化经营的初期一般有“涉农企业＋农户”“合作社＋农户”“经营性农业服务组织＋农户”的基本整合

① 李明贤．新型农业经营主体的功能定位及整合研究［J］．湖南财政经济学院学报，2014（6）：113－121.

模式，各模式将“小农户”与“大市场”结合起来，在方便农户的生产生活，带动农户致富方面发挥了重要作用。但随着市场环境的变化，各基本整合模式并不稳定，存在机会选择和动态环境的问题，如在“涉农企业 + 农户”模式中，涉农企业与散户的谈判成本较高，企业、农户的违约成本相对较低，契约的执行难度大。在“生产型合作社 + 农户”模式中，由于受制于资金的不足，难以有效扩大生产经营规模，农产品也面临销售难的问题。“经营性农业服务组织 + 农户”模式中，由于缺乏有效的监督，难以保证经营性农业服务组织的服务质量。解决问题的途径之一就是调整功能整合模式，如加入新的元素，形成“经营性农业服务组织 + 涉农企业 + 合作社 + 农户”模式，涉农企业与合作社进行交易，可以有效降低交易成本，同样还有利于合作社对农产品质量的监督与控制，保证农产品的销路，提高农户的交易地位，有利于改善经营性农业社会化服务机构为合作社提供农资、技术等服务的质量。

（三）运行机制要建立在利益联结机制的基础上

新型农业经营主体运行模式稳定的关键在于各经营主体能够形成利益共同体，在分享合作剩余上能够达成一致。既不能片面强调涉农企业对农户实行利益保护，因为这在一定程度上将削弱涉农企业的市场竞争力，也不能片面强调涉农企业自身的利益，否则将不利于契约的稳定性。如果在整合模式中合作各方没有形成“风险共担、利益共享”的机制，一旦遇到农产品市场价格波动，则受害方往往不承担义务，易造成双方利益冲突。因此，要维持契约的稳定性，契约不仅要具有完备性，还应有一定的柔性成分，以提高契约的适应性，能够自主地适应市场环境的变化。如实行市场价格收购，但年底实行利润分成，合作各方共同承担市场风险①，因此必须要建立利益联结机制。

第四节　新型农业经营主体运作过程中的利益联结机制

新型农业经营主体运行过程其实就是一个利益协调的过程，忽略或者偏重任何一方利益，都会形成不稳定的利益关系。新型农业经营主体在运作过程中要处

① 沙志芳．农业产业化发展趋向分析［J］．宏观经济研究，2006（2）：45－48.

理好农户与企业之间、新型农业经营主体与企业之间、农户与新型农业经营主体之间的利益关系，从而更好地对新型农业经营主体进行培育。要协调好各个主体之间的关系，就必须建立各主体之间的利益联结机制，从而实现运行过程中参与主体之间的共赢。

一、利益联结机制存在的模式

（一）买断式

买断式利益联结方式是指农业龙头企业与农户之间进行的一次性收购，这种收购方式一般是一次性收购，并且双方之间不签订任何合同，是农业龙头企业与农户之间利益联结的初级形式。他们之间可以进行自由的买卖，并且价格也是随行就市。农户为企业提供农产品，企业根据市场价格进行收购（如图6－4所示）。

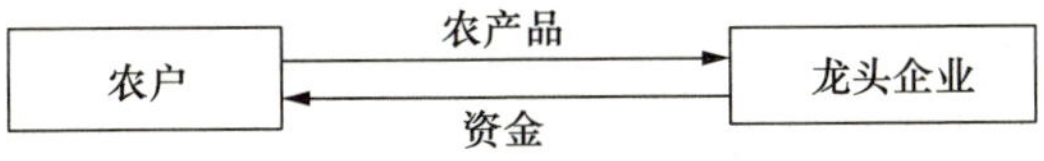

图6－4　买断式利益联结机制

从图6－4中我们可以看到这种简单的利益联结机制模式是以市场为纽带的，并且形成的这种模式也较松散、不稳定。可以说这种模式就如同市场中的自由买卖一样，纯粹是进行市场交换关系，双方没有签订和同，没有明确的责任和履行的义务，因此，这种模式不能消除一些风险，农户也是独立进行农业生产，承担生产和销售风险。农业龙头企业承担农产品货源不稳定和产品质量安全等风险，交易结束后双方不再有任何的经济联系。

这种利益联结机制的主要优点是灵活性。农户与农业龙头企业不需要受到合约的束缚，随时可以建立交易关系，并且价格也是随着市场价格的变动而变动。由于不会受制于具体合同的严格规定，因此，在一定程度上解决了龙头企业的货源或原材料来源以及农户“卖难”的问题。由于这种模式不签订合同，在某种程度上降低了农产品的交易成本，另外，农户与农业企业之间杜绝了违约行为的发生，双方不存在推卸责任的说法。但是，这种模式还有其缺点，由于没有合同的约束，这种一次买卖很容易产生利益冲突，并且在农产品的生产、加工和销售等环节也缺乏内在联系，两者的利益关系不稳定。但是从整体来看，企业相对农户来说，还是利益的主导者，农户是被动者，处于利益的劣势。农业龙头企业在交易过程中对农户的利益贡献有限，对农户的带动作业也是局限在一定的范围内，从某种意义上来讲，这种联结方式不能称之为真正意义上的利益联结，只能称之为一次性买卖。但是作为一种形式，也是属于利益联结的初级形态。

（二）合同式

合同式利益联结机制是农户与农业企业之间通过合同建立起的一种利益联结机制，最常见的就是“公司 + 农户”组织形式。合同式利益联结机制的主要纽带就是合同，在合同中明确了企业与农户之间的权利和义务，以及交易的事项、利益的分配等。一般情况下，合同式的利益联结模式实现时就已经确定了交易的数量和价格，从而减少了不确定性风险。但是正是这种不确定，会带来后面出现的行为。农户与企业之间签订的合同是建立在平等、自愿、互利的基础上的，因此他们有很大的合作愿望和需求，一般不会轻易违约，从而有利于双方之间利益的稳定。双方只是按照合同约定履行自己的职责，双方是处于同一平台上，不存在隶属关系，所以在合同的订立、履行和违约方面都是处于平等的法律地位。可见，合同式相比较买断式具有更稳定的利益关系，农户与企业都在签订合同的同时，获得了利益，农户获得了企业的资金支持和技术指导，而企业获得了农户的土地和劳动力支持（如图 6 –5 所示）。

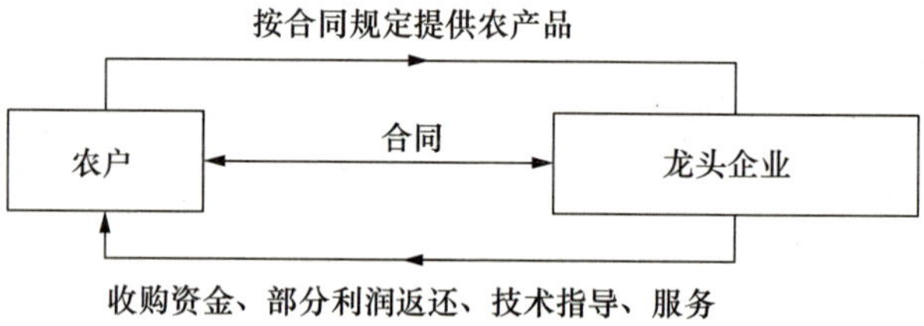

图 6 –5　合同式利益分配机制

合同式的利益联结模式具有很大的优点：一是农业龙头企业获得了农户提供的农产品，由于这种交易是在合同的法律约束下进行的，因此，农业企业可以得到稳定的农产品供给，以及在合同中要求的质量和数量，节省了因为缺料停工现象的发生，节约了大量的时间成本，降低了市场风险；二是农户也可以通过合同的方式，以自己的理想价格出售自己生产的农产品，减少了不确定性的发生，因此在一定程度上降低了交易成本和市场风险，同时农户也获得了技术的指导，提高了粮食产量和质量，更有利于提高农民收入水平。总之，合同式利益联结模式是有效率的，可以激发农户生产的积极性，同时降低了市场风险，提高了收入水平。

但是，合同式利益联结机制也有其弊端。其中最主要的弊端就是这种利益联结不是完全的对等，或者说信息是不完全对称的，信息的不对称造成了利益联结的不稳定。相关资料显示，大多数的企业在制定合同时，掌握的信息都要多于农户掌握的信息，并且在合同签订的时候，好多条款都是有利于企业方面的规定，这样一些市场风险就留给了农户，造成了合同规定的利益不协调或者不对等，容易出现利益冲突，造成合约不稳定，严重的后果就是其中一方进行“毁约”。另外，从经济学的角度来分析，农户与农业龙头企业都是理性的，他们都是追求自身利益的最大化，并且他们都是机会主义者，在市场行情正常的情况下，合同可以正常地履行，但是市场行情一旦发生波动，一方认为自己的利益受到损失时，就会退出合同，这样就出现了毁约行为，产生了契约风险。因此，合同式利益联结模式也要有选择地使用，也具有一定的适用性。

（三）合作式

合作式利益联结方式是通过中介组织把农业企业和农户联结起来，通过中介组织可以合理地协调农业企业和农户之间的利益关系。因此，这种利益联结方式最主要的模式就是“公司＋中介组织＋农户”的形式，通过中介组织，如合作社、农业协会等方式，可以把农村一些分散的农户集中在一起，从而进行大规模的作业生产，形成一些生产基地与企业进行合作，形成了农业产业化经营。另外，通过中介组织形成的农业企业和农户之间也是以契约的形式建立合作关系，因此，这种模式具有“公司＋农户”模式的优点，同时也可以弥补“公司＋农户”模式中的农户被动地位，这时候中介组织代表农户的利益，所以在农户与企业进行谈判过程中，不是单一农户，而是多个农户之间形成的中介组织与企业进行谈判，所以谈判的力度和能力比单个农户力量要强。中介组织在这一模式中充当了联系农户与龙头企业的桥梁，龙头企业与中介组织之间签订协议，中介组织按照协议规定的数量和质量，把农产品给龙头企业，龙头企业把一些技术和利润给中介组织，中介组织再把相关的利润返给农户，这样就形成了图6－6中所示的合作式利益分配机制。

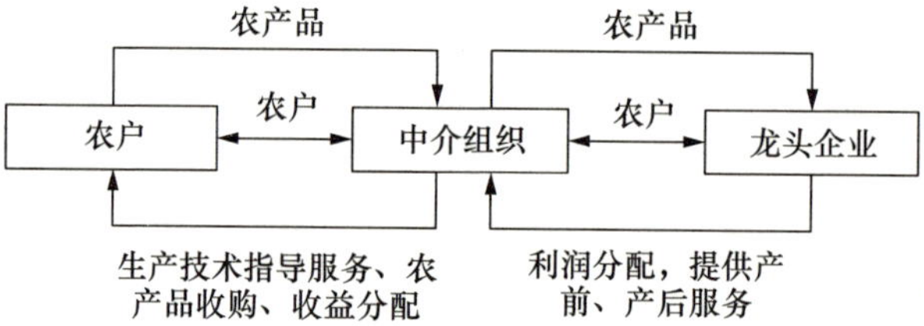

图6－6　合作式利益分配机制

合作式利益联结机制的优点在于企业化经营与组织民主性相结合。首先，这一模式利用了农业企业的企业化经营，可以利用企业先进的技术和管理经验来指导农户生产，还可以利用中介组织，如合作社组织的民主性优点，把一些分散农户集合在一起，形成更强大的生产力，便于了解规模化生产和机械化操作，有利于技术的采用和思想观念的革新，更有利于他们之间利益关系的稳定，是有效率的模式。一方面，这种模式保证了各方利益的平衡，农业企业可以利用集合农户劳动力、土地，这样节约了自己建设厂房和招工的成本，更重要的是保证了原材料的持续供应，保证生产的顺利进行；另一方面，农户在生产中得到了企业提供的技术和管理支持，提高了生产效率，降低了交易成本。另外，中介组织可以在一定范围内约束农户的行为，减少了农户投机行为的产生，减少了市场风险，便于管理；此外，中介组织代表农户与企业进行谈判，改变了单一农户谈判的弱势地位，可以让农户真正地坐到"谈判桌"上，缩小了农户与农业企业之间的不对等地位差距，分享农业企业带来的收益。

但是，合作式利益联结模式也有其不足之处，主要表现在：虽然通过中介组织缩小了农户与农业企业之间的不对等地位差距，但是这种不对等也是在一定条件下存在的，农业企业由于自身拥有的资金、信息、技术、市场等优势，在利益联结过程中，始终是处于主导地位的，占有很大的谈判优势，这就很容易在契约条款中出现不利于农户的一些条款，如价格方面，农业企业会尽可能地压低价格，还有就是一些风险方面，出现质量问题由农户承担较多一些；另外，农户、中介组织、农业企业之间存在信息不对称现象，导致彼此不能及时沟通，在一定程度上影响了运行效率。

（四）企业化形式

企业化利益联结模式主要是通过垂直一体化的经营把农户与农业企业之间联系起来。这种模式是指农业企业生产、加工和销售等环节，每一环节的完成都在农业企业内部进行。农业企业为了实现生产、加工，需要农户的参与。这时农业企业就会和农户进行协商，让农户加入企业的生产和加工过程，从而形成了农户参与的农业企业发展。在企业化利益模式中，农户可以把自己的土地租让给企业，而且农户可以成为企业的员工，自身还可以在土地上从事农业生产劳动，这样不仅可以获得地租，还可以获得企业的报酬，增加收入来源；企业在这一模式中也是利用了农户的劳动力，节约了雇工的成本，而且可以把土地集中作业，可以充分利用自身的技术和管理优势，发挥土地规模经济，并且生产出的农产品质量可以及时地监督，保证了产品质量，有利于品牌的建设。由此可以达到双赢的目的（如图6－7所示）。

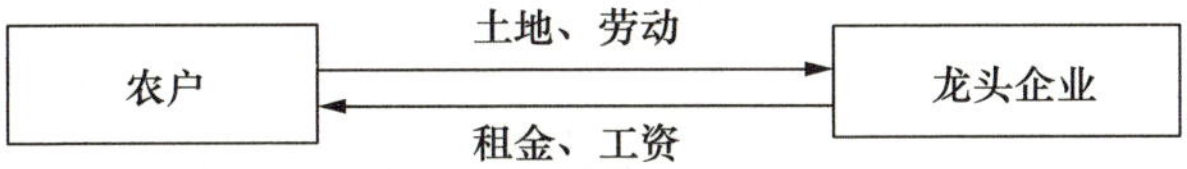

图6－7　企业化利益联结机制

这种获利方式是比较稳定的收入来源，可以较大程度地增加农民的收入，提高农户的生活质量。一方面，农户通过在企业内部工作，从而可以学习到企业内部的管理理念和作业规范，从而约束自己在农业生产中散漫的行为，同时，还可以改变自己的一些传统意识观念，接受新的技术和方法，从而提高了农户自身的素质。龙头企业与农户之间利益联结的纽带是土地租赁合同以及出让土地农户就业安排的有关协议，有利于土地集约化经营，提高土地的综合利用效率，实现农业产业化经营。另一方面，农户与农业企业之间形成了比较紧密的产供销产业链，也使龙头企业与农户之间的利益联系得更为紧密。企业化模式把企业与农户结成了一个整体，农户作为企业的员工，有为企业发展做贡献的义务，从而形成了企业与小生产农户的对接机制，充分地利用了农户作业的小市场，形成了企业运作的现代经营方式，通过加工行业增加了农产品的附加值，延长了供应链，有利于增加就业和农民收入，实现了企业和农户的“风险共担、利益共享”。但是，企业化利益联结模式也有其不足之处，就是小农户的组织性不高，需要有一个逐渐提升的过程，在这个过程中，很容易形成利己主义，如在劳作中不能全身心劳动，应付时间，作用效率不高，但是这些情况都可以用一些制度加以规范和完善，总体来看，企业化利益联结模式是有效率的，适应当前市场要求的模式。

（五）股份分红形式

股份分红利益联结方式是以股份合作的形式，把农业龙头企业与农户联结起来，形成了拥有共同目标、共同经营的一个集合体。这种形式与“企业化”利益联结模式有一些共同之处，都是以企业的形式建立联结机制，但是股份分红模式是以“股份”的形式建立联结，而企业化联结模式是以“雇佣”关系建立利益联结，因此两者的效率还是有差别的。在股份分红模式下，农户把自己的土地、资金、劳动等要素入股，成为企业的股东，参与企业的经营管理，并且有一定的监督权力，让农户拥有了“主人翁”的意识，带动了他们的积极性；农业企业则负责提供一定的技术支持和管理，企业和农户实行共同经营，风险共担（如图6－8所示）。

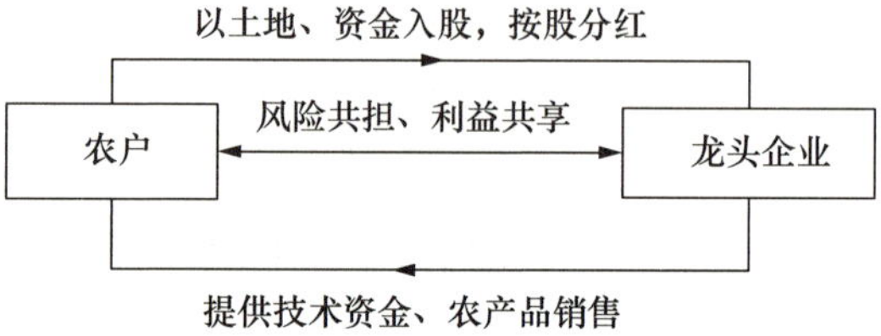

图6－8　股份式或股份合作式带动形式

在股份分红模式下，农业企业与农户都拥有共同的目标，形成了统一的利益主体，他们会自觉地进行联合，形成了互相依存、共存共荣的关系。他们不仅表现出共同的目标，同时他们也可以达到资源的互相利用。一方面，入股农户可以以低于市场的价格购买生产资料，以高于市场的价格向企业出售农产品，从而获得更高的收入；同时，可以从事农业企业的经营权，分享企业的利润，让农户的精神和经济地位都得到了提升，充分调动了农户的经营积极性，促进了农业的生产效率。另一方面，农业企业通过农户的入股，实现了土地的规模利用，扩大了企业的生产规模，同时可以保证企业原材料的供应，保证供应链的顺畅，而且可以保证产品的质量，利用农户生产的优势，实现了农业企业与农户之间“风险共担、利益共享”的利益联结机制。所以，股份分红模式是农业产业化中比较理想的利益联结模式，是农业企业带动农户的高级形式。但是，这种利益联结方式也存在一些不足之处，主要是现阶段农户股东的个人素质和经济实力都比较薄弱，生产规模较小，而且农户入股的份额比重较小，还没有一定的决策权，没有能力对企业管理层进行制衡。

二、利益联结机制存在的问题

利益联结机制是保证新型农业经营主体培育后健康发展的基础，如果新型农业经营主体产生后，不能很好地发展，以前所有的付出努力都是浪费。所以要注重新型农业经营主体的运行，要保证新型农业经营主体高效率地运行，必须以农业产业化经营为思路，建立农户、新型农业经营主体、企业等多主体之间的利益联结关系，从而能够经受市场运行的检验，保证培育出来的新型农业经营主体能够有强大的生命力。但是，我国市场经济发展历程相对西方国家较晚，一些利用市场机制形成产业化经营的做法，目前仍处于探索实践阶段，各项利益联结机制还存在一定的问题和局限性。从总体上来看，我国目前的利益联结机制建设还不规范、不稳固，没有真正形成利益共同体。具体表现在以下两方面：

（一）缺乏履约机制

通过以上几种利益联结机制可以看出，虽然合同契约方式是联结企业和农户的桥梁，但是现实中往往又出现很多的“违约”现象。在市场经济的带动下，不管是企业还是农户，都是理性的经济人，他们在利益联结模式下，都会随着市场的变化而对自己的行为进行调整变化，从而实现自身利益的最大化。在利益联结合同签订后，虽然农户和企业事先都会按照合同的约定进行生产，但是当市场环境发生变化后，农户和企业都会在市场价格与合同价格上有违约的动机，因为当市场价格高于合同价格时，农户这一方就有违约动机，他想把农产品卖向价格高的市场；而当市场价格低于合同价格时，企业就有违约的动机，因为它也想从价格较低的市场上收购农产品。可见，只要市场价格与合同价格不一致，都存在着违约的动机。企业和农户在追求自身利益最大化的驱使下，会比较违约收益与违约成本的大小，当违约收益为正时，他们就会发生违约行为，当违约成本为负时，他们就会继续遵守合同。另外，在生产过程中，农户与企业之间也存在个人利益考虑，而不是从集体的利益出发进行考虑，可以说农户与企业就是一个博弈双方，他们之间都是在有限的资源下，实现自身的利益最大化。由于当前履约保障机制建设还存在很大的缺陷，因此，造成了利益联结机制的运行较为困难。

（二）利益分配机制不完善

农业产业化经营以“风险共担、利益共享”为原则，通过农业产业化，增加了农产品的附加值，可以让农户和企业获得更多的利润。但是，在利润分配上，利润机制还存在一些不足之处，这是由于农业企业与农户之间存在不对等的地位。不管是“合同式”“合作式”还是“企业式”“股份分红式”的利益联结模式，企业的地位始终是高于农户的地位。这是由它们的资源禀赋决定的，企业无论是在资金、技术还是管理等方面都具有明显的优势，这样就容易造成企业依靠其优势，在合同的制定以及合同的履行方面都对农户的权益进行侵害。如在合同制定方面，企业就会约定一些强制条款让农户履行，或者规定严格的质量让农户履行，最后在交易过程中，企业又会找出其他一些严格的原因对农户的履行不合格进行处罚，这样就形成了两者的利益不对等，利益联结机制不稳定。另外，也存在一些地方政府为了追求经济增长，对企业发展的支持要高于农户，这样就形成了“亲商爱商”的情结，因此，在制定相关政策时也是向企业利益倾斜，而对农户的保护不够。

三、利益联结机制的路径选择

从以上分析可以看出，各种利益联结模式都是存在其优点和缺点的，不同的利益联结模式要根据不同的经济、文化发展状况进行选择。各种利益联结模式在不同的生产力下会产生不同的效果，因此合理地选择不同模式也是巩固各个利益主体之间关系的重要保证。各地在新型农业经营主体农业产业化实践中已摸索出许多利益分配方式，有的很成功，有的则欠成熟，亟须规范。为此，需要继续完善现有的机制模式，探寻其他一些更适合当前生产力要求的模式，从而提高新型农业经营主体的运作效率。

1. 强化合同管理

从各种利益联结模式可以看出，目前较为有效地建立利益联结模式的纽带就是合同，如何更好地强化合同管理，建立各主体之间的平等、自愿、互利的条件，都需要通过规范的合同管理来完成。在合同中，要明确规定各个主体之间的权利和义务，交易的具体条款，以及出现违约后的惩罚形式等内容，合同的内容制定得越详细，越有利于处理双方出现的利益纷争，同时政府要正确引导双方建立平等的合约，保证双方合法的权利，正确引导企业把加工农产品的一部分利润返还给农户，以实现“以工补农”的目的。一方面，农业企业也要把农户的利益作为自己生产中的主要考虑因素，把培育农产品生产基地作为自己企业发展战略的一项重要目标。这样农业企业在制定合同时就会从长远的战略方面考虑问题，进而会考虑更多的农户收益问题，增强合同制定的公平性。另一方面，也要加强政府对合同规范化管理的制度建设，政府通过宣传教育树立农业企业和农户的合同观念，让他们有这种履约意识，这样就可以减少违约和投机行为，增强合同的执行力，从而更有利于双方利益的协调发展。

2. 建立和完善风险金制度

在现代市场经济发展的情况下，建立和完善风险金制度是很有必要的。风险金制度可以有效地防止在合同执行下出现的各种风险行为，即使发生相关的风险，有相关的风险金可以获得补偿。在利益联结机制过程中，农户始终是处于被动的劣势地位，风险金制度可以让这种被动劣势地位变得小一些，如价格是市场经济的主要杠杆，也是农户和农业企业之间利益联结的纽带。对于农户来说，农产品价格的上升就是对自身利益的提高，然而价格的提高对农业企业来说就是利益的降低，所以在制定合同的时候，农业企业不会把价格定得太高，他们会找到一个双方平衡的价格，从而建立了价格杠杆体系，根据实际市场信息及时地变化价格，通过价格来协调双方的利益。另外，在市场经济波动的浪潮下，不管是农业企业还是农户，都存在很大的市场风险和自然风险，他们面对风险时，其抵御风险的能力有限，尤其是农户，由于农业自身的弱质性特点，对风险的意识更强烈，因此，需要在他们之间建立风险保证金制度，加大自我保险意识，建立自我保护的机制。最后，风险保证金的来源问题可以通过企业、农户和政府三方共同协商来解决，企业可以把其利润中的一部分用于风险保证金，农户也可以出一部分，政府可以从财政基金中提取一部分作为风险基金的支持。这样就要大力发展保险公司的农业范围，促进一些合作保险和农业专业保险企业的发展，从而实现利益联结机制中的风险防范。

3. 建立和完善监督约束机制

在新型农业经营主体在运作过程中，很多行为都是不规范的，从而导致一些违约现象的发生，因此，需要加强利益联结机制中的监督机制。利益分配机制是农业企业与农户之间建立利益联结机制的主要影响因素，其中关键的问题是，如果按照合同的约定履行的话，可以解决很多利益冲突，因此，要加大各方在履约过程中的监督约束机制。农业企业在市场经营中要面对许多的市场风险，其占有的市场越大，承担的风险也越大，这时特别需要一种控制市场风险的机制，从而有效地减少农业企业的损失。这些控制风险的机制要想有效地建立，必须加大政府的作用，需要政府组织建设，包括政府出面设立一些专门机构监督农业企业透明的经营状况，包括一些财务状况等，让企业和农户之间实现这种信息的对称性；同时，加强社会各界的监督功能，通过行政手段和法律法规建设，建立整个社会的多元监督机制，实现农户和农业企业的利益协调，保障他们之间的合作更加衔接和高效。

4. 加强组织制度建设

在新型农业经营主体运行机制过程中，要强化组织制度建设。一般情况下，组织制度越完善，组织运行效率越高，经营成本也就越低。新型农业经营主体由传统小农经济转变过程中，是由单个的小农向组织化的家庭农场、农民合作社和农业企业转变，这个过程中组织的运行逐渐地有效率，调动了广大农户的积极性，建立了有利于体系积累和灵活高效有活力的组织运行机制。在各个主体之间建立利益联结机制的过程中，也要建立这种组织化的制度建设，规范各个组织的制度建设和利益分配机制，引导企业和农户向制度完善发展。同时，要建立农业产业化经营过程中的约束机制和保障机制，确保农业产业经营健康持续发展，以利于利益机制的正常运转。

第五节　本章小结

本章主要介绍了新型农业经营主体的运作模式和利益联结机制。首先，介绍了新型农业经营主体运作模式的选择原则，主要包括适用性原则、有效性原则和可持续原则。在此基础上论述了新型农业经营主体产业化运作模式，总体来说可以概括为基础的“公司 + 农户”模式、中级的“公司 + 中介组织 + 农户”模式和高级的股份合作制运作模式，并且讨论了每种运行模式在运行过程中存在的局限性，在建立利益联结机制过程中缺乏契约履约机制和利益分配问题，因此，应该强化合同管理，实行风险金制度，建立监督约束机制和组织制度建设，从而完善新型农业经营主体运作过程中的利益联结机制。

第七章　新型农业经营主体培育绩效评价体系的构建

前面两章我们分别论述了新型农业经营主体的形成机理和运作模式，要想更好地对其培育过程进行控制，必须建立在准确的绩效评价基础上，从而根据培育效果进行有针对性的控制。本章为了达到对培育过程的控制，构建了新型农业经营主体培育绩效评价体系。首先，论述新型农业经营主体培育绩效评价的必要性；其次，从财务角度、流程角度、市场角度、成员角度、技术角度和社会角度构建了新型农业经营主体绩效评价体系；最后，采用调研数据对绩效评价指标体系的效果进行了测评，检验评价指标体系的有效性。

第一节　新型农业经营主体培育绩效评价的必要性、原则和思路

一、新型农业经营主体培育绩效评价的必要性

管理大师德鲁克曾说："如果你不能评价，你就无法管理。"组织绩效评价的目的就是对做出的行为进行检测，从而根据绩效表现对前期的行为加以修正和完善，达到更好行为的目的。因此，从某种意义上来说，绩效评价是组织管理的基本前提。"绩效"一词最早起源于对经济的定义，主要用来衡量经济利润的大小。后来随着社会的发展，绩效这个词逐渐被运用到社会生产的各个领域，尤其是管理方面，考核管理的效果、行为的效率等。一般认为，绩效是以提高组织和个人效率和效果为目标，以组织运营有效性和满意度为基本衡量标准，对组织的

运行功能和效果进行的综合评价。

新型农业经营主体从其发起、设立到运行，每一阶段都涉及人员的配备、资金的集聚、土地的流转、农技的推广运用以及各种公共物品的投入。而对于投入的各项资源要素的功能发挥情况，需要对其绩效进行评价，从而通过评价结果进行有针对性的控制。因此，需要构建新型农业经营主体培育绩效评价指标体系，通过对新型农业经营主体财务能力、运行效率和发展空间等各个指标的测算，对其功能进行相关的价值判断，从而达到对新型农业经营主体内部管理者和成员的绩效进行测评，为新型农业经营主体发展趋势和改进措施提供针对性的解决对策，从而正确引导新型农业经营主体的培育。另外，还可以通过对新型农业经营主体培育过程中优秀的管理人才、部门进行考核，进而对其进行奖励、选拔，激励了相关部门的运行效率，提高了新型农业经营主体培育过程中各部门协调的动力，以及改进新型农业经营主体培育的薄弱环节，可见，新型农业经营主体培育绩效评价具有重要的现实意义。正确考核新型农业经营主体每一阶段的运行效果，做到信息的及时反馈，针对不好的措施及时提出控制建议，这样有必要对其培育的效果进行绩效评价。通过对文献的阅读发现，目前针对新型农业经营主体培育绩效评价的文献较少，大多文献都是针对新型农业经营主体培育的宏观政策和要素研究，缺乏对新型农业经营主体培育可操作性绩效评价体系的研究。因此，为了丰富现有研究，本章构建了新型农业经营主体的绩效评价体系，并选取案例对体系构建效果进行了测评。

新型农业经营主体培育是我国现代农业发展的必然选择，虽然在发展过程中遇到一些困难，但是根据当前农业发展的生产力状况，其培育过程注定是漫长的和可行的。为了更好地改进以前培育过程中出现的一些问题，需要对其培育效果进行测评。测评不能盲目地进行，需要建立一套指标体系。而新型农业经营主体培育是一个涉及各个行业、各个领域和各个要素的系统体系，在指标的构建过程中，不能只用单一的指标进行考核，这样就失去了考核的全面性，造成绩效考核的效度减少。因此，需要考虑新型农业经营主体培育过程中的各个关键环节，再对关键环节进行指标细化，从而形成一个全面考核新型农业经营主体培育效果的评价指标体系。然而，在现实情况中存在着这样的一个矛盾，就是建立一个有绩效的新型农业经营主体有时不规范，规范化的新型农业经营主体有时又没有绩效。而且在新型农业经营主体培育过程中，制度的因素起到关键的作用，但是制度这个因素又是抽象的，很难具体衡量其对新型农业经营主体培育的贡献度。因此，本节为了能够全面系统地对新型农业经营主体培育效果进行评价，尝试构建新型农业经营主体培育效果的评价体系，丰富目前新型农业经营主体培育效果评价的不足。在构建新型农业经营主体培育绩效评价体系之前，有必要对构建的原则进行阐述，从而理解新型农业经营主体培育绩效考评需要考虑的后果。

二、新型农业经营主体培育绩效指标构建原则

（一）战略性原则

新型农业经营主体培育既然是一个系统工程，那么就需要有战略的谋划才能完成。因此，新型农业经营主体绩效评价指标的建立也需要有清晰的战略目标作为指导，只有根据战略目标制定科学合理的绩效评价指标，才能保证新型农业经营主体培育方向的正确性，从而不会在新型农业经营主体培育过程中出现大的偏差和错误。如果在培育过程中违背了当初的战略目标，那么新型农业经营主体培育就是无效的。战略性原则是全局性、总体性的，战略目标的制定为新型农业经营主体的绩效指标构建提供方向和思路，战略目标也是随着市场的变化而变化，新型农业经营主体培育效果评价指标也要跟随市场变化做出适当的调整，从而从战略层面构建了新型农业经营主体培育效果评价指标体系。

（二）系统性原则

新型农业经营主体培育是一个系统工程，因此新型农业经营主体培育效果评价指标也需要用系统的观点来衡量。首先，新型农业经营主体培育效果要涉及经济指标，新型农业经营主体培育的目的就是实现现代农业发展，提高农业生产，解决农民收入问题，建设经济水平发达的新农村，经济指标是衡量新型农业经营主体培育效果的主要指标。其次，要考虑到新型农业经营主体的社会指标，新型农业经营主体培育不仅追求经济发展，也要提高农业生态环境，建立一个生态农村。随着工业进程的加快，环境问题日益凸显，农村环境也受到了一定程度的影响，尤其是一些企业在乡村附近建立，对环境生态起到一定的影响，新型农业经营主体培育不能以损害环境来换取经济利益。再次，新型农业经营主体培育要进行有效的控制，就必须建立高效的流程，因而，新型农业经营主体培育绩效要考虑到流程指标。最后，新型农业经营主体培育要想高效率地进行，还必须考虑到其结构和技术等多项指标。总之，新型农业经营主体要在战略指标的指导下，综合考虑其经济、社会、流程、结构、技术等多项指标，以系统的观点考核这些因素的相互联系和影响，因此新型农业经营主体培育指标体系的构建更要注重其内在的系统性。

（三）协调性原则

新型农业经营主体培育需要多部门之间的共同参与、协调分工才能完成，所以，新型农业经营主体培育绩效也要考虑到各部门之间的协调性，同时，在新型农业经营主体运行过程中也涉及产前、产中、产后供应链，新型农业经营主体培育绩效要考虑到新型农业经营主体生产中的产前供应商和产后顾客的情况，保证新型农业经营主体培育过程各个流程的连贯性，提高其运行效率。在构建新型农业经营主体培育绩效评价指标时，根据新型农业经营主体运行过程中的产业化特点，构建出绩效评价的框架。另外，由于新型农业经营主体培育是个系统工程，在培育效果指标构建时候要把各个指标协调起来，新型农业经营主体绩效评价指标体系要综合考虑财务与非财务指标、结果与动因指标，以及日常与战略指标等之间的协调。只有综合考虑到各个指标，才能对其进行对比，从而更有效地考核新型农业经营主体培育的绩效，进而达到了总体上的考核，而不是只关注新型农业经营主体培育的局部性。

（四）高效率原则

新型农业经营主体培育是针对当前农业发展现状提出来的，是关系到我国农业可持续发展的重要战略，因此需要高效率的培育。高效率的培育过程，也需要高效率的评价体系。高效率是为了保证新型农业经营主体评价绩效的可靠性，它是新型农业经营主体评价指标、评价活动的核心。由于新型农业经营主体培育绩效评价指标体系的建立不是一次性完成，在制定过程中，需要反复地修改和修正，从发现问题到解决问题，从建立到完善都需要一个循序渐进的过程。新型农业经营主体培育指标体系的构建需要一个不断修改的过程，在这个过程中涉及时间的安排问题，以及在发现问题和改进问题过程中的效率问题，这些都关系着评价指标建立的完成效率。因此，新型农业经营主体培育绩效评价体系的构建要有针对性地、重点性地把握好关键环节的评价，这样才能使制定的指标体系具有可考核性和可行性，做到评价过程有章可循，从而提高评估效率。

（五）成本效益原则

新型农业经营主体培育绩效指标的制定要考虑成本效益原则，在高效率的基础上，要求考核指标尽量地简化。虽然新型农业经营主体培育指标涉及经济、社会、流程、结构、技术等众多的指标，但是并不是指标的选取越多越好，更多的指标可以详细考核各项任务，然而，更多的指标加重了数据收集的时间和评价考核的时间，并非所有的指标都要面面俱到，要考虑到新型农业经营主体培育绩效评价指标体系构建的成本效益原则。成本效益原则主要是根据新型农业经营主体培育指标涉及的数据是否容易获取，在能全面表达评价效果的情况下，选取最少的指标是主要原则，避免评价指标的庞杂性，所以要综合考虑其需要的人力、物力和时间成本，制定简便、易行的评价指标体系。

（六）可操作性原则

新型农业经营主体培育评价指标体系要具有可操作性。即在满足评价目的的情况下，使得评价指标构建更容易理解，并且指标设置与数据可获得性要兼容，不能指标设置得很好，但是现实中数据又很难获得，这样就不能达到更好的操作性。因此，好的评价指标体系一定要侧重其现实性和可操作性。新型农业经营主体培育绩效评价指标体系的构建要在满足全面性的同时，注重成本与效益原则，同时，评价指标体系各项指标的概念表达要清晰，能够让普通农户看懂，并且数据更容易收集，从而使新型农业经营主体培育评价指标更具有可操作性。

三、新型农业经营主体培育绩效指标构建思路

由于新型农业经营主体培育是一个复杂的系统工程，包括社会、经济、资源、生态等众多内容，层次性和方位性极强。因此，应在战略性、系统性、协调性、高效性、成本效益和可操作性等原则下，在逐步分解所需评价内容的基础上，对各个因素分别进行评价，再根据其本质联系选取适当规则进行合并，进而做出总体评价。我们基于系统的观点，从战略层面、运作层面和资源层面对新型农业经营主体培育绩效评价指标体系进行构建，构建思路如图 7－1 所示。

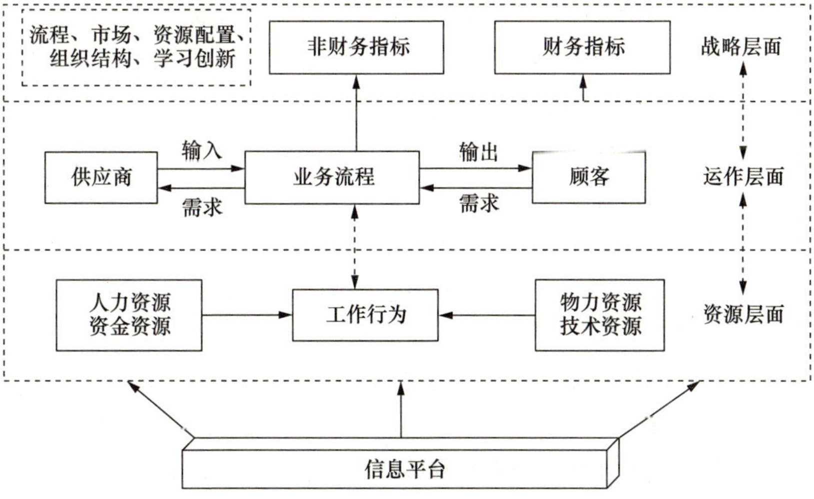

图 7－1　新型农业经营主体培育绩效评价指标系统构建思路

（一）战略层面

从新型农业经营主体培育原则可以看出，战略原则是新型农业经营主体培育绩效评价的最基本也是最核心的原则，离开了战略发展道路，绩效再好也是偏离组织目标的，所以新型农业经营主体绩效评价指标体系的构建必须将战略目标放在首要位置考虑。新型农业经营主体培育发展战略可以进一步地细分，分解成一个个环节和步骤，从而可以把新型农业经营主体战略层面的指标分解成财务指标和非财务指标，财务指标主要考核新型农业经营主体培育带来的经济效益，不仅包括新型农业经营主体自身的经济效益，还包括参与人员的经济效益，这些财务指标可以通过新型农业经营主体自身的运营数据获得，具有一定的可操作性；非财务指标主要是从社会、生态、资源、结构流程等角度衡量新型农业经营主体运行的效率问题，非财务指标不涉及经济效益，但是这些非财务指标都是关系到经济效益的持久性，或者未来经济效应的潜力，非财务指标可以通过对组织自上而下逐层分解、通过对管理模式进行识别，从而进行指标的设计。由于新型农业经营主体战略目标是根据所处的阶段都有所变化，因此，这就决定了新型农业经营主体战略层面的指标制定也要考虑到内外环境的变化，从而建立适应市场变化、综合评价的新型农业经营主体绩效评价指标体系。

（二）运作层面

新型农业经营主体培育的主要核心工作就是做好其运作发展，因此要考核其运作层面的相关指标，从而对其运作层面进行监督和控制，促进新型农业经营主体培育更好地发展。新型农业经营主体运作层面的指标主体体现在其运作流程的衔接和效率上，这些指标的构建要考虑到新型农业经营主体运行的流程以及其内部人员、资源等结构，从而设计出合理的指标体系，这也是新型农业经营主体流程管理的主要特点之一。新型农业经营主体运作活动又可以按照其重要性分为核心活动和非核心活动，因此，要抓住新型农业经营主体运作流程中的核心环节以及培育过程中的重要资源和人员关系，设计出关键的指标，达到考核新型农业经营主体运作效果和效率的评价指标。确定核心活动的关键原则是看这种流程是否能增加每个流程的附加值以及增加的附加值大小，例如，农业企业这样一个新型农业经营主体，如果它的流程分为了研发、生产、加工、仓储、运输、包装、销售与服务一系列的流程，那么在指标构建中要考核到每个流程的业绩，从而对其每个流程进行对比分析，优化薄弱流程，从而起到优化流程的作用。所以，运作层面指标体系的建立要体系运作中流程的顺畅、资源的节约以及运作带来的收益等因素，从而更好地对新型农业经营主体绩效进行考核。

（三）资源层面

新型农业经营主体培育过程中涉及人力、物力、资金、技术等资源的合理配置，才能发挥各个资源的作用，促进新型农业经营主体有效率地培育。因此，需要从资源层面来设计新型农业经营主体培育绩效指标。资源层面指标要考虑到新型农业经营主体培育流程中资源的丰富性，不能在培育流程中出现资源短缺现象，这样就阻碍了流程的连贯性；另外考虑到流程中各资源的配置效率，该资源是否该用到这个流程，或者该资源在该流程中是否得到合理的配置，这些都是资源层面需要认真考虑的问题。新型农业经营主体培育过程中的资源不仅包括有形资源，也包括无形资源，在指标体系的构建中也要把无形资源设计进去进行考虑，确定组织的资源的全面性。在所有资源中，起到主导作用的还是人力资源，除要综合考虑人力资源自身的技术、管理水平等，还要考虑资金资源情况，以及培育过程中需要的一些物力资源等之外，把各种资源分解到每个流程、每个部门中去，从而形成了一个个的流程团队任务，对每一流程中的团队进行考核，保证新型农业经营主体培育中资源的合理配置，提高新型农业经营主体运作的效率，实现新型农业经营主体战略目标。

第二节　新型农业经营主体培育绩效评价体系框架设计

根据上一节新型农业经营主体培育绩效评价指标体系构建思路，我们依据相关指标的制定原则，从战略层面、运作层面和资源层面设计新型农业经营主体绩效评价指标体系。总体来看，可以把总体指标体系分成几个模块，从几个模块中建立各自的评价体系框架，从而最终把这些模块综合成一个整体评价指标体系。概括起来，可以从财务角度、流程角度、市场角度、成员角度、技术角度等构建新型农业经营主体培育绩效指标体系。

一、财务指标体系框架设计

新型农业经营主体培育效果评价主要的衡量指标就是其财务指标。财务指标是衡量一个组织经营好坏的主要标志，通过财务指标可以衡量这个组织的盈利能力，从而保证组织的顺利运行。在新型农业经营主体培育过程中要重视其盈利能力建设，因为盈利可以保证新型农业经营主体正常运转，获得其培育过程中需要的资金、技术、人力、物质和装备等。因此，要对新型农业经营主体的运营能力、偿债能力和发展空间等各方面的指标进行考量，制定新型农业经营主体培育绩效考核的财务指标，如表7－1所示。

表7－1　新型农业经营主体财务指标绩效评价体系框架设计

指标	内容说明
盈利能力指标	衡量新型农业经营主体创造利润的效率：新型农业经营主体竞争优势评价；新型农业经营主体生产过程中资源利用效率；顾客对新型农业经营主体生产的产品的满意度
营运能力指标	衡量新型农业经营主体的营运效率：新型农业经营主体营业收入；新型农业经营主体配置资源效率；新型农业经营主体存货效率；新型农业经营主体应收账款周转率
偿债能力指标	衡量新型农业经营主体债务方面绩效：新型农业经营主体流动比率，说明新型农业经营主体是否拥有短期自偿债能力；新型农业经营主体速动比率，看新型农业经营主体在不出售存货的情况下是否有一定的偿债能力
发展空间指标	衡量新型农业经营主体发展状况：新型农业经营主体资产情况；新型农业经营主体利润增长情况；新型农业经营主体产品数量增长；新型农业经营主体发展地域扩大情况

盈利能力是衡量一个组织创造利润的多少，以及组织利用资源的效率等方面的指标，盈利是组织可持续发展的基本条件，新型农业经营主体发展的主要动力也是其经济动因，所以要把盈利指标作为新型农业经营主体培育绩效考核的首要位置。除了盈利指标之外，新型农业经营主体在培育过程中也要涉及物质的周转速度，以及组织效率、偿债能力等指标，构建新型农业经营主体的财务指标绩效评价体系框架。

尽管财务信息是衡量组织绩效的一种重要的产出控制，新型农业经营主体要想继续发展，必须实现一定的盈利，才能满足新型农业经营主体培育中的其他要素的支持。但是财务指标不能评价新型农业经营主体培育中的组织效率、运行得是否流畅、市场竞争力、员工的稳定性、技术的创新性以及对社会的影响等其他指标的衡量，所以下面还要对其他要素进行分析。

二、流程指标体系框架设计

新型农业经营主体培育流程是培育工作的重要环节控制要素，因此，需要对流程的畅通性进行指标的设计和考核，从而加强新型农业经营主体培育流程的优化。首先，新型农业经营主体流程指标体系的设计要考虑到流程的有效性、效率、周期、成本和适应性；其次，要考虑到新型农业经营主体培育过程中的市场变化，因此要考虑到流程风险管理；最后，要考虑到新型农业经营主体培育过程中的知识体系，流程的设计以及管理都要有知识作为铺垫，加强流程知识体系的考核，有利于流程的创新发展。

（一）流程优化指标

新型农业经营主体流程指标体系要考虑到新型农业经营主体培育流程是否得到了优化，其优化的衡量标准可以通过五个方面表现。第一，流程有效性。主要考核新型农业经营主体培育过程中是否在时间上、价格上满足了顾客的期望和需求。第二，流程效率性。主要考核新型农业经营主体培育过程中其运行效率，包括运行时的资金是否合理使用，机器工作的时间以及人员工作的时间效率。第三，流程周期。主要考核新型农业经营主体生产或者完成某项任务所用的时间，周期越短，说明效率越高。第四，流程消耗的成本。新型农业经营主体培育流程消耗的成本用传统会计方法很难界定，但是可以借鉴哈佛大学的卡普兰教授提出的作业成本法来评价新型农业经营主体培育流程的成本。第五，流程适应性。新型农业经营主体培育流程能否适应当前环境多变的情况，以及能否满足顾客对产品质量和交货时间等的要求，要使培育流程具有较强的灵活性。

（二）流程风险管理

在新型农业经营主体培育过程中，要考虑到外部环境的变化和不确定因素，因此考核新型农业经营主体培育流程风险管理，使流程能够根据市场的变化及时调整，化解一些市场风险，从而增强新型农业经营主体培育的流畅性。新型农业经营主体培育流程风险管理的目标就是要将市场风险和管理成本降到最低，以最低的成本追求新型农业经营主体组织最大化的利益。我们可以把新型农业经营主体培育流程风险管理分为风险识别、风险分析和风险控制等几个过程。通过风险识别可以及时地发现风险，这样就可以做到有的放矢，及时地做出解决方案；风险分析过程就是对流程中的风险因素进行分析，找出其主要因素；风险分析就是控制这些风险因素，选择一些合理有效的方法规避或者化解这些风险，从而降低新型农业经营主体培育流程中的损失，实现培育的最终目的。

（三）知识流程管理指标

新型农业经营主体培育流程需要知识的丰富，“流程是渠道，知识是活水”，可见，知识是流程优化过程中的重要推动因素。一方面，知识可以提高部门的管理水平，有效地规划流程，减少大量不必要的流程；另一方面，知识节约了成本，为组织创造了更大的利益。知识流程管理就是利用知识的作用，让新型农业经营主体培育工作更稳定、更全面、更规范，将知识合理地运用到新型农业经营主体培育流程中，让流程中的信息传递得更加顺畅，从而提高了生产效率。根据以上分析，建立了新型农业经营主体培育流程指标体系，如表 7 -2 所示。

表 7 -2　新型农业经营主体流程指标评价体系框架设计

指标	内容
流程优化指标	有效性（顾客接受程度；投诉率；市场占有率；返工率；及时率）
	效率（衡量流程运行的速度；交易所需要的时间）
	周期（直接观察法：间接测评方法依据是 Little 法则）
	成本（衡量流程需要的成本，包括工资、机器物料消耗、运输费、检验费等）
	适应性（准时交货比率；失去销售百分比；顾客抱怨比率）
流程管理指标	衡量流程的风险性、发生的频率等
知识管理指标	衡量知识的获取能力；知识的开发；知识的存储

三、市场指标体系框架设计

新型农业经营主体培育离不开市场，市场是新型农业经营主体经济效益实现的生命线，因此，新型农业经营主体培育流程设计要综合考虑市场指标。市场从产业化的角度可以分为产前和产后市场，产前市场主要是供应商，产后市场主要是顾客，所以，流程的顺畅与否就是看供应商和顾客之间的衔接程度是否合理。首先，顾客最为关心的事情是，新型农业经营主体生产的农产品卖不出去，没有顾客，这就影响了持续经营，指标中要反映出顾客对交货及时、产品质量和服务以及对新型农业经营主体的运行情况是否满意；供应商交货的时间、价格以及交货的准确性和快速响应能力都是关系到新型农业经营主体培育流程畅通的重要因素。因此，构建了新型农业经营主体市场指标绩效评价体系框架设计，如表 7 -3 所示。

表 7 -3　新型农业经营主体市场指标评价体系框架设计

市场	内容
顾客	新型农业经营主体产品交货是否及时；顾客保持率；顾客获得率；顾客忠诚；产品质量和服务

表 7－6　新型农业经营主体社会指标评价体系框架设计

指标	内容
基本层次	新型农业经营主体在培育过程中是否遵守国家法律；是否遵守商业道德；是否做到了安全生产等
社会层次	在新型农业经营主体培育过程中是否有利于环境保护；是否有利于农村文化建设；是否有利于整个社会公益；是否保护农村中的弱势群体等

新型农业经营主体社会指标可以从两个层面上来设计，一是从基本层次上来设计，二是从社会层次上来设计。基本层次主要考察的是新型农业经营主体在培育过程中是否按照国家的政策法规进行，是否存在一些违法行为，像家庭农场在建设中是否存在土地的非法流转，或者是强制流转。农业企业在培育或运行过程中是否遵守商业道德等。社会层次是指新型农业经营主体的发展和培育是否有利于环境的保护，在新型农业经营主体培育过程中是否有利于社会公益，新型农业经营主体培育是否有利于保护农村中的弱势群体。新型农业经营主体培育不是造成农村的贫富差距加大，而是通过信息农业经营主体培育带动小农户的发展，实现共同富裕，因此，要正确理解新型农业经营主体培育的理念，从而更好地促进新型农业经营主体培育过程中的社会责任，形成一个社会和谐、环境优美、农村经济快速发展的新局面。

第三节　新型农业经营主体培育绩效评价体系的建立

一、新型农业经营主体绩效评价指标选取

通过以上新型农业经营主体培育绩效评价体系框架设计，我们构建了新型农业经营主体培育绩效评价指标体系，如表 7－7 所示。

二、新型农业经营主体绩效评价指标说明

（一）财务角度指标

新型农业经营主体盈利能力指标选取组织年净收益来衡量，即组织的总收入

减去总支出的差额，单位为万元，数值越大说明盈利能力越强，数据主要来自组织自查自评；营运能力指标采用产品卖出数量占全部生产数量的比值，单位为百分比形式，比值越大说明营运能力越强，数据主要来自组织自查自评；偿债能力指标采用负债占资产的比重，单位为百分比形式，数值越小说明偿债能力越强；发展趋势指标采用本年净利润除以上年净利润来衡量，单位为百分比形式，比值越大说明发展趋势越好。

表7-7 新型农业经营主体绩效评价指标体系

一级指标	二级指标	三级指标
新型农业经营主体培育绩效	财务角度指标	盈利能力
		营运能力
		偿债能力
		发展趋势指标
	流程角度指标	流程优化指标
		流程风险管理指标
		知识流程管理指标
	市场角度指标	产品交货及时率
		顾客保持率
		顾客获得率
		顾客忠诚指标
		产品和服务
		供应商交货及时率
		供应商交货准确率
	成员角度指标	成员满意度
		成员稳定性
		成员创新性
	技术角度指标	信息共享
		信息处理能力
		新技术培训
	社会角度指标	基本层次
		社会层次

（二）流程角度指标

新型农业经营主体流程优化指标采用新型农业经营主体生产的产品准时交货比率来衡量，用准时交货的数量除以全部产品的数量，单位为百分比形式，数值越大越好；流程风险管理指标采用组织风险发生的次数来衡量，数值越小越好；知识流程管理指标采用研发投入回报率来衡量，用组织的净收益除以研发成本，单位为百分比形式，数值越大越好。

（三）市场角度指标

新型农业经营主体产品交货及时率指标采用产品交货及时次数与交货总次数之比来衡量，比值越大，说明交货越及时；顾客保持率指标选取期末顾客量与本期新增顾客量的差除以期初顾客量来衡量，比值越大越好；顾客获得率采用本期新增顾客与期初顾客量的比率来衡量，比值越大越好；顾客忠诚指标采用再次购买产品的顾客数与组织中的消费人数的比率来衡量，比值越大越好；产品和服务指标采用产品不合格率来衡量，不合格产品的数量除以每种产品的数量，比值越大越好；供应商交货及时率采用及时交货的次数除以交货的总次数，比值越大越好；供应商交货准确率采用交货没有差错的次数与总的交货次数之比来衡量，比值越大越好。

（四）成员角度指标

新型农业经营主体成员满意度采用成员对组织运行整体的满意程度，包括成员对自身价值、组织建设、归属感等方面的满意程度来衡量，选择“非常满意”赋值10分，“满意”赋值9分，“比较满意”赋值7分，“一般”赋值5分，“比较不满意”赋值3分，“不满意”赋值1分，“非常不满意”赋值0分，比值越大越好；成员稳定性指标采用成员流失率来衡量，也就是流程成员的人数除以成员总人数，比值越小越好；新型农业经营主体成员创新性指标采用成员每年申请专利的数量或采用新技术的次数，数值越大越好。

（五）技术角度指标

信息共享指标采用组织内部信息是否畅通。“非常畅通”赋值10分，“畅通”赋值9分，“比较畅通”赋值7分，“一般”赋值5分，“比较不畅通”赋值3分，“不畅通”赋值1分，“非常不畅通”赋值0分。信息处理指标采用组织成员掌握计算机技术的能力来衡量，“非常熟练”赋值10分，“熟练”赋值9分，“比较熟练”赋值7分，“一般”赋值5分，“比较不熟练”赋值3分，“不熟练”赋值1分，“非常不熟练”赋值0分。新技术培育采用技术培训的频率，“非常频繁”赋值10分，“频繁”赋值9分，“比较频繁”赋值7分，“一般频繁”赋值5

分，“比较不频繁”赋值3分，“不频繁”赋值1分，“非常不频繁”赋值0分。

（六）社会角度指标

基本层次指标采用组织在运行中是否遵守国家法律、商业道德和安全生产等指标来衡量，“非常遵守”赋值10分，“遵守”赋值9分，“比较遵守”赋值7分，“一般”赋值5分，“比较不遵守”赋值3分，“不遵守”赋值1分，“非常不遵守”赋值0分。社会层次指标采用新型农业经营主体对当地经济发展的影响来衡量，主要涉及新型农业经营主体是否显著地带动当地其他产业的发展，是否显著提高了农业技术的应用，以及是否显著带动了当地闲散劳动力就业，是否显著促进了当地农村精神文明等方面。“非常显著”赋值10分，“显著”赋值9分，“比较显著”赋值7分，“一般”赋值5分，“比较不显著”赋值3分，“不显著”赋值1分，“非常不显著”赋值0分。

三、新型农业经营主体绩效评价指标验证

（一）样本数据来源和指标验证方法

为了验证新型农业经营主体绩效评价体系的科学性，利用2013年6～7月和2014年6～7月在山东省内组织的抽样调查数据。采用重点调查的方式，从青岛、聊城、济宁三市选取了30家合作社样本作为衡量绩效评价体系验证；目的是通过30家样本的绩效来判断评价指标体系设计的科学性。

为了保证验证过程的科学性和合理性，选取了定性分析和定量分析结合在一起来验证，从而通过比较两者之间的排名情况，看设置的指标是否具有合理性。其中定性分析法主要采用专家定性打分方法，利用设置的指标体系，给出每一指标满意度的分值，然后让多位专家进行打分，最后，根据每位专家给出的分数，按照满意度进行加权平均法求得一个平均得分，从而得出最终的分值。定量分析法主要采用因子分析法，因子分析法的优点在于可以克服定性分析法的主观性。因子分析法下的各因子的权重不是主观赋值，而是根据各自的方差贡献率来确定的，方差值越大，赋予的权重越大，方差值越小，赋予的权重也越小。所以这样就克服了主观偏好导致的有偏性和随意性，从而使得计算结果更客观和更可靠。现将新型农业经营主体绩效评价指标定义如下，盈利能力（万元）（x_1）；营运能力（x_2）；偿债能力（x_3）；发展趋势指标（x_4）；流程优化指标（x_5）；流程风险管理指标（x_6）；知识流程管理指标（x_7）；产品交货及时率（x_8）；顾客保持率（x_9）；顾客获得率（x_{10}）；顾客忠诚指标（x_{11}）；产品和服务（x_{12}）；供应商交货及时率（x_{13}）；供应商交货准确率（x_{14}）；成员满意度（x_{15}）；成员稳定性

(x_{16})；成员创新性（x_{17}）；信息共享（x_{18}）；信息处理能力（x_{19}）；新技术培训（x_{20}）；基本层次（x_{21}）；社会层次（x_{22}）。

（二）因子分析过程

1. 因子分析适宜性检验

首先，对数据进行标准化处理。为了避免指标量纲的不一致导致数据评价的有偏性，我们利用 SPSS17.0 软件对原始数据进行无量纲处理，从而获得了标准化的指标数据。然后计算相关系数矩阵和 KMO 与 Bartlett 法检验，以判断其因子分析的适用性。检验结果如表 7－8 所示。

表 7－8　KMO 和 Bartlett 检验

KMO 抽样适度检验值	0.683	
Bartlett 球度检验值	卡方值（x^2）	347.426
	自由度	48
	显著性水平（P 值）	0.000

KMO 是 Kaiser－Meyer－Olkin 的抽样适度性量数，是用来比较相关系数数值和偏相关系数是否适中的指标，当 KMO 值越大时，表示变量间的共同因子越多，说明越适合进行因子分析。从表 7－8 中可以看出，KMO 的值为 0.683，说明因子分析是可以适用的。另外，Bartlett's 球形检验的值为 347.426，自由度为 48，达到显著（P 值＝0.000），可以拒绝无假设，说明各变量之间有密切的内部结构联系，各个因子的解释能力较强，适合进行因子分析。

2. 确定公因子

本书利用主成分分析法提取公因子，通过计算得出相关系数矩阵的特征值和特征向量。从表 7－9 中可以看到，前 7 个特征值（转轴后）分别为 3.633、3.074、2.942、2.357、1.853、1.635、1.463。这 7 个因子的累积贡献率已达到 85.132%，说明这 7 个因子包含的信息量较足，基本上包含了全部指标的绝大部分信息。因此，可以用这 7 个因子来代表原变量。

3. 建立因子载荷矩阵并命名因子

对因子载荷矩阵实施极大方差旋转，得到因子载荷矩阵见表 7－10。设我们所提取出的 7 个因子分别表示为 F_1、F_2、F_3、F_4、F_5、F_6 和 F_7。从表 7－10 中

表 7－9　特征值和特征向量表

因子	特征值	解释变异量/%	累积解释变异量/%
1	3.633	20.643	20.643
2	3.074	18.054	38.697
3	2.942	17.374	56.071
4	2.357	9.358	65.429
5	1.853	7.743	73.172
6	1.635	6.684	79.856
7	1.463	5.276	85.132

表 7－10　转轴后的因子载荷矩阵

	主成分因子						
	F_1	F_2	F_3	F_4	F_5	F_6	F_7
x_9	0.635	－0.230	0.044	0.166	0.254	0.042	0.274
x_{11}	0.528	－0.295	－0.188	0.054	0.167	－0.070	－0.032
x_{13}	0.517	0.340	0.253	0.242	－0.059	0.270	0.166
x_{15}	0.482	－0.124	0.210	0.246	0.132	－0.075	－0.032
x_8	0.457	0.123	－0.118	－0.003	0.289	0.255	0.226
x_3	0.231	0.574	－0.038	－0.005	0.217	－0.067	－0.085
x_4	0.212	0.530	－0.041	－0.121	0.112	－0.154	－0.183
x_{14}	－0.112	0.519	－0.066	－0.077	0.167	0.186	0.268
x_1	0.234	0.486	0.261	0.096	0.131	0.069	0.146
x_5	0.128	－0.151	0.589	0.288	－0.108	0.028	0.263
x_7	0.155	－0.107	0.538	－0.116	0.213	－0.064	－0.175
x_{10}	0.231	0.309	0.462	0.031	0.182	0.408	0.298
x_6	0.164	0.274	0.451	0.102	0.215	－0.285	－0.165
x_{19}	0.148	0.225	0.229	0.632	0.124	－0.233	－0.263
x_{18}	0.164	0.219	－0.038	0.574	0.206	－0.120	－0.180
x_2	0.141	－0.393	0.229	0.538	0.213	0.499	0.277
x_{20}	0.155	－0.207	0.258	0.184	0.472	－0.064	－0.034

续表

	主成分因子						
	F_1	F_2	F_3	F_4	F_5	F_6	F_7
x_{16}	0.231	0.009	0.249	0.170	0.365	0.408	0.238
x_{17}	0.164	0.274	-0.056	0.102	0.324	-0.285	-0.245
x_{22}	0.148	0.125	0.229	0.132	0.322	0.320	-0.233
x_{21}	0.164	0.219	-0.038	-0.297	0.106	0.309	0.135
x_{12}	0.141	-0.093	0.229	-0.042	0.142	0.145	0.409

可以看出：第一个主因子 F_1 在因子 x_9、x_{11}、x_{13}、x_{15}、x_8 上的系数大于其他几个变量的系数，这些因子大多为市场发展指标，可以认定第一个主因子 F_1 大体对应于前述的市场发展因子；第二个主因子 F_2 在因子 x_3、x_4、x_{14}、x_1 上的系数较大，这些因子大多为流程指标，可以认定第二个主因子 F_2 大体对应于财务指标因子；第三个主因子 F_3 在 x_5、x_7、x_{10}、x_6 上的系数较大，这些因子大多为流程指标因子，所以第三个主因子 F_3 代表流程指标因子；第四个主因子 F_4 在 x_{19}、x_{18}、x_2 上的系数较大，这些因子大多是技术指标，可以认定第四个主因子 F_4 为技术指标因子；第五个主因子 F_5 在 x_{20}、x_{16}、x_{17}上的系数较大，这些因素大多为成员指标，可以认定第五个主因子 F_5 为成员指标因子；第六个主因子 F_6 在 x_{22}、x_{21}上的系数较大，这些因子多为社会指标，可以认定第六个主因子 F_6 为社会指标因子；第七个主因子 F_7 在 x_{12}上的系数较大，但是这个指标已经有别的主因子代表，所以可以认定第七个主因子的出现体现出前述绩效评价指标体系难以避免的不周全。

4. 计算各因子得分及综合评价得分并排序

运用回归法计算出的因子得分系数矩阵如表 7－11 所示。

表 7－11　因子系数得分矩阵

	F_1	F_2	F_3	F_4	F_5	F_6	F_7
x_1	0.245	0.045	0.275	0.477	0.732	0.064	0.035
x_2	0.356	-0.254	0.062	0.173	0.167	-0.070	-0.063
x_3	0.754	-0.288	-0.142	0.027	-0.059	0.270	0.274
x_4	0.432	-0.156	-0.273	-0.338	0.332	-0.075	-0.343

续表

	F_1	F_2	F_3	F_4	F_5	F_6	F_7
x_5	0.277	-0.135	-0.041	-0.536	0.289	0.255	0.255
x_6	0.416	0.275	-0.374	0.263	0.217	-0.067	-0.067
x_7	0.362	0.622	-0.384	-0.024	0.112	-0.154	-0.154
x_8	0.289	0.502	-0.426	0.066	0.367	0.186	0.186
x_9	0.141	-0.093	0.226	-0.036	0.531	0.069	0.069
x_{10}	0.293	0.623	-0.173	-0.042	-0.108	0.028	0.028
x_{11}	0.164	0.219	0.048	-0.038	0.213	-0.064	-0.064
x_{12}	0.155	-0.064	-0.373	-0.467	0.182	0.408	0.408
x_{13}	0.448	0.425	0.463	-0.245	0.315	-0.285	-0.285
x_{14}	0.231	0.009	0.383	0.321	0.324	-0.233	-0.233
x_{15}	0.439	-0.124	0.272	0.472	0.306	-0.120	-0.120
x_{16}	0.464	0.374	0.483	-0.422	0.213	0.499	0.499
x_{17}	0.164	0.219	0.047	-0.038	0.213	-0.064	-0.064
x_{18}	0.155	-0.064	-0.384	-0.373	0.182	0.408	0.408
x_{19}	0.448	0.425	0.483	-0.284	0.315	-0.263	-0.285
x_{20}	0.231	0.009	0.327	0.567	0.324	-0.233	-0.233
x_{21}	0.439	-0.274	0.272	0.226	0.273	-0.174	-0.246
x_{22}	0.355	0.256	0.347	-0.573	-0.372	0.326	0.378

我们记 Y_1、Y_2、Y_3、Y_4、Y_5、Y_6 和 Y_7 分别是各家合作社在 7 个因子上的得分，则得到线性方程组：

$$Y_1 = 0.245x_1 + 0.356x_2 + 0.754x_3 + \cdots + 0.355x_{22}$$

$$Y_2 = 0.045x_1 - 0.254x_2 - 0.288x_3 + \cdots + 0.256x_{22}$$

$$Y_3 = 0.275x_1 + 0.062x_2 - 0.142x_3 + \cdots + 0.347x_{22}$$

$$Y_4 = 0.477x_1 + 0.173x_2 + 0.027x_3 + \cdots - 0.573x_{22}$$

$$Y_5 = 0.732x_1 + 0.167x_2 - 0.059x_3 + \cdots - 0.372x_{22}$$

$$Y_6 = 0.064x_1 - 0.070x_2 + 0.270x_3 + \cdots + 0.326x_{22}$$

$$Y_7 = 0.035x_1 - 0.063x_2 + 0.274x_3 + \cdots + 0.378x_{22}$$

其中的 x_1、x_2、$x_3 \cdots x_{22}$ 为各项指标经预处理之后的标准化数据。最后以各因子所对应的贡献率为权重进行加权求和，即可得到各农民专业合作社绩效的综合评价得分 Y，即 $Y=0.483Y_1+0.374Y_2+0.084Y_3+0.026Y_4+0.073Y_5+0.025Y_6+0.062Y_7$。

经因子分析法计算出样本合作社的绩效综合得分见表 7－12。其中，排名（A）为按照上述方程计算出的，排名（B）的计算是根据专家打分，然后进行加权求得的，目的是为了通过定量和定性之间的对比，从而可以大致判断绩效评价指标体系的科学性。

表 7－12　新型农业经营主体绩效得分排名与比价

合作社编号	综合绩效	排名（A）	排名（B）	排名变动
NO 7	6.742	1	2	↓1
NO 12	6.532	2	1	↑1
NO 17	6.362	3	5	↓2
NO 20	6.083	4	6	↓2
NO 25	5.856	5	3	↑2
NO 18	5.583	6	8	↓2
NO 29	5.341	7	16	↓9
NO 19	5.183	8	4	↑4
NO 26	4.842	9	11	↓2
NO 16	4.632	10	7	↑3
NO 8	4.572	11	9	↑2
NO 27	4.532	12	13	↓1
NO 30	4.474	13	14	↓1
NO 9	4.364	14	10	↑4
NO 21	4.321	15	20	↓5
NO 2	4.231	16	21	↓5
NO 15	4.211	17	12	↑5
NO 10	4.184	18	22	↓4
NO 3	4.124	19	17	↑2
NO 11	3.962	20	25	↓5
NO 4	3.867	21	15	↑6
NO 14	3.725	22	29	↓7
NO 22	3.632	23	26	↓3

续表

合作社编号	综合绩效	排名（A）	排名（B）	排名变动
NO 5	3.571	24	28	↓4
NO 13	3.462	25	18	↑7
NO 1	3.285	26	30	↓4
NO 23	3.142	27	19	↑8
NO 6	2.632	28	27	↑1
NO 24	2.533	29	23	↑6
NO 28	2.287	30	24	↑6

（三）验证结果的简要分析

本节通过调研，选用定量和定性两种方法对应验证结果差异，因子分析方法和专家打分法的绩效排名结果表明：

第一，从表7-9中可看到，前7个特征值（转轴后）分别为3.633、3.074、2.942、2.357、1.853、1.635、1.463，累积贡献率已达到85.132%，可以说我们设计的包括财务指标、市场指标、流程指标、成员指标、技术指标和社会指标在内的22个三级指标基本上包含了影响合作社绩效的全部可能指标的绝大部分信息。因此，我们选取这7个因子代表原变量。

第二，主因子F_1、F_2、F_3、F_4、F_5和F_6分别对应着新型农业经营主体培育中的市场指标因子、财务指标因子、流程指标因子、技术指标因子、成员指标因子和社会指标因子。

第三，从排名（A）采用定量因子分析法、排名（B）采用定性专家打分法得到的排名来看，变化差异大部分局限在5个名次范围内，可以认为差异不显著。因此，我们设计的新型农业经营主体绩效评价体系基本上是合理的、科学的，可以用其来评价新型农业经营主体培育的效果。

第四节　本章小结

新型农业经营主体培育后，如何判定其运行绩效，从而加强对其有效的控制。而当前的文献很少对其运行绩效评价体系进行系统的论述，因此，本章设计了此环节。首先，对新型农业经营主体培育绩效评价体系构建的必要性进行了相关论述，然后根据战略指导原则、系统原则、协调性原则、高效率原则、成本效益原则和可操作性原则，形成构建包括战略层面、运作层面、资源层面的指标体系思路；其次，从财务角度、流程角度、市场角度、成员角度、技术角度和社会角度提出了指标体系框架；最后，在体系框架的基础上，构建了包括 22 个指标的新型农业经营主体的指标体系，并且为了验证指标体系构建的科学性，采用 30 家合作社调研数据，利用因子分析法和专家打分法对评价体系进行了验证。结果表明，评价体系具有一定的合理性和科学性，可以用来评价新型农业经营主体运行的绩效。

第八章　新型农业经营主体培育的路径选择

新型农业经营主体的出现，是我国农业生产力发展的必然结果，可以说是我国农村经济改革的成果。由于我国农业生产力目前仍比较低，在新型农业经营主体培育过程中还存在一些问题，发展的道路也不是一路畅通的，在培育过程中需考虑一系列的因素，如土地使用权、土地流转、资金技术、物流环节、生态环境、销售市场、法律制度等，这些因素配置方面仍存在许多问题。本章以史为鉴，借鉴国外发达国家在家庭农场、农民合作社和农业企业等主体培育方面的先进经验，从而获得一些启发和启示，并结合前面几章分析内容，提出推动我国新型农业经营主体发展的，具有中国特色的新型农业经营主体培育路径。

第一节　国外新型农业经营主体发展经验与启示

一、国外家庭农场发展经验与启示

（一）国外家庭农场发展经验特点

1. 美国家庭农场发展特点

第一，土地产权私有化。美国自1776年成立以来，就开始进行农业生产制度改革，并且建立了一些农业生产组织进行农业发展。美国在刚刚成立的几十年里一直进行着土地改革的探索，于1820年进行了土地改革，将原来公有土地以较低的价格出售给了农户，开始了以家庭为农场的农业经济发展道路。正式确立土地改革制度，促进了美国西部的开发，一些农场主为了获得大面积的土地，纷纷涌向了西部发展，出现了西部移民的热潮，为西部大开发提供了契机。19世纪30年代，美国又进行了第二次公有土地出售，这次土地出售规模更大，1820～1830年平均每年出售土地达到了252万公顷。另外，美国还在土地制度上进行了一些改革，如1862年的《宅地法》，提出向年满21周岁，在土地上耕作5年以上的个人或一家之主提供1.88公顷的公有土地。这样美国就逐渐地把一些公有土地出售或者赠予个人所有，土地私有制的实现，促进了美国家庭农场的发展，为美国农业经济组织以及经营制度奠定了基础。从此，美国私有土地产权一直存在于美国的家庭农场经营制度中，实践证明，土地私有适合美国的国情，符合美国的国家性质，促进了美国家庭农场的发展。

第二，农业经营规模化。土地私有制的建立，促进了土地流转，加快了家庭农场的培育发展，农业经营逐渐实现了规模化。农业经营规模化的表现是：美国家庭农场个数逐渐减少，但是每家农场的经营规模逐渐递增。并且家庭农场规模较大的前25%的农场，生产了全国85%的农产品。可见，美国的家庭农场逐渐向单个家庭农场规模大的形式发展。并且可以发现，美国的大农场也可以像公司农场，或者像工商企业一样，能实现大规模经营的要求，并且在美国这种大规模经营的农场占据了主要地位。20世纪末，美国家庭农场比例上升到89%，拥有了美国绝大部分的土地，而且占到农业生产的绝大份额。那些规模较小的农场逐渐转为了兼业农场，或者逐渐把土地出售给了大的家庭农场。可见，美国的家庭农场的一个特征就是规模较大，农业经营规模化。

第三，生产经营专业化。美国在经营规模化的同时，也比较看中农业生产专业化。美国对农业生产区域进行了划分，每个区域根据区域特点，有选择地生产一两种农产品，其大致的特点是美国北部平原地区主要生产小麦，美国中部平原地区主要生产玉米，美国南部平原和西部山地主要从事饲养业，太湖地区主要生产乳品，而美国太平洋沿岸地区主要生产蔬菜和水果。区域的划分更能发挥区域的特点和优势，更有利于实现专业化，提高生产效率。随着美国农业产业化的发展，农业服务体系的完善，美国家庭农场专业化程度进一步加强。并且随着家庭农场规模的扩大，农场主把更多的精力用于管理生产，而不是把精力放在种子的培育方面，家庭农场主把一些自身农场的发展劣势都让一些服务机构承担，这样更有利于分工的实现，促进了总体农业的分工发展，有利于家庭农场的培育。

第四，农业服务社会化。美国家庭农场实行了区域化生产，实现了家庭农场的规模化和专业化。第二次世界大战后，美国农业服务业得到了快速发展。随着美国商品化程度的快速发展，美国农业产业化发展迅速，形成了农业的第一、第二和第三产业。通过产业化的发展，增加了美国劳动力的就业，以及农业也逐步向工业和服务业渗透，形成了产业的融合，农户不仅可以进行农地作业，还可以从事农产品加工和农产品服务等行业，这样就形成了农产品产业化。农场主会选择自己具有优势的地方进行专业化生产，把其他环节让专业的服务公司去代理等，从而提高了农业的分工，同时促进了农业服务机构的发展。

2. 法国家庭农场发展特点

法国是欧盟国家中第一大农业生产国，其农产品贸易和农产品加工产业也一直处于世界前列，其在家庭农场发展方面也取得了一定的成绩，因此需要借鉴其经验，从而有利于我国家庭农场的发展。

第一，土地集中与土地分散。1789 年，在法国大革命之前，土地大都集中在教会和贵族手中，虽然农民人数众多，但是掌握的土地数量很少。在法国大革命后，法国国民公会制定了一系列的土地法令，把原先集中在贵族和教会的土地进行了分割，由大块的土地分成了小块进行出售；同时，法国政府也对土地进行了适当的分配，把原先农村的公有土地按人口进行了分配，从而让一些无地农民拥有了自己的土地，此时，土地的形态大部分是分散的，形成了小农经济。随着经济的发展，小农经济的发展影响了农业生产力，阻碍了法国工业化和城市化的进程。于是，20 世纪初期，法国进行了土地集中制改革，促进了家庭农场的发展，但是家庭农场的规模相对美国家庭农场来说，小农场占很大的比重。

第二，农场数量减少，规模扩大。法国农场属于中小型的农场，与美国大型农场相比，其规模还需要进一步扩大，但是这种中小型的农场是适应法国农业生产的。可以实行大农场与小农场合作，一些小的农场通过加盟入股的形式加入到大农场，从而逐渐减少农场数量，促进了一些农场规模的扩大。20 世纪 60 年代，法国进行了农场改革，对一些小的农场进行了合并，从而实现了规模的扩大。

第三，农场专业化程度提高。法国家庭农场专业化程度逐渐提高，形成了许多专门生产畜牧产品、谷物作物、水果和蔬菜的家庭农场，这些家庭农产从事专一的农产品生产，对这种农产品的习性和耕作技术都有非常熟练的掌握，有利于生产效率的提高，从而增强了自身的比较优势，突出了家庭农场的特点，更有利于形成农产品深加工和农产品服务等方面的发展。另外，家庭农场中的一些服务项目都通过专业化的服务企业来承担，自身从中专营具有比较优势的产品，这样有利于分工合作的发展，形成优势互补。

3. 日本家庭农场发展特点

日本家庭农场受到国土地形、地势的影响，家庭农产的规模相对美国和法国来说较小。为了说明日本家庭农场的特点，我们可以通过日本家庭农场的发展过程来证明。第一，土地所有权和使用权相结合。这一阶段日本政府通过购买地主的土地，然后把这些土地转卖给一些无地或者少地的农户，这样就使得农户有了自己的耕地。日本政府在这一期间限制土地的规模，把土地规模限制在3公顷以内。1952年，日本制定了《农地法》，确立了以小规模家庭经营的农业生产方式，此时土地的所有权和使用权是统一的。第二，土地转让相对集中。1961年日本又制定了《农业基本法》，对农业结构和农业生产扩大等进行了政策支持，同时取消了对土地规模3公顷的限制，但是条件是农户只能使用自身家庭劳动力，不允许雇佣劳动力。同时，还允许农户土地委托农民合作社进行经营，该法促进了当时农业的发展。第三，农地所有权和使用权的分离。在20世纪60~70年代，日本政府逐渐改变了土地政策，由原来的分散经营逐渐向集中经营发展，土地改革的重点也转向了土地使用制度方面，鼓励在小规模家庭占有的情况下，发展农工业协会，从而对土地进行规模化经营。20世纪70年代，政府出台了一系列的土地改革方案，鼓励以农田租赁和委托的形式进行流转，从而改善土地分散经营带给农业发展的弊端。日本通过土地改革，以土地租赁为中心，促进了土地经营权的流动，同时促进了农村公共基础设施的建设，以农协为中心，带动周围农户实现规模化发展。总体来看，日本实施的是小型家庭农场发展战略，充分利用国家地势和家庭制度优势，促进家庭农场发展。

（二）国外家庭农场对我国的启示

1. 加快农业化技术创新和推广

家庭农场作为新型农业经营主体，具有比小农户家庭规模更大的优势，在作业过程中可以实行机械化操作，另外有利于现代技术的广泛实施。纵观美、法、日三国家庭农场的特点和发展过程，我们要实现家庭农场，必须推进农业技术的创新和推广。这是由家庭农场发展的需求决定的。首先，家庭农场需要农场主具备一定的管理水平和农业技术水平，而且要熟悉相关的法律法规，把握好市场发展的趋势，从而成为经营家庭农场的引领者；其次，加快实现农业机械化操作，目前美国进行作业都是大规模的机械化，大大节约了劳动力，同时也提高了生产效率；再次，要加大农业技术的研发进度，做好育种工作，以及水利技术的灌溉工作，为现代农业提供基础设施；最后，要进行农业技术的推广工作，虽然在农业发展中有一些技术已经成熟，但是其推广采用的效率不高，不能在农业中使用，要加大农户采用技术的步伐，提高技术的宣传和普及工作，从而实现农业生产的技术含量。

2. 加快农村土地流转制度建设

家庭农场最主要的特征就是规模化生产。实现规模化生产的必要条件就是要实现土地的顺畅流转。目前土地顺畅流转的障碍主要是缺乏对土地产权的清晰界定。日本的家庭农场在进行改革过程中，对土地的制度进行了一系列的改革，明确了土地使用权和产权，并且放开了土地经营权，充分调动了农户的积极性。因此，我国也要在土地方面进行改革，促进土地的顺利流转，从而实现土地的集中经营，有利于家庭农场的培育发展。同时，在土地产权年限上可以适度地放宽，延长土地承包年限，保障土地有效流转，进而有利于家庭农场的培育。

3. 提升农产品市场竞争力，加强品牌建设

我国家庭农场在市场中缺乏竞争优势，主要体现在生产的农产品没有竞争优势，在现阶段我国家庭农场的专业化生产上，没有利用先进的技术，还没有实行大面积的机械化操作，大部分仍是利用人力作业。另外，家庭农场的管理水平还相对较低，农场主还是依靠传统的种地经验，不能及时地接受和采纳耕作技术和优良种子。我们要学习美国和欧洲的经验，积极加强技术采纳，提高农产品的竞争力，如对农产品实行包装、加工、运输等环节，增加农产品的附加值，同时，创建农产品的品牌效应。另外，加大政府对家庭农场的补贴力度和财政支持力度，减小相应的税收，切实保障家庭农场的利益，从而提高家庭农场的市场竞争力。

4. 建立健全的社会化服务体系

家庭农场的发展离不开社会化服务体系的支持。目前我国在这方面的建设还处于初级阶段。要学习美国、法国和日本的先进经验，大力发展适合我国家庭农场的社会化服务体系建设。除加强农产品的产前育种、化肥、农药、农机等基础设施建设之外；还要加强农产品产中生产技术指导和加工技术指导，另外，建立农产品销售市场体系。农产品生产后卖不出去，造成了家庭农场的最大困难，要建立农村完善的市场体系，减少家庭农场的市场风险，及时提供市场的信息，形成企业与农户的对接，从而实现生产、加工、运输、销售一条龙的服务体系，加快家庭农场的培育发展。

5. 培育现代化的农场主

家庭农场经营的好坏在很大程度上取决于家庭农场主的管理水平。首先，我国现阶段家庭农场主都是从传统的小农户转变而来，农场主的知识文化水平仍不高，在学习新知识方面的主动性也不强，需要对其进行一定的培训。美国、法国和日本等发达国家的农场主都有一定的学习和培训经历，我国可以学习借鉴这些国家科学的耕作技术以及管理经验，同时也对当前的国家政策比较熟悉，能够根据国家政策的意图进行培育，能够利用国家政策，获得一定的优惠。其次，家庭农场主本身具有的学历也较高，具备一定的管理、学习和作业等综合素质。我国目前面临着“农无传人”的困境，原因就是一些农村高学历人口都进城务工，造成农村高素质人才外流，进而不利于农村家庭农场的发展，要想让高素质的人才流入农村，最基本的方法就是让他们看到农村发展的前景，吸引人才流入。最后，要大力发展农村的职业教育，定期对家庭农场进行相关的培训，包括耕作生产技术的培育，也包括管理方面的培训，进而增强农场主的管理能力、市场意识、技术水平等综合素质，促进家庭农场的培育。

二、国外合作社发展的经验与启示

（一）国外农民合作社治理的经验

1. 美国农民合作社

美国农民合作社起源较早，萌芽于1776年，并在19世纪末至20世纪初得到了快速的发展，这时美国农民合作社的主要特点是其基本单位不是以家庭为主，而是以家庭农场为主，主要是一些大规模的家庭农场之间为了自身利益而形成的一个合作组织。到了20世纪80年代，美国的农民合作社发展迅速，成为西方国家的典范；到了20世纪90年代，美国农民合作社对合作社内部的组织结构和治理结构进行了改革，主要是对农民合作社的功能进行了细化，合作社的逐利行为逐渐成为其主要目的，这时的农民合作社逐渐转变为了股份制公司，农民合作社在“农业—工业—服务业”的结构下转型，形成了家庭农场对合作社的依赖，以及合作社对美国经济的依赖越来越强。从而让合作社具有更加强的市场观察力，提升了合作社的市场竞争力和专业化分工。

到了20世纪末和21世纪初，美国成立了新一代合作社（New Generation Co-operatives，NGC)，改变了传统合作社的组织形态，在保留传统合作社基本特征的基础上，将合作社的重点任务放在了“增值”的诉求和农产品商品化等活动上。这种转变使得合作社成员得到了市场的利益回报。新一代合作社生产的产品和产权可以转让，但是其成员进退社的权利不再像以前那么自由，而是设定了一定的限制。由此可见，新一代合作社注重了市场化战略的实施，充分发挥合作经济的优势，逐渐地开阔市场，进而使合作社成员得到经济利益，有利于合作社成员的加入，形成规模逐渐地扩大，从而占领更多的市场，形成了合作社发展中的良性循环。

2. 欧盟农民合作社

欧盟农民合作社的代表是法国和德国，这两个国家的合作社发展较成熟。法国农业合作社经过100年的发展，逐渐形成了自身的特点。具体表现在组织治理方面，法国农民合作社的进退机制也是有一定限制的，在它们的进退机制中，社员必须向合作社缴纳一定的入股基金，入股基金的金额大小由成员自身的经营能力和合作社的交易预期而定。另外，法国的农民合作社分为基层社和联合社两级单位，不论哪一级别的合作社，都是坚持一人一票的决策原则；并且它们的管理方式是实行理事会成员管理，而理事会成员没有工资，可以根据其参加会议的次数给予一定的补贴。而德国的农民合作社分为三个层次，第一层次是地方层次，第二层次是地区层次，第三层次是全国层次，其中全国和地区层次的合作社是合作社联合会，而地方层次的合作社是基层合作社。全国层次和地区层次的联合会对外代表农民的利益，对内则对合作社成员提供信息等服务支持。

3. 日本农民合作社

日本的农民合作社是日本农业发展的主要组织方式，日本的农民合作社又称为“农业协同组合”，简称为“农协”。日本在1947年颁布了《农业协同组合法》，建立了三级农协系统，其中，以综合农协和专门农协为基本组织形态。日本农协在资金、技术、公共设置等建设方面都得到了政府的大力支持，从某种意义上来说，日本的农协具有半官方的性质，这与美国、法国、德国的农民合作社不同。日本农协的主要任务就是为农民提供相关的服务，包括农业生产服务、农田水利建设服务、农业技术指导服务、成员的职业教育培训等方面。因此，日本的农民具有较高的文化素质，并且农民在“农协”中使用相关的设置都不用缴费，其费用主要来自农民进入“农协”缴的一些基金，这部分资金可以在年后结算后参与分红返还，进而保障了农民的权益，避免了社员之间因利产生的纠纷。并且“农协”为社员提供统一的生产资料，按照社员的预购数量分配给农户；“农协”还为农民提供统一的产品销售，从而解决了产品销售问题，同时也解决了农民遭遇不公平市场价格的弊端。

（二）国外农民合作社发展经验对我国的启示

通过对美国、欧盟和日本等国的农民合作社发展的研究发现，它们这些发达国家农民合作社发展都比较早，并且它们的合作社根据各国的国情都呈现出不同的发展特点。总体来看，国外的农民合作社发展较早，并且在发展中都对合作社进行了变革，从而适应市场和经济发展的需要，做到了组织形态因地而异和因时而异。最为重要的是，我们发现国外农民合作社的发展，都重视精神理念、合作精神、合作制度等方面的建设，并且在合作社发展中都注重一个问题，那就是如何更好地适应市场经济的发展和变化问题。合作社在发展中应该遵循什么样的原则，以及如何应对当前的市场经济变化。我国农民合作社还处于初级阶段，要学习西方国家经验。

第一，农民合作社就是让农民通过合作从而实现更大的优势，发挥其共同的价值观，追求可持续发展的利益，因此成员对合作社组织整体的认同感是组织的精神核心。在我国农民合作社发展中，个人权利往往被忽略，这就造成了成员退出合作社的现象，不利于合作社发展的要求。在当前市场经济发展中，要考虑到市场的变化，合作社也要进行改革，在改革的过程中，始终要把农民的利益当作首要的利益。我国农民合作社建设过程存在一定的弊端，主要体现在两个方面：一是农村劳动力水平较低，虽然大多数青壮年都外出打工，或者进城创业，但在他们的头脑意识中还把从事农业当作底层的工作，不能满足个人的荣誉感，所以，他们进城务工，其实在城市赚的钱很少，但他们却有回乡后的个人荣誉感；而农村制度建设存在一些弊端，如土地的产权不清晰，很容易造成土地纠纷，而且经常出现个体权益受侵害的情况。因此，我国农民合作社建设，要加大农村人力资本建设，促进个人利益保护，从而增强农民入社的意愿。

第二，农民合作社的发展要重视组织专业化，从而提升组织的市场竞争力，适应当前市场引导的农民合作社发展。同时，在农民合作社发展过程中考虑管理技术的运用，不能仅仅依靠传统作业习惯来发展现代农业，根据现代市场的发展，生产一些农产品加工业或者对初级农产品进行简单的包装，就可以让价格提高，实现了利润增长。除此之外，还要大力发展计算机在农村的广泛应用。当前社会是信息的社会，掌握不好现代社会的信息，就会在竞争中处于劣势，加强农村的互联网建设，促进信息的及时共享和交流，让农民及时获取政府的相关法律法规信息，获取市场的价格、销售信息，获取组织内部运行情况的信息，及时做到信息的交流，保持信息的对称。当然，农民合作社培育要考虑到我国的现状，不能急于求成，不能采用强制手段，要按照自愿原则加入。我国正处于农民合作社的初级建设阶段，需要借鉴很多的经验，因此，在实际操作中要充分考虑专家的建议，改变传统的观念，运用科学的管理方法，把企业经营的理念融入进去，从而促进农民合作社的健康发展。

三、国外农业企业发展经验与启示

（一）国外农业企业发展经验特点

农业企业在带动农民就业和农产品加工方面具有很大的优势，我国工业化发展相比西方国家起步较晚，虽然现在我国工业发展得到了很大的进步，但是在农业企业方面建设还是要借鉴西方发达国家，尤其是日本和韩国。原因在于这两个国家的地理位置与我国毗邻，并且在资源、农业发展特点方面具有一些相似之处，所以，借鉴它们的经验，为我国所用，学习它们先进的农业企业经营管理水平和运作水平，对我国农业企业发展具有重要的意义。

1. 日本农业企业发展经验

日本农业企业早在20世纪60年代就得到了飞速发展，日本农业法人经营迅速发展，农业企业数量逐渐增多，总体来看，日本发展农业企业的目的是提高农业的效率和效益，延长农产品供应链，增加农产品附加值，带动农民就业，提高农民收入水平。

第一，在农业企业发展过程中，采用多种形式提高农业生产效率。日本通过制度改革，允许土地买卖，形成了土地的集中经营；通过农协购买一些机器设备，进行机械化操作。农业企业还可以把一些农村的闲散劳动力充分地利用起来，解决了当地一部分农户的就业，促进了当地经济的发展，农业企业利用廉价的劳动力，可以以较低的成本进行生产，进而提高自身的效益，农业企业就可以把一些剩余资金用于技术的采用和机械化操作，从而提高农业的生产效率。

第二，日本农业企业通过“农协”功能发挥了市场建设作用。日本农业企业与“农协”之间建立了合作伙伴关系，农业企业在农业产业化过程中还和“农协”建立了合作关系，从而农业企业可以利用“农协”建立农产品规模加工厂，一方面利用当地的土地，另一方面利用当地劳动力，从而有利于建立规模化的加工生产企业，通过“农协”的协调更容易管理农户。从而在农村建立生产、加工、销售一体化的市场建设。

第三，日本通过农业企业的发展，带动了当地农民就业，提高了农民的综合素质。农民在农业企业中工作，学习了操作机器的技术，同时在农业企业中也学习了相关的管理观念，使自己的思想文化素质得到了快速的发展。同时，日本重视农业知识的普及工作，它在小学和中学义务教育中就普及农业知识，并且还设置了农业职业高中学校，让学生学习系统的农业基础和技术。另外，政府还专门设置了提高农业生产者水平的营农大学等机构，促进了日本农民个人的文化素质发展，在农业生产中可以有效地发展他们的能动性，从而有利于农业企业的发展。

2. 韩国农业企业发展经验

韩国一直重视农业发展，把农业与工业发展放在同等重要的地位。韩国政府为了发展农业，加大了对农业的资金投入，同时加强了农业基础设施的重点建设，通过项目改制，扩大了农业生产的规模。到了20世纪90年代，韩国发起了一场新农村运动，在农村大力倡导农业专业化运动，提倡农产品直销，大力推荐“村社结对”活动，采取农业企业的带动活动等措施，促进了农业产业化的快速发展。与此同时，韩国建设了农业信息网络，为农业企业的发展提供了基础条件，方便了农业企业与农户之间的沟通，同时通过网络化建设，提高了农业企业适应市场多变的能力，农业企业通过网络可以实现信息的及时收集，同时调整市场价格和销售信息的经营策略。韩国政府继续加大计算机普及工作，在农村建立了计算机网络，实现了农户与农户之间、农户与农业企业之间的网络信息交流。一方面，实现了农户与企业之间的雇佣关系，节约了交易成本，实际上是节约了劳动时间；另一方面，通过网络建设，农业企业能够及时进行信息收集，包括市场信息和政策信息，从而有利于农业企业的快速发展。

（二）国外农业企业发展对我国的启示

1. 将现代生产要素引入农业经营主体

从韩日两国农业企业发展经验可以看出，它们都重视现代要素的引进。韩日两国为了在农业生产中引入现代的生产要素，政府采取了一些惠农政策，如日本实行了农业从业者资格确认制度，目的是保护这些确认的农业从业资格者，享有社会的中等偏上的收入水平，从而能够让他们从事农业生产，防止人才外流，同时，吸引其他有文化、懂技术的人才加入到农业生产建设的队伍中来。通过农业从业资格认证制度，可以让一些无法达到要求的农户，通过学习相关的知识达到要求，在学习的过程中，农户可以学习到一些农业的基本理论和技术，从而达到培训农民的目的。另外，韩、日两国鼓励采用机械化操作，提高农业生产效率。两国都建立了比较完善的技术创新和推广体系，实现了农业技术的不断创新；并且适时地调整政策措施，为农业企业提供政策上的补贴和扶持。我国农业企业建设较晚，并且由于历史原因，农业为工业发展做出了巨大的牺牲，现在是工业反哺农业的时期，要保证各种生产要素的大力投入，同时辅以政府的政策支持，把现代的一些生产要素投入进去，进一步促进我国农业企业的发展。

2. 重视农业人才建设，为农业企业提供人才支撑

人才建设是农业企业发展的源泉。从韩、日两国农业企业发展的实践经验来看，两国都重视农业人才的培养。为了培育农业人才，它们都采用了教育体系的培训，从事农业技术和理论的培训，从而为农业培训了一批懂技术、会管理的人才。尤其是重视农业教育，从义务教育阶段就开始培训，大大地提高了国民从小对农业的正确认识，不把农业看成是底层的工作，改变了传统的思想观念。我国在农业人才培养方面仍存在很大的问题。在教育方面，我国目前农村很少有农业培训机构，或者是农业培育学校，一方面是由于制度的建设欠缺，可以加大农村教育方面的投入，或者通过法律化，形成农业职业培训；另一方面是由于农民自身的认识错误原因，即使有培训机构，他们一般也不参与，认为培训不会带来农业产值的增加，反而认为会浪费时间，这时候就要加大宣传，改变农民的传统观念，从而为农业企业提供好的员工打好基础。

3. 提供制度供给，为农业企业创造条件

韩、日两国政府在农业企业发展中提供了很大的政策优惠和扶持，提供了完善的制度供给。如韩国政府通过法律措施降低土地价格，把一些土地要素集中到广大需要土地的农户，同时为农业企业提供税率上的优惠，在设立时提供补贴支持。日本政府也通过政策的不断完善，促进土地规模发展，有利于农业企业的规模化和机械化操作。另外，日本政府的农业资格从业认证制度是我国值得借鉴的，通过农业资格确认，可以保障确认后的收入水平，从而保证了农业生产的人才供应。日本政府还在农村实行了养老金制度，从而有利于农村人员的社会福利，农业企业的员工可以从农户中选拔，进而带动了农户的就业。虽然目前我国农业制度取得了一定的发展，取消了农业税，但是还存在一些不完善的地方，特别是农业企业员工素质较差，农业企业的扶持力度不够，以及在农业企业发展中的技术支持不够等都需要进一步加强，因此，我国需要建立一个完善的农产品市场交易制度，促进农产品市场化建设，保障农业企业生产销售的顺利进行，从而有效地进行农业企业培育。

第二节　我国新型农业经营主体培育路径选择

一、宏观层面培育路径选择

（一）加快农村土地要素流转

第一，强化土地流转法律制度。我国要在现有基本法律的基础上，完善农村土地流转相关的法律制度建设，从制度上对土地流转进行明确，有利于农村土地流转的顺利开展。首先，我国要继续完善《中华人民共和国农村土地承包法》《农村土地承包经营权流转管理办法》《中华人民共和国土地管理法》和《中华人民共和国土地管理法实施条例》等相关法律法规，让土地制度的条文更具体化，更具有可操作性。其次，针对现实中的土地流转问题，制定一些解决产权不清晰的法律条文，如制定一些《农村土地流转法》《农村土地产权法》《农村土地流转收益法》等新的法律法规，从而有利于解决农村土地流转出现产权不清造成的矛盾，还有一些由于利益分配不均产生的利益冲突等，因此，要根据农村土地流转过程中出现的问题，有针对性地制定相关法律制度，从法律上做到有法可依，同时也做到违法必究，从而保障新型农业经营主体的培育。

第二，完善农村土地产权制度。我国农村土地要实现顺利流转就要实行土地产权制度的创新。土地产权明晰可以保证流转中的利益冲突，从而更好地促进土地流转。首先，土地流转要建立在自愿的原则上，农民享受土地的使用权和产权，在推进土地流转的过程中，要尊重农民的意愿，不能实施暴力征地；其次，做好农村土地的确权登记制度，对农民的土地实行办证政策，从而强化农民的物权。只有在明晰的产权制度下，才能避免一些利益冲突，解决外部性问题，降低交易成本。

第三，创新农村土地流转方式。首先，土地流转要以市场导向为基础，传统的政府指令式已经不能适应市场经济的发展需求，积极发展农村二级土地使用权流转市场，加快农村土地租赁和转让进程，让一些不种地或者种地能力差的农户退出土地经营，这部分土地流向愿意种地的种地能手里，这样就提高了土地利用率，从而提高了农业生产率；其次，土地流转方式要灵活，即在坚持家庭联产承包经营基本制度的前提下，按照自愿原则，土地可以以多种形式进行流转，也允许农民以土地入股的方式加入农业企业的经营管理，另外，在土地流转程序上还可以进行农户间的直接流转或者委托第三方进行流转；最后，保证农村土地向新型农业经营主体手中流转，农村土地流转一定要用于农业生产用途，不能用于非农用途，特别是流转的方向要向种养大户、家庭农场、农民合作社和农业企业等手中集中，从而保证新型农业经营主体对土地集中经营的需求，促进新型农业经营主体的规模化经营。

第四，健全农村土地流转保障。首先，完善农村社会保障体系建设，农户土地流转后，如何完善失地农户的社会保障是关键，政府要提供一系列的保障措施消除农户土地流转中对失地后的保障担心，让他们意识到现代农业不再是依靠土地进行保障，要建立城乡一体化的保障体系，包括建立农村最低生活保障制度、养老保险制度和合作医疗制度等，从而消除农户的顾虑；其次，加大农村金融支持力度，不仅要完善政府的政策性金融支持力度，同时也要加大商业性金融支持力度和农村合作金融制度，保障土地在流转过程中的金融支持；最后，建立健全土地流转服务体系，建立一些土地流转服务机构，负责土地流转合同的签订等服务，另外，还应建立土地流转的仲裁机构，解决土地流转过程中产生的纠纷，及时地处理农户土地流转的矛盾，从而保障土地流转的畅通。

第五，建立土地流转的长效机制。新型农业经营主体培育不是短期内就能完成的，需要长期时间保障才能完成，因此就要求土地流转要建立长效机制。首先，建立农村土地确权登记制度，完善土地产权制度建设，从而为新型农业经营主体培育制度建设做好基础工作；其次，建立土地有序流转机制，农村土地流转是否有效，关系着新型农业经营主体培育的成败，要在农村建立土地产权交易市场，引导农民土地流转工作，让土地向种养大户、家庭农场、农民合作社和农业企业手中集中，实现新型农业经营主体培育的顺利开展，同时在流转中严禁农业用地非农化，保护农业用地规模是保证农业生产总量和粮食安全的基本条件；最后，要把握好适度原则。虽然新型农业经营主体的基本特征是规模化，但是规模化并非越大越好，规模越大需要管理者综合协调人员和配置资源的管理水平越高，同时要有足够多的流转资金，这就加大了资金的占用成本，如果资金很难筹集，容易造成资金链的断裂，从而导致整个组织的毁灭。因此，新型农业经营主体发展要把握好适度的原则，要与自身的发展水平和地区服务水平相适应，不能脱离新型农业经营主体实际情况，片面地追求大规模发展。

（二）政策法律方面

第一，出台新型农业经营主体的登记注册法律。新型农业经营主体需要明确自身的身份，从而更方便管理。2013 年中央 1 号文件提出“积极探索合作社联社登记管理办法”，就是对新型农业经营主体登记注册法律的支持。但是在建立新型农业经营主体登记过程中，要尽量简化登记流程，同时做好新型农业经营主体登记注册过程中的技术援助、指导和监督等工作，保证登记注册制度的顺利进行，为新型农业经营主体培育提供法律上的身份保证。

第二，创新农村合作金融制度。合作金融制度早在十七届三中全会就有提及，允许有条件的合作社开展信用合作。此后虽然中央 1 号文件也提到发展农民信用合作，创办合作金融相关的提议。但是正式注册为农村资金互助社的数量很少，还有一些民间信用合作组织，这些组织大多没有登记注册，使得人们混淆了合作金融与民间借贷之间的概念，很容易扰乱农村金融秩序，从而使新型农业经营主体很难获得贷款。因此，国家应尽快出台一些明确合作金融的制度，可以以社区或者合作社为依托，建立农民资金互助组织，同时要加强资金互助组织的监督职能，防止农村由于地缘性、封闭性和亲情等因素造成合作金融运行混乱问题，促进农村合作金融的健康发展。

第三，完善和修订现有新型农业经营主体法律法规。首先，有关新型农业经营主体培育的法律法规相对较少，有关农民合作社的法律除了有《农民专业合作社法》这一部法律之外，还应继续根据现实情况制定相关的法律制度，完善新型农业经营主体培育的法律环境，依法保障新型农业经营主体合法地位，为新型农业经营主体培育提供法律依据。其次，要在法律上对一些新型农业经营主体的概念进行清晰的界定，如村组集体组织、村组社区合作组织、村组社区组织等，这些概念存在一定模糊性，从而不利于组织发展中法律对其进行合理的保护。最后，还要进一步修订有关新型农业经营主体的法律条例，如《农民专业合作社法》，其在发展中起到积极的作用，但是仍然存在一些弊端，无法解决农民合作社出现的一些新问题，因此，需要继续修订和完善现有的新型农业经营主体有关的法律法规，为新型农业经营主体培育提供法律支持。

第四，协调新型农业经营主体各项政策。新型农业经营主体培育需要有条不紊地进行，在进行的过程中要有相关的法律政策作为规范的依据。现在我国在新型农业经营主体方面的法律法规正逐步走向完善，制定了各类新型农业经营主体发展的法律条文，这些条文在制定和运用中要注意它们之间的协调，保证各个条文之间的协调性、连接性和连贯性，不能出现条文之间的冲突现象，这样就达不到有法可依的基本原则。新型农业经营主体培育需要内部政策和外部政策双管齐下，从外部政策来看，虽然政府已经提供了大力支持，中央 1 号文件连续十几年关注农业的发展，都提到了加强新型农业经营主体培育的建设，在政策上提供了战略指导意义，但是一些具体的政策仍需要具体化，加强各级政策执行力；在内部政策方面，要加强新型农业经营主体组织内部的制度条文建设，从制度层面保障新型农业经营主体的高效运行。因此，新型农业经营主体培育要内外政策并重，从而为新型农业经营主体培育创造良好的环境。

（三）科学管理方面

第一，协调好政府与农户之间的关系。在新型农业经营主体培育过程中政府是导演，农户是主角，要正确处理好两者之间的关系。政府要按照自己的职责对新型农业经营主体培育给予战略指导、政策扶持和技术服务。没有政府的领导，新型农业经营主体培育就失去了方向，不可能取得最后的成功，因此，要强化政府在新型农业经营主体培育中的职责，并且强化政府内部的监督职能。另外，农户要按照政府制定的相关法律制度，遵纪守法，积极响应政府号召，从而协调好两者之间的关系，发挥农户培育新型农业经营主体的主动性。

第二，加大新型农业经营主体培育的内部需求。我国现阶段仍缺乏对新型农业经营主体培育的内部需求。目前传统小农户对新型农业经营培育的需求不足，他们有的对新型农业经营主体的基本概念不理解，不知道家庭农场和合作社的作用，不能有效地带动新型农业经营主体培育。并且现有农村的一些新型农业经营主体，其培育的目的也不是真正为了农业发展，而是利用新型农业经营主体的身份，为自身谋取个人利益，这样就造成了培育目的的改变。因此，下一步要加强新型农业经营主体的宣传，让农户对新型农业经营主体的功能进行了解，加强他们的认识，从心里认识到自身价值的存在，从而促进他们自愿培育新型农业经营主体，而不是通过其他政策驱动，加强农户在新型农业经营主体培育过程中的积极主动性。

第三，对新型农业经营主体进行分类指导。新型农业经营主体类型较多，在培育过程中，不能实行一刀切的模式，要根据各类型的特点提供差异化的培育模式。首先，要充分发挥各新型农业经营主体的优势，形成各个新型农业经营主体之间的协调发展，种养大户、家庭农场、农民合作社和农业企业可以优势互补，利用家庭农场生产优势，把家庭农场打造成重要粮食生产基地，另外，发挥农民合作社的作用，提高农户的市场地位，促进其在市场中的优势，利用农业企业的市场带动，从而形成家庭农场—合作社—农业企业的生产产业化链条；其次，要加强各类新型农业经营主体的分类补贴制度，对种养大户、家庭农场、农民合作社和农业企业制定差异化的农业补贴制度。

第四，强化新型农业经营主体运行的利益联结机制。新型农业经营主体培育正常运转需要协调各方之间的利益，形成产业一体化的运作模式，从而更好地带动现代农业发展，实现农民增收和粮食安全的战略。首先，要协调好种养大户、家庭农场、农民合作社和农业企业之间的关系，家庭农场可以加入合作社，与别的家庭农场或农户建立利益联结机制，通过农民合作社可以把农户之间联结在一起，形成共同的利益，合作社可以与农业企业建立合作关系，合作社将农户和家庭农场生产的农产品出售给农业企业，从而建立了他们之间的利益关系；其次，在实际运行过程中，要把提高农民收入增长作为主要目标，充分发挥农业企业的带动作用，引导农业企业将其利润空间扩大到“农户”层面，从而更有利于带动农户的积极性，促进新型农业经营主体培育；最后，建立农业企业与农民合作社之间的联合作用，农业企业帮助农民合作社在其设立程序、资产评估和财务核算等方面提供服务，充分发挥农民合作社的市场主体地位，建立与农业企业之间的战略伙伴关系，进一步促进新型农业经营主体运行的顺利进行。

二、微观层面培育路径选择

（一）加快农村生产要素向新型农业经营主体集聚

第一，推进农业生产机械化操作，实现农业生产规模化。虽然现代农业要求农业生产工具现代化，农业生产要改变传统的手工作业模式，走规模化的机械化操作，从而提高生产效率。但是传统小农户生产的土地都是分散的，不利于机械化操作，这样就严重影响了农业生产的规模化实现，要让土地要素向种养大户或家庭农场这样的新型农业经营主体手中聚集，从而实现农业的规模化生产。实践经验表明，规模化可以释放更多的生产要素效率，适度规模经营有利于农户优化土地产出，改善农业经营条件。另外，要发挥政府的作用，通过制度建设完善农业生产要素流转，从而实现农业生产的机械化和规模化生产。

第二，推进新型农业经营主体生产集约化。我国传统农业生产大多数还是粗放式的生产，目前农村大多还是传统的人力作业模式，并且利用大投入获得产品，不仅对环境造成了污染，而且获得的收益也较低；新型农业经营主体要改变传统的生产模式，提高农业生产的集约化生产。要实现农业生产的集约化，不仅需要采用现代化的农业生产技术，包括育种技术、灌溉技术和施肥技术，同时也要加强新型农业经营主体的作业管理技术，提高作业过程的流畅性及衔接性，从而提高资源的利用率和时间效率，进而提高新型农业经营主体培育的效率。

第三，规范新型农业经营主体的运营。新型农业经营主体在运营过程中，目前仍存在一些不规范的地方，尤其是在新型农业经营主体的市场谈判能力、交易过程、交易成本等方面仍存在一些缺陷。要把农户以合作社的形式联合起来，增强其价格谈判能力；同时加强交易制度建设，简化交易流程，建立彼此之间的信任机制，从而节约交易成本，拓宽更大的利益空间。同时新型农业经营主体在运营过程中要有效地规避风险，包括市场风险和自然风险，可以在新型农业经营主体运行中通过保险机制来完善风险防范，同时加强合作机制，弱化风险的危害；进一步提高新型农业经营主体的组织化，探索现代农业中的规模化、标准化、品牌化、集团化发展战略。尤其是其品牌建设，突出产品的优势和特点，提高利润空间；此外要建立新型农业经营主体的组织，必须实现其市场信息共享，通过计算机的普及和发展，带动农业信息化发展，从而实现新型农业经营主体快速应对市场变化决策的科学性，促进新型农业经营主体有效运营。

（二）加强新型农业经营主体教育培训，提高作业管理水平

第一，引导高等院校尤其是农业类高等院校与新型农业经营主体合作的机会，让高等学校对新型农业经营主体进行相关的农业知识和管理水平培训，提高新型农业经营主体科学文化水平，提高作业技术和作业管理水平。可以从新型农业经营主体中选取一部分人员去高等学校或者是农技推广部门进行技术的学习，从而培养这些人员的技术水平和文化素质，然后，这些人员回到新型农业经营主体组织后，再对其余的人员进行培训，从而实现新型农业经营主体教育培训的目的。或者是利用远程教学，实行电脑学习，通过网络技术，实行网络教学和视频教学，能够节约大量的时间成本；新型农业经营主体还可以建立教育考核制度，对新型农业经营主体的成员定期进行相关专业技术的考核，加强农业技术教育的控制，从而培育出一批懂技术、懂文化、有思想、会管理的新型农业经营主体。

第二，发挥新型农业经营主体成功示范作用，从而指导新型农业经营主体培育发展。通过学习成功的新型农业经营主体培育经验，可以先借鉴他们在培育过程中的管理方法和经营模式，从而形成相对比较标准化的培育过程，再结合自身组织的特点，对经验进行创新，从而设计出适合新型农业经营主体自身发展的经营方法，逐渐稳步地推进新型农业经营主体发展。通过新型农业经营主体成功示范作用，让广大农户看到新型农业经营主体发展带来的好处，从而让农户自身从心底里愿意参加新型农业经营主体培育，主动地学习先进的经验和方法，促进培育进程的加快。政府部门在示范区建设方面也要发挥其指导作用，对示范区可以给予一定的补贴，给予一定范围内的资金支持，但是政府在新型农业经营主体培育过程中，不能实行强制措施，不要强迫传统农户进行新

型农业经营主体培育，要尊重农户的意愿，引导农户接受新事物，然后慢慢地让农户从心里自觉地去向新型农业经营主体发展，从而推进新型农业经营主体培育的内生化。

（三）加强农村市场化建设，推进农产品商品化

新型农业经营主体不同于传统小农户的一个显著特征就是其生产的农产品商品化，要实现农产品的商品化就要加强农村的市场化建设。从目前我国情况来看，农村市场发展水平很低，这主要是由于当前我国农业经济发展水平、农户思想意识和国家政策等多种因素造成的，因此要积极培育农产品市场化环境，促进农村市场化建设。第一，规范农产品批发市场和集贸市场建设。农产品在交易过程中如果交易金额和交易量较大，可以通过批发市场进行交易；如果是日常小规模交易可以通过集贸市场建设。在市场建设过程中，要发挥政府的主导作用，投入适量的资金用于市场建设，或者政府与企业联合，共同建设市场，对市场进行管理，并在市场中投入一定的资金，用于市场的成本管理。第二，加强市场的规章制度建设。市场要想有效地发挥作用，必须建立一定的规章制度规范市场运行。制定市场的交易规则、管理条例，以及商品质量检测条例等，规范市场的正常交易，保证市场上农产品的质量。第三，推进农产品国际化交易市场，促进农产品国际贸易。积极地利用国际市场，发挥农业企业的作用，把农户与国际市场联系起来，加大农产品的加工行业，促进农产品附加值的增加，带动农民就业，增加农民收入。除此之外，还要建立农村的金融市场、技术市场、劳动力市场和产权市场等，从而带动整个农产品要素市场的发展。

（四）推进农村信贷改革，加大农村金融投资力度

新型农业经营主体培育过程中离不开资金的支持，相关政策要向新型农业经营主体培育的资金方面倾斜，扶持新型农业经营主体的发展，政府每年都要对新型农业经营主体进行相关的补贴，并且在信贷方面给予一定的优惠政策，放宽新型农业经营主体的信贷条件。首先，政府在新型农业经营主体培育过程中投入一定的资金支持，可以作为新型农业经营主体的启动资金，这部分资金可以是无偿支持，政府进行监管；或者是实行有偿支持，以入股的方式投进去，然后从中获取红利。其次，在新型农业经营主体中建立合作金融，新型农业经营主体可以以合作的方式进行金融的合作，各自出一部分资金从而供大家使用，在使用过程中要建立资金的监管体制。最后，加大农户信贷的抵押贷款制度创新，可以允许农户利用土地产权进行抵押贷款，从而更有利于农户资金的筹集，有利于新型农业经营主体的培育。

（五）建立农村网络信息系统，促进市场信息共享

在新型农业经营主体培育中，信息是进行交易的桥梁。要加强农村网络信息系统的建设，促进农村市场的信息共享，增强农户对市场价格的了解，以及对农业生产作业技术的学习。首先，政府要起到主导作用，合理规划农村的信息化建设，让每户人家都建立信息化网络连接，从而实现信息的及时沟通，减少市场的交易成本；其次，建立新型农业经营主体与农业企业之间的信息交流，形成农产品交易的信息交流平台；再次，利用信息网络系统开展技术推广和普及工作，对广大农户进行合作教育，让农户掌握基本的计算机操作技术，学会网络搜索方法，从而有利于农业技术的学习和农技的推广；最后，通过农村网络信息系统建设，可以加强政府、新型农业经营主体和农户之间的联系，充分地利用市场，更有利于资源要素的配置和流程管理的控制，促进新型农业经营主体培育的发展。

（六）加强培育流程中的衔接性，提高培育的运行效率

在新型农业经营主体培育过程中，要重视各个流程中主体的分工和资源合作共享机制，种养大户、家庭农场、合作社、农业企业之间要做好资源的合理利用。首先，做好流程的合理分工，在分工中要做到职位的细化，做到流程落实到人，建立有效的考核制度，保证每个环节的流畅性和效率性，从而更有利于新型农业经营主体的培育；其次，建立参与主体的利益协调机制，保证每个参与主体在合作共享过程中，自身的利益不受到侵害，而且要保证各参与主体能够在合作中，取得利益的更大化，鼓励参与主体的合作；最后，创新参与主体的运作模式，参与主体之间通过利益协调机制，实现合作和共享资源，在合作中创新模式，从而能更好地进行利益协调，更有利于新型农业经营主体的发展。

第三节　本章小结

本章总结了国外新型农业经营主体培育的先进经验，并结合我国情况，对国外经验的启示进行了归纳概括。国外先进的经验是适应国外的国情的，考虑到各国之间资源禀赋差异、社会性质差异、经济发展差异、文化观念差异等，我国不能完全照搬国外的经验，应该结合我国的实际国情，建设适合中国当前生产力发

展的新型农业经营主体。本章从宏观层面和微观层面提出了我国新型农业经营主体培育的路径选择，主要是从培育要素视角出发，对其培育过程的培育要素进行了合理的安排规划，目的是以宏观的战略角度和微观的执行角度综合、科学、合理地提出我国新型农业经营主体培育的路径。

第九章　研究结论与展望

本章是全书的结束篇，主要概括本书的研究结果及研究不足，并对下一步研究的方向进行了展望。通过对新型农业经营主体培育机制研究，笔者深深体会到新型农业经营主体培育过程的复杂性，尤其是新型农业经营主体的培育流程管理这一研究领域，目前仍然处于探索阶段，本书只是“引玉之砖”。另外，由于时间和本人能力所限，本书肯定存在着许多不足之处，这只能作为作者及其他人员今后进一步深入研究的努力方向。尽管存在一些不足之处，但本书也得出了一些有意义的结论。

第一节　研究结论

本书首先讨论了新型农业经营主体的内涵、类型和特征，并对我国新型农业经营主体产生的历史轨迹进行了梳理，阐释了新型农业经营主体产生的动因及趋势。其次，探究了影响新型农业经营主体培育的原因，论述了新型农业经营主体的培育过程及流程分解；并在此基础上对政府及社会服务组织等的权责进行了社会分工，构建了它们之间的协调合作机制，并以农业产业化为视角，探讨了新型农业经营主体的运行模式，设计了产业化经营中的利益联结机制。最后，构建了新型经营主体培育效果评价体系，并借鉴国内外先进经验，提出了我国新型农业经营主体培育的路径选择。主要得出以下五点研究结论：

（1）进一步清晰界定新型农业经营主体的概念。现阶段新型农业经营主体的概念仍没有统一的说法，尤其是对新型农业经营主体中的家庭农场的概念，目前仍缺乏对其有效的界定。概念的界定模糊不仅造成学术界研究界限模糊，而且更容易使得一些行政部门在实际执法时，由于对概念的误解，而造成地方行政部门不当的行为。如家庭农场的概念和家庭经营、种养大户、商业化农场有何区别，不然地方行政部门很容易造成盲目地追随政策，培育他们理解下的“家庭农场”。通过比较的方法就可以更清晰地理解各自的概念，比较新型农业经营主体与传统农业经营之间的概念，区分家庭农场与小农户、种养大户、农民合作社、农业龙头企业等的概念，找出它们之间的异同，有利于清晰地理解各自的含义，从而在政府实际实施过程中，正确地制定实施方案和对策。

（2）强化新型农业经营主体培育的动力机制，促进新型农业经营主体健康、有序的培育发展。通过分析新型农业经营主体历史演变进程，发现其产生的动因可以归纳成两个方面：一是内部原因，主要是经济利益驱动、风险规避、农业产业化、精英农户带动等因素；二是外部原因，主要涉及制度、政策、法律、人员自身素质、金融发展、技术提高以及市场的逐步完善等因素。同时，通过对新型农业经营主体培育意愿调查及影响因素分析，发现人力要素中的文化教育程度和健康状况对大部分的农业经营主体都具有显著影响；金融要素中的政策性金融、商业性金融和自有资金对大多数的农业经营主体也具有显著影响；土地要素中的土地流转合同签订、土地集中和种地规模等都表现出不同的效果；技术要素中的技术种类对大多数农业经营主体具有显著影响，控制变量中的制度要素和地理区域变量也有不同的影响。从而根据实证检验结果，就可以有针对性地对不同类型的农业经营主体培育提供要素的支持，从而为在新型农业经营主体培育过程中生产要素的合理配置提供一定的实证证据。

（3）对复杂的新型农业经营主体培育过程模型进行流程分解，强化流程管理机制，加强每一流程的控制。新型农业经营主体是一个复杂的系统，要想对其进行培育，必须要对新型农业经营主体的形成机理进行流程分解，实施流程管理，便于控制每一流程作业情况，从而更好地培育新型农业经营主体。另外，考虑到新型农业经营主体培育是一个系统工程，其培育过程涉及多部门的协调合作，其中主要包括政府部门、农户、社会其他组织和农业企业，明确各部门的职责，需要对其进行分工，并且在分工的基础上，又要使得每个参与培育的部门之间利益协调，进而形成一个作业有序、运行良好的新型农业经营主体培育系统。

（4）新型农业经营主体运作模式选择及利益联结机制。新型农业经营主体要想长久地发展，必须建立在农业产业化经营上。而传统的“农户 + 企业”的产业运作模式已经不能适应当前新型农业经营主体发展的要求，必须创新运作模式。在坚持实用、有效和可持续原则的基础上，推行“公司 + 中介组织 + 农户”

和股份合作制运作模式。同时，加强买断式、合同式、合作式、企业化和股份式利益联结机制。由于各种利益联结模式都是存在其优点和缺点的，因此，在选择利益联结模式时要考虑到不同的经济、文化发展状况，各种利益联结模式在不同的生产力下会产生不同的效果，因此，合理地选择不同模式也是巩固各个利益主体之间关系的重要保证。同时，强化合同管理，建立风险保证金制度，建立和完善监督约束机制和加强组织制度建设，规范新型农业组织制度建设和利益分配机制，在农业产业化经营过程中建立约束机制和保障机制，确保农业产业经营健康持续发展，以利于利益机制的正常运转。

（5）建立完善的新型农业经营主体培育效果评价反馈机制。要根据战略指导原则、系统原则、协调性原则、高效率原则、成本效益原则和可操作性原则，形成构建包括战略层面、运作层面、资源层面的指标体系思路，不仅从财务角度来进行考评，更重要的是应从流程角度、市场角度、成员角度、技术角度和社会角度进行效率和满意度方面来评价，从而构建一个系统的考评体系。本书在体系框架的基础上，构建了包括 22 个指标的新型农业经营主体的指标体系，并且为了验证指标体系构建的科学性，采用 30 家合作社调研数据，采用因子分析法和专家打分法对评价体系进行了验证。结果表明，评价体系具有一定的合理性和科学性，可以用来评价新型农业经营主体运行的绩效。

第二节　研究展望

新型农业经营主体的培育是一项系统工程，需要人力、资金、土地、设备物质、技术、信息、管理等各个要素的综合配置才能更好地完成，培育过程更是涉及政府、农户、农业企业、金融机构、农业协会、土地管理部门、信息部门、物流部门、农技推广部门、水利部门和其他农业服务组织等各社会主体的协调配合。如果缺乏任何一个部门的协调，或者哪个部门在培育过程中协调不好，都可能会造成培育流程受阻。因此，在培育过程中，一定要设计好一套科学的、合理的、高效率的培育流程，将社会每一主体的任务进行合理划分，明确每一主体的职责，以及设计流程中要素的配置、组织结构的安排等，才能使得培育过程顺利进展。本书在新型农业经营主体内涵界定的基础上，探讨了新型农业经营主体形成轨迹、动因和趋势，探究了培育过程中的影响因素、培育过程、流程设计、社会角色分工以及利益协调，并构建了新型农业经营主体运行机理和效果评价体系。但是，在以下环节仍需要进一步加强：其一，流程设计方面仍需进一步细化。本研究流程设计还没有做到进一步的细化，只是按照培育前、培育中和培育后进行了划分，细化流程的好处是通过更详细的部门设置和适度管理幅度，更有利于培育过程中每一环节的控制。其二，评价培育效果指标构建方面仍需进一步强化。虽然指标的设定对当前培育效果的衡量起到一定的参考作用，但受到部门规模差异的影响，以及新型农业经营主体多元化的制约，评价指标体系仍需要进一步完善。其三，加强调查样本的数据库建设。目前的调查样本都是截面数据，缺少多年的追踪调查数据。其四，加强培育流程方面的案例调查，从而对培育流程的控制和优化具有重要的现实指导意义。

附　录

新型农业经营主体培育要素调查问卷

尊敬的村民朋友：

您好！为了更好地了解当前农业生产状况，加快农业现代化建设，促进新型农业经营主体培育，我们开展本次农业生产调查。此次调查采用无记名形式，完全保护您的隐私，希望得到您的支持与配合。如有打扰之处望谅解！请在合适的选项上打√，谢谢您的支持！

一、人员基本情况

（一）个体基本情况

1. 您的性别：________；年龄：________岁；文化程度：________学历。

2. 您的身体健康状况怎么样？

①优秀；②良好；③一般；④较差；⑤差。

3. 您在村中担任什么角色？①村干部；②普通农民；③种地能手；④家庭农场主；⑤企业负责人；⑥合作社领导；⑦其他________________。

（二）家庭基本情况

4. 您家总共有：________人；16～60周岁________人；大专及以上学历有________人。

5. 您是否希望家庭高学历人员在农村从事农业劳动？①是；②否。

6. 您家外出务工：________人；外出务工人员年龄：________岁；文化程

度：________。

7. 您的家庭年总收入________万元，其中，农业收入能有________万元。

8. 您对目前的家庭总收入满意么？①很不满意；②不满意；③一般；④满意；⑤很满意。

二、土地基本情况

1. 您家总共种了________亩地；自己家的地有________亩；您种了________年地了。

2. 您家土地属于哪种类型？①山地；②平原；③丘陵；④高原。

3. 您家的土地是集中连片分布，还是零星分布？①集中连片；②零星分布，但距离较近；③零星分布，距离较远。

4. 土地流转的形式主要有哪些？①租别人家的土地；②和别人的土地换的；③别人租的，又转给我们的；④我们租别人的，现在又转给其他人了；⑤可以用土地入股，加入合作社、农业协会等组织；⑥可以用土地抵押贷款；⑦其他________________。

5. 土地流转的途径主要有哪些？①经过村集体或村民小组协调；②经过乡镇政府协调；③完全自发协调。

6. 土地流转是否签订相关流转合同？①是；②否。

三、资金及公共设施基本情况

1. 您所需资金从哪些渠道获得？（多选）①政府财政补贴；②向银行等金融机构贷款；③向民间组织贷款；④向亲戚或朋友借款；⑤自有资金；⑥其他渠道________________。

2. 您是否愿意从银行等金融机贷款？①愿意；②不愿意。

3. 如果贷款，您需要贷多少？①10 万元以下；②10 万 ~ 50 万元；③50 万元以上。

4. 如果贷款，您希望贷多长时间？①1 年以内；②1 ~ 2 年；③2 ~ 3 年；④3 年以上。

5. 您从银行贷款是否有相应的贷款补贴？①有；②无。

6. 您对银行或者信用社等金融机构贷款有什么评价？①很不满意；②不满意；③一般；④满意；⑤很满意。

7. 您是否愿意从民间组织小额贷款？①愿意；②不愿意。

8. 您对民间小额贷款有什么评价？①很不满意；②不满意；③一般；④满意；⑤很满意。

四、农业技术基本情况

1. 您是否接受过农业技术培训和指导？①是；②否。

2. 您在生产中使用机械化的情况如何？①不使用；②很少使用；③经常使用。

3. 您在生产中是否用到计算机？①不使用；②很少使用；③经常使用。

4. 您现在接触到的农业技术有哪些？（可多选）①良种及栽培技术；②病虫害、动物疫病防治技术；③施肥技术；④农技实用技术；⑤产后加工技术；⑥土壤改良与水土保持技术；⑦农业防灾减灾技术；⑧能源开发利用技术；⑨其他技术________________。

5. 您希望得到的农业技术有哪些？（可多选）①良种及栽培技术；②病虫害、动物疫病防治技术；③施肥技术；④农技实用技术；⑤产后加工技术；⑥其他技术________________。

6. 您获得技术的主要渠道是（多选）：①政府农技推广机构；②龙头企业或合作组织；③科技园区或基地示范；④农村能人示范；⑤广播、电视、网络等媒体报道；⑥其他________________。

7. 您希望获得技术的渠道是（多选）：①政府农技推广机构；②龙头企业或合作组织；③科技园区或基地示范；④农村能人示范；⑤广播、电视、网络等媒体报道；⑥其他________________。

五、农业政策基本情况

1. 您关注农业政策么？①很关注；②关注；③一般；④偶尔关注；⑤不关注。

2. 您主要从哪里获得农业政策信息？①从电视、报纸、广播、网络等媒体；②政府下乡宣传；③村干部通过广播、文件等进行宣传；④其他__________。

3. 您对目前的农业政策是否满意？①很不满意；②不满意；③一般；④满意；⑤很满意。

4. 您认为村干部在农业政策宣传中的作用大不大？①没作用；②作用很小；③有一定作用；④作用较大；⑤作用很大。

5. 您在生产中得到过哪些方面的财政补贴？①农业机械购置补贴；②节水

灌溉补贴；③良种补贴；④农业技术补贴；⑤道路建设和维修补贴；⑥其他补贴________________。

6. 您希望得到哪些方面的政府补贴？①农业机械购置补贴；②节水灌溉补贴；③良种补贴；④农业技术补贴；⑤道路建设和维修补贴；⑥其他补贴________________。

7. 您是否了解农业保险？①不了解；②了解，但没投过；③了解，投过________保险。

8. 您没有购买农业保险的原因：①出险机率小；②农业收入占家庭总收入比重小，即使遭受损失也无所谓；③保险费太高；④索赔困难，信不过农业保险；⑤政府补贴过低；⑥不知道有农业保险这回事；⑦有购买农业保险的意愿但是不知道如何购买。

六、对新型农业经营主体的认知及评价情况

1. 您加入了________________新型农业经营主体（家庭农场、合作社、农业企业等）。

2. 您不加入新型农业经营主体的原因：①对其不太了解；②注册条件不符合；③注册费用太高，缺少资金；④感觉其作用不大；⑤没有管理家庭农场的能力；⑥其他________________。

3. 如果您没有加入新型农业经营主体，您愿意加入吗？①很愿意；②愿意；③一般；④不愿意；⑤很不愿意。

4. 您加入新型农业经营主体的原因：①获得政府的相关补贴；②发挥规模经济，降低单位成本，提高收入；③增加产品销售渠道；④机械化操作，提高生产效率；⑤其他________________。

5. 如果您加入了新型农业经营主体，您对目前生产经营情况是否满意？①很不满意；②不满意；③一般；④农业作业技术满意；⑤很满意。

6. 您对新型农业经营主体如家庭农场、种养大户、合作社、农业企业的性质、功能了解吗？①完全不了解；②不了解；③了解一些；④比较了解；⑤很了解。

7. 您对新型农业经营主体的法律制度了解吗？①完全不了解；②不了解；③了解一些；④比较了解；⑤很了解。

8. 您对新型农业经营主体的盈余分配制度了解吗？①完全不了解；②不了解；③了解一些；④比较了解；⑤很了解。

9. 您对组织内的管理者的信任程度：①很不信任；②不信任；③一般；④比较信任；⑤非常信任。

再次感谢您对我们的支持！祝您工作愉快！阖家幸福！

参考文献

［1］［德］卡尔·马克思．曾令先，卞彬，金永编译．资本论［M］．人民日报出版社，2006.

［2］［美］西奥多·威廉·舒尔茨．改造传统农业［M］．北京：商务印书馆，2003.

［3］S. Popkin，The Rational Peasant：The Political Economy of Rural Society in Vietnem，Berkeley：University of California Press，1979：31.

［4］黄宗智．华北的小农经济与社会变迁［M］．北京：中华书局，1986.

［5］黄宗智．长江三角洲小农家庭与乡村发展［M］．北京：中华书局，2000.

［6］［美］詹姆斯·C. 斯科特著．程立显，刘建等译．农民的道义经济学——东南亚的反判与生存［M］．北京：译林出版社，2001.

［7］Michael Lipton，The Theory of the Optimizing Peasant，Journal of Development Studies，1968.

［8］［美］加里·斯坦利·贝克尔（Gary Stanley Becker）著．家庭论［M］．北京：商务印书馆，1998.

［9］H. N. Barnum，L. Squire. A Model of an Agricultueal Household：The Theory and Evidence［J］. 1979，World Bank Occasional Paper No. 27 Washington DC：World Bank.

［10］Pitt M. M.，Rosenzweig，Mark R. Estimating the Intrahousehold Incidence of Illness：Child Health and Gender－Inequality in the Allocation of Time［J］. International Econnomic：Review，1990，31（4）：969－990.

［11］Manner M. and Brown M. Marriage and Honsehold Decision－making International Ecxmomic：Review，1980（21）：31－44.

［12］McElroy and Horney. Nash－bargained Decisions：Toward a Generalization of the Theory of Demand International Economic Review, 1981 (22): 333 -349.

[13] Pollak R. A. A Transaction Cost Approacdi to Families and Households [J]. Journal of Economic Literature, 1985 (23): 581 -608.

[14] Chiappori P. A, Co1lective Labor Supply and Welfare [J]. Journal of Political Economy, 1992 (100): 437 - 467.

[15] Chiappon P. A, Fortin B. and Lacroix G. Marriage Market, Divorce Legislation and Household Labor Supply [J]. Journal of Political Economy, 2002, 110 (1): 37 -72.

[16] 林开峰，任波. 要大力扶持专业大户的发展 [J]. 天府新论，1984 (4): 11 -13.

[17] 胡必亮. 稳定自给性小农，发展商业性大农 [J]. 山东农业 (农村经济)，2003 (10): 1.

[18] 刘德骥. 关于发展农村“大户经济”的调查 [J]. 四川行政学院学报，2004 (2): 100 -104.

[19] 纪永茂，陈永贵. 专业大户应该成为建设现代农业的主力军 [J]. 中国农村经济，2007 (S1): 73 -77.

[20] 贺雪峰. 当下中国亟待培育新中农 [J]. 理论学习，2012 (7): 44 -45.

[21] 孙晋刚. 金融支持农村专业大户发展的困境与对策 [J]. 金融经济，2014 (16): 186 -187.

[22] 张雨林，杨承训，郭西萍. 试论我国社会主义农业中的家庭经济 [J]. 经济研究，1983 (6): 45 -51.

[23] 张晓丽. 关于建立家庭农场的经济学思考 [J]. 农村经济，2001 (5): 1 -3.

[24] 高强，刘同山，孔祥智. 家庭农场的制度解析：特征、发生机制与效应 [J]. 经济学家，2013 (6): 48 -56.

[25] 岳正华，杨建利. 我国发展家庭农场的现状和问题及政策建议 [J]. 农业现代化研究，2013 (4): 420 -424.

[26] 王建华，李俏. 我国家庭农场发育的动力与困境及其可持续发展机制构建 [J]. 农业现代化研究，2013 (5): 552 -555.

[27] 朱启臻，胡鹏辉，许汉泽. 论家庭农场：优势、条件与规模 [J]. 农业经济问题，2014 (7): 11 -17.

［28］王春来．发展家庭农场的三个关键问题探讨［J］．农业经济问题，2014（1）：43－48.

［29］包乌兰托亚．家庭农场理论研究与实践探索［J］．山东农业科学，2015（1）：130－134.

［30］张晓山，苑鹏．国家立法与合作组织的发展［J］．农村经济与社会，1990（5）：30－39.

［31］张金芳．对农村股份合作制性质的再认识［J］．经济经纬，1996（4）：75－77.

［32］张晓山．促进以农产品生产专业户为主体的合作社的发展：以浙江省农民专业合作社的发展为例［J］．中国农村经济，2004（11）：4－10.

［33］国鲁来．农民合作组织发展的促进政策分析［J］．中国农村经济，2006（6）：4－11.

［34］苑鹏，刘凤芹．美国政府在发展农民合作社中的作用及其启示［J］．农业经济问题，2007（9）：101－105.

［35］王曙光．农民合作社的全要素合作、政府支持与可持续发展［J］．农村经济，2008（11）：3－6.

［36］孙迪亮．农民合作社：走中国特色农业现代化道路的重要选择［J］．经济问题探索，2010（8）：135－138.

［37］李尚勇．农民合作社的制度逻辑［J］．农业经济问题，2011（7）：73－81.

［38］黄祖辉，扶玉枝，徐旭初．农民专业合作社的效率及其影响因素分析［J］．中国农村经济，2011（7）：4－13.

［39］黄胜忠，伏红勇．成员异质性、风险分担与农民专业合作社的盈余分配［J］．农业经济问题，2014（8）：57－64.

［40］徐宏潇．农民专业合作社发展的制约因素与政策建议［J］．宏观经济管理，2015（1）：48－52.

［41］刘晓敏，李丹．农业龙头企业竞争优势研究：基于资源战略管理的视角分析［J］．华东经济管理，2010（6）：85－88.

［42］陈灿，罗必良．农业龙头企业对合作农户的关系治理［J］．中国农村观察，2011（6）：46－57.

［43］王亚新．农业龙头企业技术创新战略联盟探讨［J］．科技进步与对策，2012（23）：100－103.

[44] 贾伟，秦富．农业龙头企业绩效影响因素的实证分析：基于董事长和总经理合职与分离的角度［J］．中国农业大学学报，2013（5）：181－188.

[45] 徐雪高，张照新．农业龙头企业社会责任信息披露指标体系设计［J］．华中农业大学学报（社会科学版），2014（5）：17－23.

[46] 王鑫．基于委托代理理论的政府对农业龙头企业激励策略［J］．江西社会科学，2014（3）：46－51.

[47] 谭丽平．强壮龙头企业　发展现代农业［J］．江苏农村经济，2015（2）：58－59.

[48] 楼栋，孔祥智．新型农业经营主体的多维发展形式和现实观照［J］．改革，2013（2）：65－77.

[49] 张照新，赵海．新型农业经营主体的困境摆脱及其体制机制创新［J］．改革，2013（2）：78－87.

[50] 宿爱梅．培育新型农业经营主体推进现代农业发展［J］．中共青岛市委党校，青岛行政学院学报，2013（3）：40－44.

[51] 孔祥智．培育新型农业经营主体［J］．山东财政学院学报，2013（5）：5－10.

[52] 张海鹏，曲婷婷．农地经营权流转与新型农业经营主体发展［J］．南京农业大学学报（社会科学版），2014（5）：70－83.

[53] 江维国．我国新型农业经营主体的功能定位及战略思考［J］．税务与经济，2014（4）：14－18.

[54] 郭庆海．新型农业经营主体功能定位及成长的制度供给［J］．中国农村经济，2013（4）：4－11.

[55] 王国敏，杨永清，王元聪．新型农业经营主体培育：战略审视、逻辑辨识与制度保障［J］．西南民族大学学报（人文社会科学版），2014（10）：203－208.

[56] 王慧敏，龙文军．新型农业经营主体的多元发展形式和制度供给［J］．中国农村金融，2014（1）：25－27.

[57] 汪艳涛，高强，苟露峰．农村金融支持是否促进新型农业经营主体培育：理论模型与实证检验［J］．金融经济学研究，2014（5）：89－99.

[58] 李明贤，樊英．新型农业经营主体的功能定位及整合研究［J］．湖南财政经济学院学报，2014（3）：113－121.

[59] 张扬．试论我国新型农业经营主体形成的条件与路径：基于农业要素

集聚的视角分析［J］．当代经济科学，2014（3）：112－128.

［60］王国敏，翟坤周．确权赋能、结构优化与新型农业经营主体培育［J］．改革，2014（7）：150－159.

［61］陈晓华．大力培育新型农业经营主体：在中国农业经济学会年会上的致辞［J］．农业经济问题，2014（1）：4－7.

［62］张红宇．新型农业经营主体发展趋势研究［J］．农业经济研究，2015（1）：104－109.

［63］秦晓娟，孔祥利．农村劳动力转移的选择性、城乡收入差距与新型农业经营主体［J］．华中农业大学学报（社会科学版），2015（2）：73－78.

［64］邵明伟．从生产方式到经营方式：农业经营方式内涵的重新分析［J］．经济问题，2009（11）：71－73.

［65］曾福生．中国现代农业经营模式及其创新的探讨［J］．农业经济问题，2011（10）：4－10.

［66］高煦照．我国农业经营方式的变迁［J］．合作经济与科技，2012（10）：29－30.

［67］刘镭．农业经营方式的选择行动与社会结构互动关系研究［J］．中南民族大学学报（人文社会科学版），2014（2）：93－97.

［68］崔淑芬，王业鹏，胡橙．电商背景下新型农业经营体系与农业经营方式研究［J］．物流工程与管理，2015（1）：178－180.

［69］张红宇．现代农业和农村体制创新［J］．南京农业大学学报（社会科学版），2014（3）：1－7.

［70］邵峰．论农业经营体制创新［J］．农业经济问题，2003（9）：59－62.

［71］阮文彪．农业经营体制创新的长期战略与总体构想［J］．现代经济探讨，2004（9）：23－26.

［72］颜华，郭翔宇，叶喜永．发展农村合作经济组织创新农业经营体制［J］．东北农业大学学报（社会科学版），2005（8）：16－18.

［73］刘晓萍，王申．农业经营体制创新的困境及路径构建［J］．中州学刊，2013（5）：41－44.

［74］尹成杰．要加快推进农业经营体制创新［J］．西部大开发，2014（5）：59.

［75］包宗顺．耕地、劳动力资源利用与农业经营体制创新：基于江苏 1086

个农户问卷调查资料的分析［J］. 江海学刊，2012（4）：104－110.

［76］肖良，周思山. 农业经营体制机制的主体创新研究：以宿州市农民专业合作社为例［J］. 绥化学院学报，2015（2）：21－24.

［77］吴奇修，官靓，董志勇. 粮食政策对农户的激励作用与政策建议——以湖南省为例［J］. 农业现代化研究，2008（3）：257－261.

［78］吕杰，冉陆荣. 林地流转中不同类型农户决策行为博弈分析［J］. 中国土地科学，2011（4）：31－35.

［79］王绪龙，周静，张红. 农户决策对其支付意愿影响的博弈论研究［J］. 中国人口·资源与环境，2013（11）：171－176.

［80］王世尧，王树进. 中国省区蔬菜种植面积变化中农户决策行为因素的实证分析［J］. 经济地理，2013（9）：128－134.

［81］钱忠好. 非农就业是否必然导致农地流转——基于家庭内部分工的理论分析及其对中国农户兼业化的解释［J］. 中国农村经济，2008（10）：13－21.

［82］中国人民银行研究局. 小额信贷通讯［R］. 2012－9－20.

［83］郝朝艳，平新乔，张海洋等. 农户的创业选择及其影响因素［J］. 中国农村经济，2012（4）：57－65.

［84］孙亚范，余海鹏. 农民专业合作社成员合作意愿及影响因素分析［J］. 中国农村经济，2012（6）：48－58.

［85］［美］迈克·波特. 陈小悦译. 竞争战略［M］. 北京：华夏出版社，2005.

［86］张扬. 试论我国新型农业经营主体形成的条件与路径——基于农业要素集聚的视角分析［J］. 当代经济科学，2014（3）：112－117.

［87］星焱，李雪. 粮食生产价格的决定因素：市场粮价还是种粮成本利润［J］. 当代经济科学，2013（4）：112－124.

［88］张扬. 台湾地区现代农户形成和发展与农业生产要素集聚［J］. 农业现代化研究，2012（5）：585－589.

［89］翟坤周，周庆元. 新农村综合体的内涵特征、体系框架与建设策略［J］. 现代经济探讨，2014（4）：50.

［90］凌峰. 企业管理流程设计研究：基于管理功能与载体及相关影响因素分析［D］. 江苏大学博士学位论文，2012.

［91］戚昌滋. 设计学［M］. 北京：中国建筑工业出版社，1991：58－59.

［92］［美］Krajewski &Ritzman. 刘晋，向佐春译．运营管理：流程与价值链（第七版）［M］．北京：人民邮电出版社，2007.

［93］彭东辉等．流程再造教程［M］．北京：航空工业出版社，2004.

［94］周妮等．企业业务流程设计与再造［M］．北京：中国纺织出版社，2005.

［95］李宝山，王水莲．管理系统工程［M］．北京：清华大学出版社，北京交通大学出版社，2010.

［96］刘建一．我国管理科学项目研究的若干问题［J］．南开管理评论，2001（4）：4－6.

［97］赵留贯，王永明．农民在新农村建设中的角色定位和角色塑造［J］．安徽农学通报，2006（11）：1－2.

［98］郑少红．现代农业企业发展理论与实践［M］．北京：中国农业出版社，2013.

［99］戴媛媛．中国特色农业产业化经营模式研究［D］．复旦大学硕士学位论文，2009.

［100］雷俊忠．中国农业产业化经营的理论与实践［D］．西南财经大学博士学位论文，2004.

［101］徐旭初，黄胜忠．走向新合作：浙江省农民专业合作社发展研究［M］．北京：科学出版社，2009.

［102］岳澎．流程型组织的构建研究［M］．北京：北京大学出版社；中国农业大学出版社，2009.

［103］丁慧媛．沿海地区小规模兼业农业向适度规模现代农业转化的方向与机制研究［D］．中国海洋大学博士学位论文，2012.

［104］朱博文．国外家庭农场发展的经验与启示［J］．新疆农垦经济，2005（2）：69－72.

［105］耿红莉．国内外农民专业合作社发展概况［J］．北京农业职业学院学报，2007，21（6）：39－43.

［106］洪闫华．国外农业合作社治理的经验及启示［J］．经济纵横，2012（6）：96－99.

［107］史金善．美日欧农民合作经济比较及对我国合作经济的启示［J］．当代经济研究，2005－9－25.

［108］闫芳．中国农村合作经济组织的演进逻辑研究［D］．上海：上海交

通大学博士学位论文，2013.

［109］［法］夏尔·阿列克西·德·托克维尔著．董果良译．论美国的民主［M］．北京：商务印书馆，1988.

［110］唐兴霖，刘国臻，唐琪．国外三种主流农协模式之比较［J］．行政论坛，2010（4）．

［111］李瑞芬．中国农民专业合作经济组织的实践与发展［M］．北京：中国农业出版社，2004.

［112］管爱国，符纯华．现代世界合作社经济［M］．北京：中国农业出版社，2000.

［113］张德茗，钟鸣芝．日本农业企业化经营特点与我国新农村建设的借鉴［J］．求索，2006（7）：41－42.

［114］赴韩国"新村运动"联合考察团．韩国"新村运动"考察报告［J］．学习与研究，2005（11）：62－64.

［115］吴淑娟，龚祖文．中国高等农业教育层次结构和布局的初步研究［J］．华中农业大学学报，2001（2）：75－76.

［116］田娟，刘福军．我国农业教育布局结构的现状、问题与对策［J］．云南农业大学学报，2008（6）：94.

［117］张晓山．农民专业合作社规范化发展及其路径［J］．湖南农业大学学报（社会科学版），2013（4）：2－4.

［118］秦宏，高强，李嘉晓．通过制度变迁推动我国农户分化与农村非农化、城镇化进程［J］．生产力研究，2005（3）：47－49.

［119］赵冠楠．小额信贷：农户分化背景下信贷机构的选择与可持续发展［J］．农村经济，2011（12）：96－98.

［120］高强，雷海章．农户分化背景下农村社会结构改革［J］．农业经济问题，1998（8）：4－8.

［121］陈晓红，汪朝霞．苏州农户兼业行为的因素分析［J］．中国农村经济，2007（4）：25－31.

［122］李晓庆，王成，王利平．农户对农村居民点整合的意愿及其驱动机制——以重庆市沙坪坝区曾家镇白林村为例［J］．地理科学进展，2013（4）：671－680.

［123］姜文慎，兰杰，郑春雷等．农民专业合作社：助推现代农业发展与农民增收的"发动机"——即墨市发展农民专业合作社的调查与思考［J］．青岛

农业大学学报（社会科学版），2008（4）.

［124］郑金英．农民专业合作社与农业产业化经营［J］．福建农林大学学报（哲学社会科学版），2007（4）.

［125］许莹．简论家庭农场［J］．河南科技大学学报（社会科学版），2006（5）.

［126］王银凤．试论中国农业发展的过程与目标［J］．东华大学学报（社会科学版），2009（3）.

［127］孔祥智，史冰清．大力发展服务于民的农民专业合作社［J］．江西社会科学，2009（1）.

［128］袁惠民，刘继红，刘洋．发展农民专业合作创新农村经营体制——对浙江省发展农民专业合作组织的调查［J］．华中农业大学学报（社会科学版），2005（4）.

［129］孔祥智，李圣军，陈丹梅．农户对公共产品需求的优先序及投入重点研究［J］．吉林大学社会科学学报，2007（4）.

［130］曹猛．关于农民专业合作社发展的思考［J］．湖北成人教育学院学报，2011（3）.

［131］楼栋，仝志辉．中国农民专业合作社多元发展格局的理论解释——基于间接定价理论模型和相关案例的分析［J］．开放时代，2010（12）.

［132］郭剑雄，王延生．延安农业发展模式的重新选择［J］．延安大学学报（哲学社会科学版），2000（4）.

［133］［俄］A. 恰亚耶夫（A. Чаянов）著．农民经济组织［M］．北京：中央编译出版社，1996.

［134］马克思．资本论［M］．北京：人民出版社，1975.

［135］黄宗智．龙头企业还是合作组织［J］．中国老区建设，2010（4）.

［136］李炳坤．发展现代农业与龙头企业的历史责任［J］．农业经济问题，2006（9）.

［137］张晓山．农民专业合作社的发展趋势探析［J］．管理世界，2009（5）.

［138］陈卫东，卫功奎，刘学贵等．破解新型农业经营主体融资难的实践与思考——以安徽省金寨县、凤阳县、埇桥区为例［J］．农村工作通讯，2013（2）：34－37.

［139］夏丹．扶持家庭经营，培育新型农民——创新农业经营主体的蚌埠探

索［J］. 农经，2013（2）：20 - 21.

［140］黄莉莉，朱奇彪. 多轮驱动培育新型职业农民［J］. 浙江经济，2013（5）：19 - 21.

［141］韩长赋. 新型农业经营体系如何着力［J］. 西部大开发，2013（8）：43 - 45.

［142］于亢亢，朱信凯，王浩. 现代农业经营主体的变化趋势与动因——基于全国范围县级问卷调查的分析［J］. 中国农村经济，2012（10）：78 - 90.

［143］Volberda H. W.，Weerdt N.，Verwaal E.，Stienstra M. and Verdu A. J. Contingency Fit，Institutional Fit and Firm Performance：A Metafit Approach to Organization ~ environment Relationships［J］. Organization Science，2012，4（23）：1040 - 1054.

［144］Boyd B. K.，Haynes K. T.，Hitt M. A.，Bergh D. D. and Ketchen D. J.，Contingency Hypotheses in Strategic ManagementResearch：Use，Disuse，or Misuse［J］. Journal of Management，2012，38（1）：278 - 313.

［145］袁赛男. 家庭农场：我国农业现代化进路选择——基于家庭农场与传统小农户、雇工制农场的比较［J］. 长白学刊，2013（4）：92 - 97.

［146］余强毅，吴文斌，唐华俊. 基于农户行为的农作物空间格局变化模拟模型架构［J］. 中国农业科学，2013，15（46）：3266 - 3276.

［147］王瑜，应瑞瑶. 契约选择和生产者质量控制行为研究——基于农户风险偏好视角［J］. 经济问题，2007（9）：85 - 87.

［148］许承明，张建军. 社会资本、异质性风险偏好影响农户信贷与保险互联选择研究［J］. 财贸经济，2012（12）：63 - 70.

［149］倪坤晓，沈月琴. 浙江省慈溪市家庭农场发展现状的调查分析［J］. 浙江农业科学，2012（11）：1583 - 1586.

［150］王东荣，方志权，章黎东. 上海家庭农场发展研究［J］. 科学发展，2011（4）：54 - 58.

［151］黄敬前，郑庆昌. 农业科技及其特征探析［J］. 技术经济与管理研究，2012（11）：117 - 120.

［152］谢丽威. 制约农业科技创新的需求和供给因素分析［J］. 鲁东大学学报，2012（1）：79 - 84.

［153］刘婷，白羽，祁晓. 浅谈农业信息化建设存在的问题及措施［J］. 科技情报开发与经济，2012（24）：80 - 81.

［154］罗丹，陈洁．域外经验、当下状况与中国特色农业组织体系构建［J］．改革，2013（3）：91－102.

［155］Thomas Reardon，Christopher B. Barrett，Julio A. Berdegué，Johan F. M. Swinnen. World Development［J］．2009，11（37）：1717－1727.

［156］程国强．中国农业补贴制度设计与政策选择［M］．北京：中国发展出版社，2011.

［157］张朝华．发达国家农业科技服务的主要经验及其对中国的借鉴［J］．科技进步与对策，2006（8）：100－103.

［158］张晓山．以农业科技创新支撑现代农业发展［J］．农经，2012（11）：11.

［159］孔祥智．新型农业经营主体中合作社的角色定位［J］．中国农民合作社，2013（11）：29.

［160］孔庆乐．日照市新型农业经营主体发展的特点、问题与对策［J］．青岛农业大学学报（社会科学版），2013（1）：14－20.

［161］张晓山．创新发育农业生产经营主体［J］．中国国情国力，2013（3）：10－12.

［162］张文雄．以家庭农场为依托推进农业现代化［J］．宏观经济管理，2013（7）：44－45.

［163］钱克明，彭廷军．关于现代农业经营主体的调研报告［J］．农业经济问题，2013（6）：4－7.

［164］王建华，李俏．我国家庭农场发育的动力与困境及其可持续发展机制构建［J］．农业现代化研究，2013（5）：552－555.

［165］黄祖辉．研究合作社，发展合作社——评马彦丽的专著．我国农民专业合作社的制度解析［J］．浙江社会科学，2007（6）．

［166］黄祖辉，徐旭初，冯冠胜．农民专业合作组织发展的影响因素分析——对浙江省农民专业合作组织发展现状的探讨［J］．中国农村经济，2002（3）．

［167］张晓山．大户和龙头企业领办合作社是当前中国合作社发展的现实选择［J］．中国合作经济，2012（4）．

［168］张晓山．中国农民专业合作社的发展及面临的挑战［J］．中国合作经济，2012（6）．

［169］李炳坤．发展现代农业与龙头企业的历史责任［J］．农业经济问题，

2006（9）.

［170］韩长赋．全力以赴把现代农业提高到新的水平　为实现十八大提出目标任务作出贡献［J］中国农业会计，2012（11）.

［171］李建中，方明．我国当前农业经营方式的缺陷与改革模式［J］．农业经济问题，2006（12）.

［172］邓俊锋．河南省现代农业经营方式的实践与评价［J］．中国集体经济，2008（15）.

［173］方志权．农村土地承包经营权流转市场运行机制研究［J］．科学发展，2010（4）.

［174］巴特尔．创建更加适合生产力发展的农业经营方式［J］．中国畜牧业，2012（22）.

［175］李俊超．农业经营形式“三大新趋势”——公司化、园区化、合作化［J］．江苏农村经济，2007（12）.

［176］丛正，周颖．农业经营中的微观组织形式创新［J］．商业时代，2005（29）.

［177］王礼力，赵晓锋，王来江．论农户选择农业经营组织形式的成本决定［J］．西北农林科技大学学报（社会科学版），2002（3）.

［178］袁迎珍．农业合作组织：历史变迁和制度演进——推进我国农业经营组织化的新制度经济学分析［J］．经济问题，2004（2）.

［179］罗必良．农业经济组织的效率决定——一个理论模型及其实证研究［J］．学术研究，2004（8）.

［180］周立群，曹利群．农村经济组织形态的演变与创新——山东省莱阳市农业产业化调查报告［J］．经济研究，2001（1）.

［181］张义珍，张素罗，蔺丽莉．河北省农业经营主体组织化现状与启示［J］．农业经济问题，2002（3）.

［182］张晓山．创新农业基本经营制度　发展现代农业［J］．农业经济问题，2006（8）.

［183］黄胜忠，徐旭初．农民专业合作社的运行机制分析［J］．商业研究，2009（10）.

［184］张仁寿，蔡元杰．农业经营体制的一项重要创新——浙江省农民专业合作组织的调查与思考［J］．农业经济问题，2003（9）.

［185］张红宇．迫切需要体制机制创新［J］．西部大开发，2012（11）.

[186] 阮文彪．农业经营体制创新的长期战略和总体构想 [J]．现代经济探讨，2004 (9)．

[187] 胡必亮，伍晰研，沈考考．我国应选择一条“双轨并行”的农业经营制度 [J]．经济研究参考，2003 (79)．

[188] 邵峰．论农业经营体制创新 [J]．农业经济问题，2003 (9)．

[189] 陈晓华．现代农业发展与农业经营体制机制创新 [J]．农业经济问题，2012 (11)．

[190] 李树超，于澎，宋伟．农业经营体制和运行机制的创新探讨 [J]．莱阳农学院学报（社会科学版），2006 (2)．

[191] 赵晓飞，李崇光．“农户—龙头企业”的农产品渠道关系稳定性：理论分析与实证检验 [J]．农业技术经济，2007 (5)．

[192] 张雨林，杨承训，郭西萍．试论我国社会主义农业中的家庭经济 [J]．经济研究，1983 (6)．

[193] 黄宗智，彭玉生．三大历史性变迁的交汇与中国小规模农业的前景 [J]．中国社会科学，2007 (4)．

[194] 黄宗智．中国农业面临的历史性契机 [J]．读书，2006 (10)．

[195] 杨承训．中国特色合作经济的生成机理和实现形式 [J]．中州学刊，2004 (6)．

[196] 张晓山．有关中国农民专业合作组织发展的几个问题 [J]．农村经济，2005 (1)．

[197] 张晓山．促进以农产品生产专业户为主体的合作社的发展——以浙江省农民专业合作社的发展为例 [J]．中国农村经济，2004 (11)．

[198] 陈锡文．把握农村经济结构、农业经营形式和农村社会形态变迁的脉搏 [J]．开放时代，2012 (3)．

[199] 贺雪峰．当下中国亟待培育新中农 [J]．人民论坛，2012 (9)．

[200] 温铁军．引导农民走向新的联合与合作 [J]．中国供销合作经济，2001 (12)．

[201] 杜鹰．农业产业化经营：中国式的农业现代化之路（下）[J]．中国经贸导刊，2004 (20)．

[202] 李国祥．让农业龙头企业合理承受社会经济责任 [J]．农村工作通讯，2011 (14)．

[203] 刘德骥．关于发展农村“大户经济”的调查 [J]．四川行政学院学

报，2004（2）.

［204］杨国玉，武小惠．农业大户经营方式：中国农业第二个飞跃新路径［J］．福建行政学院福建经济管理干部学院学报，2004（3）.

［205］张晓丽．关于建立家庭农场的经济学思考［J］．农村经济，2001（5）.

［206］朱学新．家庭农场是苏南农业集约化经营的现实选择［J］．农业经济问题，2006（12）.

［207］王宏．中国农业外商直接投资的区位变化及中西部地区吸引外资前景［J］．开发研究，2011（1）：34－37.

［208］臧新，李菡．农业外资区位分布影响因素的实证研究［J］．国际贸易问题，2009（10）：42－48.

［209］Wolf B. M. Industrial Diversification and Internationalization：Some Empirical Evidence［J］．Journal of Industrial Economics，1977（2）：177－199.

［210］袁赛男．家庭农场：我国农业现代化建设的路径选择——基于家庭农场与传统小农户、雇工农场的比较［J］．南方农村，2013（4）：4－15.

［211］陈晓华．现代农业发展与农业经营体制机制创新［J］．农业经济问题，2012（11）：4－6.

［212］孙中华．大力培育新型农业经营主体夯实建设现代农业的微观基础［J］．农村经营管理，2012（1）：1.

［213］汤文华，段艳丰，梁志民．一种新型农业经营主体：家庭农场——基于新制度经济学的分析视角［J］．江西农业大学学报，2013（2）：186－190.

［214］［美］道格拉斯·诺思，罗伯斯·托马斯．西方世界的兴起［M］．北京：华夏出版社，1999：5.

［215］田纪云．回顾中国农村改革历程［J］．炎黄春秋，2004（6）：1－11.

［216］M. Fulton. The Future of Canadian Agricultural Cooperatives：A Property Rights Approach［J］．American Journal of Agricultural Economics，1995（5）：1144－1152.

［217］罗丹，陈洁．效益多元、地区差异与愿景诉求：3400个种粮户证据［J］．改革，2013（6）：5－26.

［218］林政，唐梦．农户生产动机行为的实证探析——基于广东样本农户对农业生产力的适应性调查［J］．中国农村观察，2007（3）：58－65.

［219］翁贞林．农户理论与应用研究进展与述评［J］．农业经济问题，2008（8）：93－99.

[220] 屈艳芳，郭敏．农户投资行为实证研究［J］．上海经济研究，2002（4）：17－26.

[221] 陈铭恩，温思美．我国农户农业投资行为的再研究［J］．农业技术经济，2004（2）：24－27.

[222] 刘荣茂，马林靖．农户农业生产性投资行为的影响因素分析——以南京市五县区为例的实证研究［J］．农业经济问题，2006（12）：22－26.

[223] 刘克春．粮食生产补贴政策对农户粮食种植决策行为的影响与作用机理分析——以江西省为例［J］．中国农村经济，2010（2）：12－21.

[224] 范传棋，谭静，雷俊忠．培育发展家庭农场的若干思考［J］．农村经济，2013（8）：91－93.

[225] 朱博文．美法日家庭农场发展的经验与启示［J］．农场经济管理，2003（2）.

[226] 李尚红．美国的家庭农场制度与我国农业生产经营模式的创新［J］．经济纵横，2006（5）.

[227] 黄桂弟．发展家庭农场建设现代农业——来自松江家庭农场的思考和启示［J］．统计科学与实践，2010（8）.

[228] 潘显政．发展家庭农场　培育新型农业经营主体［J］．农村经营管理，2013（4）：1.

[229] 钱视忠，张彦荣，韩敏．培育新型农业经营主体开辟农民增收新渠道［J］．江苏农村经济，2012（10）：22－23.

[230] 陈春生．中国农户的演化逻辑与分类［J］．农业经济问题，2007（11）.

[231] 黄宗智，彭玉生．三大历史性变迁的交汇与中国小规模农业的前景［J］．中国社会科学，2007（4）.

[232] 纪永茂，陈永贵．专业大户应该成为建设现代农业的主力军［J］．中国农村经济，2007 年专刊．

[233] 徐旭初，黄胜忠．走向新合作——浙江省农民专业合作社发展研究［M］．北京：科学出版社，2009.

[234] 黄祖辉，徐旭初．大力发展农民专业合作经济组织［J］．农业经济问题，2003（5）．

[235] 余亢亢，朱信凯，陈璇．现代农业经营与建设主体演变的中美比较［J］．农业技术经济，2012（12）：106.

[236] 马雯秋．美国发展家庭农场的经验及对我国的启示 [J]．农业与技术，2013 (7)：202－203.

[237] 冯献，崔凯．日韩农地规模经营的发展及其对我国的启示 [J]．亚太经济，2012 (6)：77－78.

[238] 钱克明，彭廷军．关于现代农业经营主体的调研报告 [J]．农业经济问题，2013 (6)：6－7.

[239] 郑景骥．中国农村土地使用权流转的理论基础与实践方略研究 [M]．成都：西南财经大学出版社，2006.

[240] 朱学新．家庭农场是苏南农业集约化经营的现实选择 [J]．农业经济问题，2006 (12)：39－42.

[241] 黄延廷．家庭农场优势与农地规模化的路径选择 [J]．农业经济问题，2006 (12)：20－23.

[242] 董亚珍，鲍海军．家庭农场将成为中国农业微观组织的重要形式 [J]．社会科学战线，2009 (10)：95－97.

[243] 胡霞．日本农业扩大经营规模的经验与启示．江苏农村经济，2009 (5)：66－67.

[244] John G. Thompson. Mobility of the Factors of Production as Affecting Variation in Their Proportional Relation to Each Other in Farm Organization [J]. The Journal of Political Economy, 1921 (29).

[245] 陶爱祥．中美农业发展水平对比研究 [J]．世界农业，2012 (8)：26－29.

[246] 朱艳，唐志军．农民专业合作组织：基于交易费用视角的探析 [J]．商业研究，2009 (8)：104－106.

[247] 马彦丽．我国农民专业合作社的制度解析 [M]．北京：中国社会科学出版社，2007.

[248] [日] 速水佑次郎，[日] 神门善久著．沈金虎等译．农业经济论 [M]．北京：中国农业出版社，2003.

[249] 杨斌．提高农业经营主体竞争力问题研究 [J]．陕西农业科学，2006 (1).

[250] 李成贵．加快推进城镇化　政府要支付成本 [J]．理论参考，2010 (2).

[251] 黄祖辉，俞宁．新型农业经营主体：现状、约束与发展思路——以浙

江省为例的分析［J］．中国农村经济，2010（10）：16－26.

［252］Knutson R. D. Restructuring Agricultural Economics Extension to Meet Changing Needs［J］. Am. J. Agric. Econ. , 1986（68）：1297－1306.

［253］李黎红，倪建平．国内外种子产业特点和我国水稻种业的发展趋势［J］．中国稻米，2011（6）：16－18.

［254］Diana Carney. The Changing Public Role inServices to Agriculture：a Framework for Analysis［J］. Food Policy，1995（6）：521－528.

［255］R. Thorp，F. Stewart，A. Heyer. When and How Far is Group Formation a Route out of Chronic Poverty［J］. World Development，2005（6）：907－920.

［256］Jock R. Anderson. Difficulties in African Agricultural Systems Enhancement? Ten Hypotheses［J］. Agricultural Systems，1992（4）：387－409.

［257］B. Vorley，A. Fearne，D. Ray（Eds.）. Regov－erning Markets：A Place for Small－scale Producers in Modern Agrifood Chains［M］. Gower Publishing Limited，Hampshire，England，2007.

［258］陈家骥，杨国玉，武小惠．论农业经营大户［J］．中国农村经济，2007（4）.

［259］张晓山．现代农业需走内涵式规模经营道路［J］．中国发展观察，2007（2）.

［260］洪远朋．合作经济的理论与实践［M］．上海：复旦大学出版社，1996.

［261］张晓山．创新农民经济组织发展现代农业［J］．新视野，2007（6）.

［262］杨浩然，刘悦，刘合光．中美农业土地制度比较研究［J］．经济社会体制比较，2013（2）：65－75.

［263］逄玉静，任大鹏．欧美农业合作社的演进及其对我国农业合作社发展的启示［J］．经济问题，2005（12）：46－48.

［264］郑雪飞．法国农业合作社及其对我国的启示［J］．信阳师范学院学报（哲学社会科学版），2013（4）：65－68.

后 记

本书是在我的博士论文的基础上修改完成的。此刻我感慨万千，在感叹时光都去哪儿的同时，更多的是怀念和感恩之情。回顾这么多年的求学和工作之路，经历了太多的艰辛和曲折，但是荆棘道路上又充满着那么多的快乐和美景，让我静下心来去思考。

博士期间我遇到了很多良师益友，首先感谢我最尊敬的导师高强教授，本书从选题到定稿，这期间每一个环节都得到了我的导师高老师的大力帮助和精心指导。在选题上，老师给出了宝贵建议，并对研究过程中遇到的困难，以及重点、难点等都做了详细指导。另外，在本书的结构框架、研究内容、研究思路上，高老师也给出了建设性的建议。初稿完成后，高老师又提出了具体详细的修改意见，这个修改过程让我受益匪浅，让我从思想上认识到做学问要踏实，不要浮躁，要静下心来一步步地仔细斟酌和修改，让我体会到“好文章不是写出来的，而是在一次次反复的修改完善中形成的”的道理。高老师不仅在学习上给予我指导，而且在生活中为我做出了做人、做事的榜样，其严谨治学的态度、认真负责的工作作风以及平易近人的生活态度对我产生了深刻而积极的影响，这将在以后的人生道路上继续指引我前进。本书所取得的成绩均凝聚着高老师的心血。在此，我怀着感恩的心，向敬爱的高老师说一声“谢谢”！学生一定会继续努力、踏实地做研究，不辜负您的期望！在此，也要向敬爱的师母郭老师说声“谢谢”！谢谢您在日常生活中对我的关心和帮助！

另外，感谢权锡鉴老师、王淼老师和张广海老师对我的教诲与指导。权老师很威严，我们都很敬畏他，熟悉后，发现权老师其实很和蔼可亲，讲授的经济学前沿生动有趣、深入浅出，现在仍记得权老师在讲台上挥舞粉笔传授知识的英姿。王老师学识丰富，和蔼可亲，讲授的管理学前沿课程，让我从中获益匪浅。张老师是严格、严谨，但幽默的老师，其认真的治学态度和严谨的学术研究是我学习的榜样！另外，感谢马崑老师平时的各种帮助，正是因为您的认真工作，我们博士学习中的一些工作事项才能完成得有条不紊；感谢秦宏老师、卢崑老师、陈雨生老师等农经所的老师们，希望我们农经所在学术方面的成就更上一层楼！另外，博士期间我获得了真挚的友情，姜少慧、张震、王西兵、步德胜、王金磊、王娟、李春祥、周乐萍、王斌、刘阳等同学激励着我去学习新的知识，扩宽自己的研究视野。除此之外，我更要感谢我的师兄李宪宝、董启谨、史磊、焦原、冯有良等，师姐高乐华、丁慧媛、赵玉姝，师弟金炜博、梁杰、马贝、刘韬、隋云龙，师妹苟露峰、王妍、李华、吴梵、丁鼎等，忘不了我们在学习基地（管理学院 214 办公室）一起奋斗的日子，忘不了我们在吃饭路上畅谈的情景，忘不了我们生活中的点点滴滴，正是你们，让紧张、单调的博士生活增添了更多的乐趣！很荣幸以后的道路继续有你们陪伴！

在此，我还要特别感谢我的家人。是你们让我坚定地走完求学道路并享受这一拼搏的过程，有了你们，即使面对再大的苦难我都会坚持，都会努力克服！感谢父母无私的奉献，儿子唯有努力和孝顺二老才是最好的报答。感谢我的妻子、儿子和女儿，博士期间家庭的经济压力主要由妻子承担，但妻子从没抱怨过，而是一次次鼓励、一次次安慰我静下心做研究。现在我工作了，后面的道路我会努力承担起这个家庭的责任，做一个合格的丈夫和父亲。另外还要感谢我的岳父岳母、姐姐、弟弟们，正是你们的亲情，让我有力量、有信心去战胜困难、迎接挑战，在以后的工作道路上，我会勇往直前，奋斗到底！

汪艳涛

2018 年 7 月

于青岛理工大学长江路校区